Herausgegeben von
Gustav-Adolf von Harnack

Ernst von Harnack

Jahre des
Widerstands
1932–1945

Neske

Alle Rechte vorbehalten
© Verlag Günther Neske
Pfullingen 1989
Schutzumschlag von
Brigitte Neske
Gesamtherstellung:
Wilhelm Röck, Weinsberg
Printed in Germany
ISBN 3 7885 0313 0

Inhalt

Ernst von Harnack: ein Leben unter der Diktatur	9
Die Abberufung 1932	18
Politische Aktivität nach der Abberufung	26
Die Übersiedlung nach Berlin	39
Die erste Verhaftung	43
Düstere Visionen	55
Die Betreuung politisch Verfolgter	64
Die Beziehung Werner Best – Harnack	82
»Die Praxis der Öffentlichen Verwaltung«	93
Die evangelische Kirche	111
Tätigkeit in der Hollerith-Firma	118
Handelsvertreter der Sommerfelder Tuchfabrik	124
Der Krieg bricht aus	127
Die Grabstätten-Denkschrift	137
Hausmusik	144
Heitere Tage – düstere Wolken	156
Bergbau-Werbung	162
Im Widerstand	172
Die Verhaftung	181
Im Gefängnis Lehrter Straße	183
Briefe aus der Haft	191
Das letzte Wiedersehen	204
Die Haftbedingungen	209
Freisler und der Volksgerichtshof	216
Das Todesurteil	219
Das Ende	229
Die Totenfeier	233

Ernst von Harnack (1888–1945)
Kohlezeichnung von Ewald Vetter 1941

Ernst von Harnack:
ein Leben unter der Diktatur

Mein Vater

Sein Bild steht mir lebhaft vor Augen, und ich kann es kaum glauben, daß es schon über 40 Jahre her ist, daß er seinen letzten Gang ging.
Sein Lebensbild: Ich möchte es auch den Nachkommen vor Augen führen, damit etwas von seiner Persönlichkeit und seinem Schicksal unvergessen bleibt. Sein Bild soll mit mir und meiner Generation nicht versinken.
Als überlebender Sohn fühle ich mich innerlich zu diesem Bericht über sein Leben verpflichtet. Nach seinem Tode fand er kein Grab, und so gibt es keine Stätte, an der wir seiner gedenken können. »In memoriam« steht auf dem Familiengrabstein im Zehlendorfer Friedhof.
»In memoriam« könnte auch über diesen Zeilen stehen.
Nach seinem Tode hatte ich 1946 zum ersten Mal versucht, mir zu vergegenwärtigen, was mein Vater mir bedeutet hatte:

Meinem Vater

Wenn ich mich frei mache von jenem letzten Bild, da ich meinem Vater im Gefängnis gegenüberstand und zwischen uns unausgesprochen das Wissen war, daß dies der letzte Blick sei, den wir tauschten, da mein Vater als ein Verwandelter, fast ein fremd Gewordener vor mir stand, indes der SS-Posten uns überwachte – wenn ich mich löse von diesem Abschiedsblick, dann gedenke ich der zurückliegenden Jahre, da er über das Aufwachsen von uns Kindern wachte, mit dem Gefühl tiefer Dankbarkeit.
Was alles ein Sohn seinen Eltern verdankt, wird er nie ermessen, viel weniger in Worte kleiden können. Ererbtes und unter dem Einfluß der Eltern Erworbenes bilden ihm eine untrennbare Einheit, wuchs er in einer harmonischen Hausgemeinschaft auf. Doch mag er es einmal unternehmen, sich zurückschauend die Wege zu

vergegenwärtigen, auf denen ihm die hauptsächlichste Förderung durch den Vater zuteil wurde – versuchen, das Bild des ihn geleitenden Vaters festzuhalten.

Als der vielseitigste Förderer steht mein Vater vor meinem geistigen Auge. Ich weiß keinen Lehrer, keinen Freund, dem ich so viel verdanke wie ihm. Er verstand die große Kunst zu fördern, anzuregen, zu leiten ohne einzugreifen, ohne dem Heranwachsenden etwas von seiner Entwicklungsfreiheit zu nehmen. Wodurch vermochte er das?

Zunächst empfanden wir Kinder – und mit uns unsere Freunde – in seiner Gegenwart niemals den Unterschied der Generationen – ohne daß dadurch der Vater an Achtung verloren hätte. Er konnte in jedem Alter derart auf unsere Spiele eingehen, daß wir unbewußt manchmal wohl empfanden, das sei die ihm gemäße Beschäftigung. Nie hatten wir das Gefühl: Hier läßt sich ein Erwachsener herab zu dir und bezwingt für eine Zeit die Langeweile, die ihm beim Kinderspiel kommen muß. Wenn es dann hieß, er müsse aufs Landratsamt oder in die Stadt »zum Regieren«, so hielten wir das wohl für die weniger wichtige Tätigkeit, wenn uns auch die Atmosphäre des Vorzimmers, in dem wir warteten und inzwischen Briefmarken aus dem Papierkorb sammelten, das geschäftige Kommen und Gehen der Beamten die Empfindung eines wichtigen Geschehens gab, das um den Vater kreiste. Doch das war vergessen, wenn er hinter dem großen Sessel hockte und sich als Bär auf den harmlos vorüberziehenden Wanderer stürzte, wenn er auf dem Stuhl sitzend nach einem Druck mit dem Finger auf seine Nase automatenhaft alle Stellungen und Verrenkungen der Glieder sich von uns einstellen ließ, die dann blitzartig bei nochmaligem Druck auf die Nase wieder zur Ausgangslage zurückschnellten, wenn er an unserem Krankenbett saß und zeichnete, Buntpapier ausschnitt und modellierte, wenn er auf gemeinsamen Wanderungen lange Geschichten erzählte, die wir dann heimlich aufschrieben und mit Buntstift-Illustrationen versehen ihm zum Geburtstag überreichten.

Auch in der Erziehung drückte er niemals den Standpunkt des Erwachsenen als des Mächtigeren den Kindern gegenüber durch – es sei denn in wohlbegründeten Einzelfällen. Eine Front der Erwachsenen gegenüber den Kindern, die blind zu gehorchen haben, gab es für ihn nicht. In gelegentlichen Auseinandersetzun-

gen zwischen Lehrern und Schülern nahm er stets eine durchaus neutrale Stellung ein. Ich erinnere mich, als sei es gestern gewesen, an einen Sonntag, als der Vater eines Freundes erschien, um unsere Bestrafung zu fordern, da wir uns gegen seinen Sohn irgendwie vergangen hätten. Wir waren damals etwa 10 Jahre alt. In unserer Gegenwart erwiderte ihm mein Vater: »Wie ich meine Söhne erziehe, das lassen Sie nur meine Sorge sein!«, womit das Gespräch beendet war. Nach dem Weggang des Fremden wurde, wenn ich mich recht entsinne, kein Wort zwischen uns gesprochen, aber wir empfanden die Haltung unseres Vaters mit tiefer Dankbarkeit.
Das Elternhaus war uns in allen Jahren der selbstverständliche Mittelpunkt, und mochten wir später noch so weit entfernt sein im Arbeitsdienst, beim Militär, im Studium oder im Kriege: Im Urlaub, vor allem zu den Festen und Familienfeiern, drängte es uns mit Macht nach Haus.
Die Gemeinsamkeit der Generationen wurde schon deutlich bei den frühesten Geburtstagsfeiern, derer ich mich entsinnen kann. Da bewegte sich der Vater unter uns Kindern mit einer Selbstverständlichkeit, die wir aus anderen Häusern nicht kannten. In seiner Gegenwart gab es keine Befangenheit, und die ersten Minuten des betretenen Schweigens, des schüchternen Herumstehens, wenn die Klassenkameraden erschienen waren, wurden schneller als anderswo überwunden. Und wenn er dann erst mit dem Löffel an die Kakao-Tasse geklopft hatte und die Festrede gehalten hatte, die in Anlehnung an große Vorbilder traditionsgemäß mit den Worten begann: »Unser vielgeliebter Sohn Gustav-Adolf (oder Helmut) feiert heute seinen (soundsovielten) Geburtstag...«, da war von Schüchternheit keine Rede mehr, und man gab sich freudig den Spielen hin, die er anregte.
Auch als später aus den Geburtstagsfeiern kleine Tanzfeste geworden waren, wurde seine Autorität noch gern herangezogen. Seine Anwesenheit gab den Festen immer etwas Besonderes. Jeder Abend hatte seinen eigenen Stil und war aus der Sphäre geistloser »Gemütlichkeit« herausgehoben. Welcher Vater konnte auch zu den jungen Damen so galant sein, wer konnte so wie er Anekdoten erzählen, die immer klangen, als seien sie nur für diesen Augenblick erdacht – und kannte man selbst auch die eine oder andere schon, man freute sich, mit welchem Geschick sie erzählt wurden, wie sie die Freunde fesselten. Alle fühlten sich in seiner

Gesellschaft frei. Er hatte ja auch für die verschiedenartigsten Menschenkinder Verständnis. Nur der Humorlosigkeit, dem »tierischen Ernst« stand er ablehnend gegenüber. Der Mensch wurde ihm erst wahrhaft zum Menschen, wenn er sich über seine Situation erheben konnte, wenn er Humor hatte.

Mein Vater war von einer seelischen Wachheit, wie ich es sonst bei fast keinem Menschen wieder gefunden habe. Kein Augenblick in seiner Nähe war vertane Zeit, Langeweile war undenkbar. Sei es, daß er Fragen stellte, Rätsel aufgab, Betrachtungen anstellte oder vorlas: Immer gab er Anregungen oder nahm auf, was wir ihm aus unserem Lebenskreis zutrugen. An allem wollte er teilhaben, wie er an allem teilnehmen ließ.

Großes Interesse bezeugte er für unsere Fortschritte im Zeichnen und Malen. Gern ließ er sich zu Festen solche Versuche schenken. Durch sonntägliche Museumsbesuche förderte er unser Kunstverständnis.

Zu den Werken der Dichtkunst lebte er in einer ganz lebendigen Beziehung. »Literatur« abgelöst vom eigenen Leben kannte er nicht. Unvergeßlich prägten sich die Worte ein, wenn er angesichts einer Herbstlandschaft – um nur ein solches Beispiel zu nennen – Mörikes Verse sprach » – herbstkräftig die gedämpfte Welt in warmem Golde fließen«. Dramen brachte er uns durch gemeinsames Lesen mit verteilten Rollen nahe. Schillersche, Rückertsche und Fontanesche Balladen trug er uns vor und weckte damit die Lust in uns, selbst die schönsten auswendig zu lernen. Die Schulaufgaben waren unsere Sache; beschäftigten wir uns aber in späteren Jahren mit größeren schriftlichen Ausarbeitungen, so ging er diese mit uns durch, merzte stilistische Fehler aus, verbesserte, feilte und gab uns dadurch einen Begriff von der Sprache als Kunstwerk. Er selbst beherrschte in einer bewundernswerten Weise die Sprache als Instrument. Neben schwungvollen Gelegenheitsgedichten glückte ihm eine Anzahl wirklicher Kunstwerke. Seine Prosa war von großer Klarheit und Plastik.

Bei aller Teilnahme an unseren Angelegenheiten verpflichtete er uns – was beispielsweise die Berichte aus der Schule betraf – durchaus nicht zur Vollständigkeit. Wenn wir einmal eine schlechtere Arbeit geschrieben hatten, so durften wir es getrost übergehen. Kam sie zur Sprache, so folgte der schlechten Zensur nicht schicksalsmäßig (wie in manchen anderen Häusern) das Strafgericht. Allerdings boten unsere Schulleistungen auch nie Anlaß zu ernsteren Sorgen... Wenn mein Vater bei Schulschluß die Zeugnisse durchlas, um sie pflichtgemäß zu unterschreiben, so wies er kaum auf eine weniger gute Zensur, um zu tadeln, vielmehr lobte und belohnte er, wo Grund vorhanden war. Daß er selbst früher ein schlechter Schüler gewesen war, daraus machte er uns gegenüber keinen Hehl.

Moralpredigten lagen ihm fern. Auch die Beeinflussung auf religiösem Gebiet war auf ein Minimum beschränkt.

Überzeugend ist nur die Haltung, die Handlung. Was Nächstenliebe ist, die ihren Lohn in sich trägt, das habe ich in den Jahren nach 1933 von ihm gelernt, als er – ein Schutzloser – in SA-Keller stieg, um Freunde frei zu bekommen, als er Verfolgte unter Nichtachtung seiner Person dem Zugriff des Staates entzog, als er Geächteten Unterstützung zuteil werden ließ.

Es waren die Jahre, in denen ich zunehmend an seinem Schicksal teilnehmen konnte, wenn ich allmählich auch erst die Schwere des Geschickes begriff, das ihn, den Schaffensfreudigen, im besten Mannesalter zur Untätigkeit zwang. Mit welcher Ausdauer hat er sich eine neue Existenz zu schaffen gesucht! Das Los der Verfolgten lastete all' die Jahre schwer auf ihm. Mit furchtbarer Klarheit erschien mir das auf unserer gemeinsamen Rügenreise im Herbst 1938, als es meinem Vater geraten schien, sich für einige Zeit von Berlin entfernt zu halten. In die Stille und Schönheit der Insel drang von fern das Kriegsgeschrei – das noch einmal abschwoll. Mit Sorge sah ich in die Zukunft, wie lange er noch fähig sein würde, die Last zu tragen...

Ricarda Huch

In den folgenden Blättern möchte ich den Lebensabschnitt meines Vaters erstehen lassen, den ich bewußt miterlebte. Doch sei zunächst aus den Erinnerungsblättern »Bilder deutscher Widerstandskämpfer« von Ricarda Huch zitiert.[1] Sie beschreibt den Weg, den Ernst von Harnack ging und schildert darin auch die Zeit, die ich selbst noch nicht erlebte.

1 R. Huch: Gesammelte Werke, Band 5, Seite 1027–1034. Kiepenheuer u. Witsch, Köln 1971

»An der Wiege des kleinen Ernst von Harnack standen Gaben spendende gute Feen. War es doch ein Glück, dieser Familie anzugehören, wo der Vater seinen glänzenden Geist, seinen liebenswürdigen Humor, seinen sprühenden Witz, Eigenschaften, die er mit kindlicher Frömmigkeit vereinigte, den Kindern vererbte, die Mutter die Herzenswärme und die in der Familie Thiersch heimische künstlerische Begabung. Ernst, der erste Sohn, mit dankbarer Freude begrüßt, war der Mutter verwandter als dem Vater, obwohl er wie dieser hinreißend im Gespräch sein konnte. Als Kind still und beschaulich, als Jüngling oft leidenschaftlich überströmend, war er mehr künstlerisch als wissenschaftlich angelegt, malerisch und dichterisch begabt, am tiefsten von der Musik berührt.

Als er Gymnasiast war, beglückte es ihn, daß er aus den Kameraden ein kleines Orchester zusammenstellen und dirigieren konnte. Das elterliche Haus sowohl wie die geistig bewegte Stadt Berlin boten eine Menge Anregungen. Das Theater zog ihn besonders an. Er begeisterte sich für Gerhart Hauptmann und nahm teil an den literarischen Kämpfen der Zeit. Nicht nur, weil in seinem Wesen etwas Übereinstimmendes war, lockte ihn die Romantik, sondern auch, weil sein Vater diese Bewegung eher ablehnte und er infolgedessen in ihr ein Gebiet gewann, auf dem er selbständig schalten konnte. Der Vater liebte das, was sich klar in Worte fassen läßt, der Sohn liebte das Chaotische, das, was nur gefühlt und geahnt werden kann. Fast konnte man fürchten, er werde sich in seinen Neigungen und Begabungen, in der Geselligkeit, wo er im Gespräch sich ausgab, allzusehr zerstreuen; aber nun zeigte es sich, daß er in sich selbst den Trieb und die Kraft hatte, das Ausschweifende zu zügeln, sich zu regelmäßiger Arbeit zu zwingen. Mochte die Phantasie schwärmen, wie sie wollte, der Ordnungssinn blieb auf seinem Posten.

Als Referendar – er studierte die Rechte – trat der junge Harnack in Beziehung zu den unteren Schichten des Volkes und wurde sich seines Mitgefühls für die Mühseligen und Beladenen bewußt. Er bekam Einblick in die räumliche und geistige Enge ihres Daseins, aus dem es für sie so schwer, fast unmöglich war, sich herauszuarbeiten.

In vielen kleinen Vorkommnissen stellte sich ihm die Gedrücktheit und Abhängigkeit ihres Lebens dar, die ihm um so trüber erschien, weil er den Segen der Freiheit hatte genießen dürfen. War es eine gute oder eine böse Fee, die unbemerkt dem Kinde die Gabe des empfindlichen Mitgefühles für die Leiden anderer in die Wiege gelegt hatte? Während des Weltkrieges im Umgange mit den einfachen Soldaten entwickelte dies Mitgefühl sich noch stärker. Viele junge Männer der höheren Stände erfreuten sich damals der Kameradschaft mit diesen Männern, deren schlichte Tapferkeit, Hilfsbereitschaft und Opferwilligkeit bei großer Anspruchslosigkeit sie bewunderten. Für Ernst von Harnack wurde das Erlebnis bestimmend für sein ganzes Leben und für seinen Tod. Der Drang, für diejenigen zu wirken, die keinen oder nur geringen Anteil an den Gütern des Lebens hatten, die ihm so reichlich geschenkt waren, führte dazu, daß er in die Sozialdemokratische Partei eintrat.

Das war damals für den Kreis, dem er durch Geburt und Erziehung angehörte, ein auffallender Schritt. Nicht daß man in seiner Familie kein Verständnis für die Beweggründe seines Entschlusses gehabt hätte: strittig war die Bindung an die Partei. Hatte der Vater starke Bedenken, so fühlte sich die Mutter wie immer in die Absichten des Sohnes ein. Überhaupt aber gehörte es zu der Eigenart der Harnackschen Familie, daß den erwachsenen Kindern volle Freiheit zugestanden wurde: auf der kulturellen Grundlage, in die sie eingewurzelt waren, sollten sie sich nach eigener Sinnesart entfalten. So kam es, daß die verschiedensten Richtungen in der Familie vertreten waren, ohne daß die Harmonie dadurch gestört worden wäre. Im Kreise der Freunde und Bekannten war es anders: hier mußte Ernst schmerzliche Enttäuschungen erleben. Freunde wandten sich von ihm ab, die in ihm einen Verräter sahen oder einen Streber, der auf Schleichwegen, die Lage der Nachkriegszeit benutzend, sich eine erfolgreiche Laufbahn sichern wollte. Für die Bitterkeit dieser Erfahrungen entschädigte ihn ein glückliches Familienleben. Seine junge Frau trug mit, was ihn schmerzte, und milderte es dadurch. Allmählich gewann er in dem Lebenskreise, in den er nun eintrat, neue Freunde, namentlich unter den religiösen Sozialisten. Da er sich der Verwaltung zuwendete, lag es ihm ob, ein guter Beamter zu sein, und wirklich konnte er sich bald dieses Titels rühmen. Durch Ordnung, Pünktlichkeit und Regelmäßigkeit, Tugenden, die durchaus im Gegensatz zu seinem künstlerischen Temperament standen, brachte er es zu außerordentlicher Arbeitsleistung. Er änderte sich nicht, konnte immer noch in Gesellschaft ausgelassen sich verschwenden, aber weil er sich Schranken zu errichten wußte, konnte er sich zuzeiten gehenlassen.

Nachdem er eine Zeitlang im Kultusministerium unter dem Minister v. Haenisch gearbeitet hatte, wurde er nacheinander Landrat in Hersfeld, Vizepräsident von Hannover und Köln und im Jahre 1929 Regierungspräsident in Merseburg. In dem alten Merseburger Schloß fand er eine Umgebung, wie sie seiner Freude am Schönen zusagte. Fröhliche Geselligkeit entfaltete sich in den mit feinem Geschmack eingerichteten Räumen, bei der oft das Musizieren und das Vorlesen von Dichtungen im Mittelpunkt stand. Eine besondere Vorliebe hatte Harnack für den Egmont. Zu dem Goethischen Helden, der unbekümmert um Gefahr für die Freiheit seines Volkes in den Tod geht, fühlte er sich hingezogen. Berührte doch der revolutionäre Atem dieser Dichtung wie etwas Gegenwärtiges, denn schon fing der Nationalsozialismus an, seine gefährlich maskierte Weltanschauung zu verbreiten und große Teile des Volkes zu verblenden. Harnack ließ sich keinen Augenblick täuschen, er warnte, klagte an und war dann auch einer der ersten, die abgebaut wurden.

(...)

Am 15. September 1944 besuchte uns Harnack in Jena. Ich stand damals noch ganz unter dem vernichtenden Eindruck des 20. Juli. Nicht nur darüber war ich unglücklich, daß der vermutlich letzte Versuch der Deutschen, sich selbst zu befreien, gescheitert war, sondern auch über den Verlust der tapferen und opferbereiten Männer, der mir unersetzlich schien. Er widersprach mir, indem er sagte, es gebe immer noch viele zu Tat und Opfer bereite Menschen. Das tröstete mich wohl, nur dachte ich an die vielen, die vermutlich in der nächsten Zeit der Rachsucht und Angst Hitlers zum Opfer fallen würden. Wer würde dann noch übrig sein?

Wir hofften, Harnack bald wiederzusehen; aber er sagte, daß er sich in Gefahr wisse und daß er sich seit einiger Zeit nie länger als einen Tag oder zwei Tage am selben Ort aufhalte. Dadurch hoffe er seinen Verfolgern zu entgehen. Das klang wohl beunruhigend, aber dennoch machten wir uns eigentlich keine Sorge um ihn; so schwer ist es, sich einen, den man in voller Lebenskraft vor sich sieht, dem Tode verfallen vorzustellen. Vierzehn Tage später wurde er verhaftet.«

Die Abberufung 1932

Die Zeit meines Vaters, die ich bewußt miterlebte, beginnt mit Papens Staatsstreich in Preußen und endet mit dem Untergang der nationalsozialistischen Diktatur. Als Papen der Demokratie den entscheidenden Stoß versetzte, war ich ein Schüler von 15 Jahren, und als das Großdeutsche Reich zusammenbrach, war ich Truppenarzt eines Infanterie-Regiments. So aufgeschlossen ich den politischen Verwicklungen des Jahres 1932 gegenüberstand, so im Tiefsten erschüttert war ich in den Kriegsjahren angesichts der Tragik des Familienschicksals und des nationalen Unglücks.

Am Nachmittag des 20. Juli 1932 fand in der Reichskanzlei in Berlin eine Ministerbesprechung unter Leitung des Reichskanzlers von Papen statt. Das folgende Protokoll gibt die Teilnehmer wieder. An diesem Tage hatte sich Papen durch eine von Hindenburg unterzeichnete Notverordnung zum Reichskommissar in Preußen gemacht. Die Regierung Braun-Severing wurde aus dem Amt entfernt, und an Papens Stelle übernahm der Essener Oberbürgermeister Bracht die Regierungsgewalt in Preußen.
Im Rahmen dieses »Staatsstreiches in Preußen« wurde eine Reihe von Dienstenthebungen politischer Beamter für notwendig gehalten; unter ihnen Regierungs-Präsident Ernst von Harnack. 1929 war er zum Präsidenten des Regierungsbezirks Halle-Merseburg ernannt worden – nach dem Reg.-Bezirk Düsseldorf der größte in Preußen. Dieser Bezirk galt als besonders schwierig, da er stark industrialisiert war (Leuna-Werke!) und unter der Weltwirtschaftskrise stark zu leiden hatte, so daß der Anteil der Rechts- und der Linksradikalen an der Bevölkerung groß war.

»Niederschrift über die Ministerbesprechung
am 20. Juli 1932, nachm. 6 Uhr in der Reichskanzlei.
Anwesend: die Herren
Reichskanzler von Papen
Reichsminister des Auswärtigen Freiherr von Neurath
Reichsminister des Innern Freiherr von Gayl
Reichsminister der Finanzen Graf Schwerin von Krosigk
Reichswirtschaftsminister Dr. Warmbold
Reichsarbeitsminister Schäffer
Reichsminister der Justiz Dr. Gürtner, Staatssekretär Dr. Schlegelberger
Reichswehrminister von Schleicher
Reichspostminister und Reichsverkehrsminister Freiherr von Eltz-Rübenach
Reichsminister für Ernährung und Landwirtschaft Freiherr von Braun, Staatssekretär Mussehl
Staatssekretär in der Reichskanzlei Planck
Staatssekretär im Bureau des Reichspräsidenten Dr. Meissner
Reichspressechef, Ministerialdirektor Dr. von Kaufmann-Asser
Protokollführer: Ministerialrat Wienstein.
Ferner: Reichskommissar für das Preußische Ministerium des Innern Dr. Bracht.

Beratungsgegenstand: Innenpolitische Lage.

Der *Reichskanzler* berichtete über die Entwicklung der Situation in Preußen und verlas das anliegende Schreiben der Minister Hirtsiefer, Severing usw. an ihn vom 20. Juli. Er teilte mit, daß er die Vertreter der Länder Bayern, Sachsen, Württemberg, Baden, Hessen, Thüringen und Hamburg im Laufe des heutigen Tages über das Vorgehen gegen Preußen unterrichtet habe. Von Hamburg sei gerade Bürgermeister Petersen anwesend gewesen, den er genau ins Bild habe setzen können.

Lediglich der Vertreter der Bayerischen Staatsregierung bei der Reichsregierung, Staatsrat Dr. Quarck, habe Protest gegen das Vorgehen der Reichsregierung im Namen der Bayerischen Staatsregierung erhoben.

Der Reichskanzler machte sodann den anwesenden Oberbürgermeister Dr. Bracht mit den Mitgliedern des Reichskabinetts bekannt und sprach Dr. Bracht den wärmsten Dank der Reichsregierung dafür aus, daß er sich für das schwere Amt des Reichskommissars für das Preußische Ministerium des Innern zur Verfügung gestellt habe. Er richtete an Oberbürgermeister Dr. Bracht die Bitte, ständig an den Sitzungen des Reichsministeriums teilzunehmen.

Oberbürgermeister Dr. Bracht berichtete über seine Unterredung mit Staatsminister a. D. Severing. Er betonte, daß die Unterredung in freundschaftlichen Formen verlaufen sei. Heute abend gegen 8 Uhr werde Severing das Amtszimmer im Preußischen Ministerium des Innern räumen, nachdem er, Dr. Bracht, in Gegenwart des Polizeipräsidenten Melcher und eines Polizeioffiziers ihn zum Verlassen des Dienstzimmers aufgefordert habe.

Es werde wohl notwendig sein, daß die Staatssekretäre Dr. Staudinger im Handelsministerium und Krüger im Landwirtschaftsministerium ausscheiden; vielleicht könnten mit der Wahrnehmung der Geschäfte des Staatssekretärs der Reichsbankkommissar, Ministerialdirektor Dr. Ernst, und Staatssekretär Dr. Mussehl beauftragt werden.

An Oberpräsidenten würden die Herren Kürbis, Lüdemann, Haas und Dr. Falk beurlaubt oder zur Disposition gestellt werden müssen; an Regierungspräsidenten die Herren Dr. Simons, von Harnack, Fitzner und Amelunxen. Die Maßnahmen in den Provinzialstellen hätten jedoch vielleicht noch etwas Zeit.

Der *Reichswehrminister* wies darauf hin, daß besonders die Besetzung der Polizeipräsidien wichtig sei. Im Polizeipräsidium von Berlin sei Oberregierungsrat von Werder eine besonders geeignete und tüchtige Kraft. Notfalls müsse der Belagerungszustand ausgedehnt werden.

Der *Reichskanzler* und die übrigen Mitglieder des Reichskabinetts waren sich darüber einig, daß am zweckmäßigsten Reichsbankkommissar, Ministerialdirektor Dr. Ernst, mit der Wahrnehmung der Geschäfte des Staatssekretärs im Preußischen Handelsministerium, Staatssekretär Dr. Mussehl mit der Wahrnehmung der Geschäfte des Staatssekretärs im Preußischen Landwirtschaftsministerium zu beauftragen seien.«

Ein Telegramm hatte das folgende an Ernst von Harnack gerichtete Schreiben angekündigt:

»Der Preußische Berlin, den 22. Juli 1932.
Minister des Innern.

Das Preußische Staatsministerium hat Sie durch Beschluß vom 21. Juli 1932 auf Grund des § 3 der Verordnung vom 26. Februar 1919 (GS. S. 33) unter Gewährung des gesetzlichen Wartegeldes *sofort* einstweilen in den Ruhestand versetzt.
Als Wartestandsbeamter unterliegen Sie den Vorschriften der eingangs genannten Verordnung vom 26. Februar 1919 und der hierzu ergangenen Abänderungen. Das Wartegeld wird besonders festgesetzt werden. Zur Verlegung Ihres Wohnsitzes nach einem Orte außerhalb Deutschlands bedürfen Sie der Genehmigung.
Mit der Wahrnehmung der Geschäfte beauftragt
(Bracht)«

Die sozialdemokratische Presse würdigte Harnacks Verdienste und druckte sein Protestschreiben an den Reichskanzler ab. Er mußte – wie das preußische Kabinett – der Gewalt weichen.

»Volksblatt« – Halle vom 23. Juli 1932
Merseburg
»Ernst von Harnack

Daß Ernst von Harnack als einer der Ersten der Diktatur zum Opfer fallen würde, war zu erwarten. War er doch ein bürgerlicher Renegat. Und nie haßt das Bürgertum inniger und verbissener, als dann, wenn ein Bürgerssohn angeekelt die bürgerliche Gesellschaft verläßt, um dem Volk zu dienen. H. war einer dieser seltenen und ehrlichen Menschen. Er hatte es nicht nötig, die Sozialdemokratie als Sprungbrett zu benutzen, seine geistigen Qualitäten, die tiefe, ererbte und in ihm fortgepflegte Kultur waren im freien Staate Grundlage genug für eine glänzende Laufbahn. Er kam aber zu uns, weil sein Pflichtgefühl ihn mit uns verband, weil das
Bekenntnis zu uns letzte moralische Konsequenz seiner Weltanschauung sein mußte.
Wer denkt nicht an die Fabel von dem sterbenden Löwen, dem der Esel einen Abschiedstritt versetzt, wenn er den Nekrolog des

›Merseburger Tageblattes‹ alias hallische ›Saale-Zeitung‹ auf Harnack liest? Der Eselstritt, den diese ›vornehme‹ Zeitung dem scheidenden Präsidenten versetzt, spricht für die moralischen Eigenschaften dieses Blattes. Wäre Harnack, wie etwa *Grützner*, zu den Nationalsozialisten abgeschwenkt, dann würde man ihn mit *offenen Armen aufgenommen* haben. Da er aber *treu blieb,* da er eben kein Konjunkturpolitiker war, wird er von der Zeitung des bürgerlichen Anstandes mit Schmutz beworfen.
Man nimmt es Harnack besonders übel, daß er als Sohn eines Theologen von Weltbedeutung Sozialist werden konnte. Weiß man denn, wer dieser Theologe war? Man stelle ihn sich nicht als den landläufigen Pfaffen vor, der um seiner fetten Pfründe willen zum nationalistischen Hetzapostel wird, der die Kanzel mit Politik und Kriegsgeschrei besudelt. Adolf von Harnack, wohl der bedeutendste Kirchenhistoriker, den Deutschland jemals gehabt hat, hat in seinem Werk die Grundlagen der liberalen Kirchenidee geschaffen, er war der Mittelpunkt und der leuchtende Stern des kirchlichen Liberalismus. Wer sein Werk kennt, der wird den Weg seines Sohnes zum Sozialismus als eine natürliche Weiterentwicklung verstehen. So wie der Vater praktisches Christentum, den Dienst am Menschen und Bruder lehrte, so wurde für den Sohn der
Sozialismus letzte Möglichkeit der Tat im christlichen Sinne.
Aber was begreifen diese Bürger, denen auch die Religion nur egoistischer Zweck ist, von den seelischen und geistigen Grundlagen des religiösen Sozialismus?
Das ›Tageblatt‹ vermerkt es als Schuldposten Harnacks, daß er, trotzdem seiner Familie erst 1914 der erbliche Adel verliehen worden sei, am 9. November zu uns kam. Ernst von Harnack, der in seinem kleinen Finger mehr Kultur, mehr Wissen besitzt als vielleicht die meisten der alten Junker zusammengenommen, hätte auf dieses Adelsprädikat gut verzichten können. Er besaß *persönlichen* Adel im besten Sinne des Wortes. Wer die innerliche Vornehmheit seines Wesens, die vollkommene Ausgeglichenheit und Abgeklärtheit dieses Menschen kennt, der könnte nur wünschen, daß der privilegierte Uradel gleiche Qualitäten aufzuweisen hätte. Die Persönlichkeit Harnacks stellt die vollkommene Synthese zwischen bester bürgerlicher Kultur und sozialistischer Weltanschauung dar.
Am Anfang seines Handelns und ganz besonders seiner dienstli-

chen Tätigkeit stand immer das *Menschliche*. Gerade diejenigen, die mit ihm dienstlich zusammengetroffen sind, haben es erkannt, daß er immer bemüht war, die
Bürokratie zu vermenschlichen.
Wenn ihm das vielleicht nicht immer gelungen ist, so lag das nicht an ihm, sondern an den vielen Ewig-Gestrigen, die die republikanische Verwaltung leider mit sich herumschleppen mußte. Wenn die bürgerliche Hetzzeitung schreibt, daß die *Beamtenschaft* unserer ›altpreußischen‹ Beamtenstadt *aufgeatmet habe bei seinem Weggang,* so mag das bei gewissen Beamtenkategorien zutreffen. Und es werden viele darunter sein, die bisher, solange Harnack ihr Präsident war, *nicht genug vor ihm kriechen konnten,* die ihn bei allen Anlässen in guter altpreußischer Beamtenbeflissenheit umwedelten und karessierten. Wenn sie heute den innerlichen Verrat auch nach außen vollziehen werden, so kann das für Harnack nur eine *Ehre bedeuten.*
Laßt die Köter kläffen! Die Eilfertigkeit, mit der die gegenwärtigen Gewalthaber vollendete Tatsachen zu schaffen suchen, beweist ihre Unsicherheit. Hinter der Nebelwand, mit der sie ihre innere Schwäche zu verdecken suchen, steht abwartend und gewaltig die Riesenmauer der deutschen Arbeiterheere.

Die Abberufung nicht rechtsgültig

Genosse von Harnack hat folgendes Schreiben an den Reichskanzler gesandt:

Der Regierungspräsident.   Merseburg, den 22. Juli 1932.
An den Herrn Reichskanzler in Berlin.
Auf Euer Hochwohlgeboren Telegramm am gestrigen Tage, meine Abberufung betreffend, erwidere ich ergebenst folgendes:
Die Rechtsauffassung des zur Zeit an der Wahrnehmung der Geschäfte behinderten preußischen Staatsministeriums ist für mich bindend. Demzufolge *bestreite* ich die *Rechtsgültigkeit der Abberufungsverfügung.* Da ich jedoch nach dem Eingriff vom 20. d. M. keine Möglichkeit habe, mein Amt entsprechend den Weisungen des verfassungsmäßigen Staatsministeriums zu führen, habe ich mich entschlossen, die Dienstgeschäfte bis auf weiteres dem Regierungsvizepräsidenten zu übertragen.
von Harnack.«

Die bürgerliche Presse zeigte sich mit Papens Maßnahmen zwar einverstanden, doch ließ sie den Leistungen Harnacks Gerechtigkeit widerfahren. Am 26. Juli 1932 schrieben die »Hallischen Nachrichten«:

»Der Nachfolger v. Harnacks im Amt.

Heute vormittag hat Ministerialrat Dr. Sommer vom Handelsministerium die Regierungsgeschäfte als Nachfolger des Herrn von Harnack übernommen.

Regierungspräsident a. D. von *Harnack* hat in einem Schreiben an den Reichskanzler die Rechtsgültigkeit seiner Abberufungsverfügung bestritten. Obgleich uns von der weltanschaulichen Einstellung des Herrn von Harnack, der bekanntlich Sozialdemokrat war, vieles trennt, verdient doch hervorgehoben zu werden, daß man bei ihm von einem Parteibuchbeamten im landläufigen Sinne nicht sprechen kann. Herr von Harnack besaß die fachliche Vorbildung des höheren Verwaltungsbeamten. Er war Referendar, Assessor, dann später Referent im Kultusministerium, Landrat in Hersfeld und Vizepräsident in den Regierungen Hannover und Köln. Wer Gelegenheit hatte, dienstlich mit Herrn von Harnack zusammenzuarbeiten, konnte sein außerordentliches Verhandlungsgeschick, seine Initiative und nicht zuletzt die Gabe der freien, ungebundenen, aber stets geistvollen Rede feststellen, eine Begabung, die bei Herrn von Harnack auf der hohen kulturellen Bildung beruhte, die er im Hause seines Vaters, des bekannten Gelehrten Exzellenz von Harnack, genossen hatte.«

Eine charakteristische Episode aus der letzten Amtszeit Ernst von Harnacks schilderte 1946 der ehemalige Landrat Dr. Heinrich Acker (siehe Seite 239). Die Begebenheit wirft ein charakteristisches Licht nicht nur auf die Art der Amtsführung meines Vaters, sondern auch auf die »Beamtentreue« in den Wirrnissen jener Zeit. Der Regierungsrat Riediger verkehrte freundschaftlich in unserer Familie. Dr. Acker sagte:

»Immer bleibt mir in lebendiger Erinnerung ein Beispiel für seine Art, wie es die letzte Zeit seiner Arbeit als Regierungspräsident in Merseburg ergab. Er hatte als politischen Referenten einen jungen Regierungsrat, der vorher mein Mitarbeiter war. Wir glaubten beide von ihm, daß er als Republikaner volles Vertrauen verdiene.

Die Erinnerungen eines nationalsozialistischen Redakteurs, die dieser im Rausche des billigen Sieges in seiner Zeitung veröffentlichte, ergaben ein anderes. Diesem Regierungsrat war die Aufgabe gestellt gewesen, notwendige Verbotsverfügungen nationalsozialistischer Zeitungen vorzubereiten und Ernst von Harnack als Chef der Regierung zur Abschlußzeichnung vorzulegen. Die Vorbereitung dazu sah dieser Mann darin, daß er die Redaktion der betroffenen nationalsozialistischen Zeitung anrief und die Redakteure zu sich ins Amt bat. Dort stellte er sich ihnen als Nationalsozialist vor. Um das geplante Verbot abzuwenden, riet er den erschienenen Redakteuren, bei Ernst von Harnack selbst vorzusprechen. Sie sollten Ernst von Harnack möglichst schnell in ein staats- und sozialphilosophisches Gespräch verwickeln und ihm ihre Gesinnung und Haltung aus idealistisch-philosophischem Geist zu erklären versuchen. Ernst von Harnack würde dann die Anständigkeit ihrer Motive würdigen und das Verbot zurückstellen. Der Regierungsrat komme während des Gesprächs mit der Verfügung, die sicher nicht unterzeichnet würde.
Gesagt, getan. Die Redakteure sprachen vor, verwickelten Ernst von Harnack in eine staatsphilosophische Diskussion, der Regierungsrat erschien mit der Verfügung, Harnack blätterte in der Unterschriftenmappe, kam auf die Verfügung, unterschrieb nicht, bemerkte vielmehr seinem Regierungsrat gegenüber, daß er auf diese Verfügung noch zurückkomme. Ernst von Harnack hatte versucht, die nationalsozialistischen Redakteure zur Mäßigung zu veranlassen. Der Regierungsrat und die Redakteure trafen sich später im Amtszimmer des Regierungsrates, wo dieser triumphierend feststellte, daß er richtig vorausgesagt hatte. Der Glaube an den anständigen Kern im Menschen hatte in diesem Falle getrogen, in vielen hundert Fällen hatte er gesiegt und Ernst von Harnack manchen amtlichen Erfolg und große menschliche Anerkennung gebracht.«

Politische Aktivität
nach der Abberufung

In den folgenden Monaten der erzwungenen Ruhe konnte sich Ernst von Harnack verstärkt politischen Aufgaben zuwenden. Die Stadt Dortmund suchte einen neuen Oberbürgermeister, und er war dabei im Gespräch, doch die politischen Ereignisse überstürzten sich. Bei den Reichstagswahlen am 31. Juli 1932 hatten die Nationalsozialisten 37 Prozent der Stimmen erreicht. Am 6. November 1932 sollte schon wieder eine Reichstagswahl stattfinden. Im Stadion Hamborn-Maxloh hielt Ernst von Harnack auf einer Kundgebung der »Eisernen Front« (einer Formation der sozialdemokratischen Partei) am 30. August 1932 die nachfolgende Ansprache. Bei den Wahlen im November ging der Prozentsatz der nationalsozialistischen Stimmen deutlich zurück. Hitlers Partei geriet in eine weltanschauliche und finanzielle Krise – ihr drohte die Spaltung.

»Kameraden, Republikaner!
Man hat erreicht, daß die regierungstreuen Beamten nichts mehr zu *sagen* haben, aber man kann uns das *Reden* nicht verbieten, – und wir *werden* reden, daß den Feinden der Republik die Ohren gellen! Man kann uns aus unseren Ämtern jagen, man kann mich aussperren, aus meinem Lebensberuf, mit dem ich verwachsen bin, aber man kann uns die Liebe nicht aus dem Herzen reißen zu Volk und Volksstaat. Der Empfang, den wir in Eurer Mitte gefunden haben, sagt uns, daß man auch Euch, Kameraden, die Liebe zu uns nicht aus dem Herzen reißen kann. Freilich – der Herr Ersatz-Minister meint, ›überwiegende Teile‹ der uns anvertrauten Bevölkerung hätten sich durch uns ungerecht regiert gefühlt. Ich habe ihm schon eine schriftliche Antwort erteilt und möchte diese Antwort heute noch um einen wichtigen Punkt ergänzen: Ich habe im Frühjahr allerdings den Gefühlen ›überwiegender Teile‹ meines Bezirks zuwider gehandelt. Nämlich, als ich mich mit ganzer Kraft für die Wiederwahl Hindenburgs einsetzte – entgegen der

›aufstrebenden Volksbewegung‹ der Nationalsozialisten und entgegen den Deutsch-Nationalen! Ob der Mann, dem die Treue das Mark der Ehre ist, weiß, wie es heute in den Herzen seiner ehemaligen Wähler aussieht? Ob er weiß, wie seine Kommissare Papen und Bracht die Treue preußischer Beamter zu ihrer verfassungsmäßigen Regierung und die kraftvolle Vertretung der Grundsätze dieser Regierung zu lohnen wissen? Einst hat man das amerikanische Vorbild des politischen Beamtenwechsels verpönt. Heute beseitigt man erfahrene Beamte um ihrer Zugehörigkeit zu republikanischen Parteien willen. Das ist negative Parteibuch-Wirtschaft schlimmster Art! Hat man doch nicht einmal den Versuch gemacht, ob wir unter dem neuen Regime zu loyaler Mitarbeit fähig seien.
Es gibt auch heute noch Männer in der preußischen Verwaltung, die sich den Sinn für politische Gerechtigkeit gewahrt haben. Sie sind freilich noch von der früheren Regierung eingesetzt worden. Wir danken den mutigen Regierungs-Präsidenten Elfgen und Friedensburg, daß sie den republikanischen Polizei-Präsidenten Bauknecht in Köln und Hohnstein in Cassel so warme Worte der Anerkennung für ihre Verdienste um Staat und Volk gespendet haben. Aber auch die *neuen* Männer verstehen sich auf das Belohnen. Der Polizei-Präsident einer großen preußischen Stadt hat sich noch unter dem Regime Braun-Severing an Besprechungen beteiligt, die auf eine Lahmlegung der verfassungsmäßigen Regierungsgewalten hinzielten. Zum Lohn dafür hat man ihm das Polizei-Präsidium der Reichshauptstadt anvertraut. Oder sind auch *diese* Besprechungen durch die Autorität des Herrn Reichspräsidenten gedeckt?
Auch mit der vielbesungenen historischen Treue und Tradition, mit der Treue zum Preußischen Staatsgedanken nimmt man es nicht sehr ernst, wenn es um die *Macht* geht. Nicht als ob wir großdeutsch fühlenden Republikaner das bisherige Verhältnis zwischen Reich und Preußen für vollkommen und für unabänderlich gehalten hätten. Aber wir wenden uns auf das Schärfste dagegen, daß mit plumper Hand in das staatsrechtliche Gefüge eingegriffen wird. Nichts kann den gesunden Gedanken der Reichsreform schlimmer kompromittieren als verfassungsrechtliche Manöver zu machtpolitischen Zwecken. Warum man sich so beeilt mit der Aufsaugung der preußischen Verwaltung durch die Reichsbüro-

kratie ist ja nur allzu klar. Die Herren des Leipziger Staatsgerichtshofs werden sich beeilen müssen – es könnte sonst der Fall eintreten, daß sie das Land Preußen nur noch auf älteren Landkarten verzeichnet finden. Wenn die Reichskommissare von der unberührten Selbständigkeit Preußens sprechen, und gar preußische Reichsrats-Stimmen instruieren, dann erinnert mich das an eine bekannte Variété-Nummer: Der Bauchredner mit der Puppe auf dem Schoß in angeregter ›Unterhaltung‹. Hier ist Herr von Papen der Zauberkünstler und Preußen die Puppe. Das Publikum merkt bald, daß es sich um eine recht einseitige Unterhaltung handelt. Und wenn der stellvertretende Preußenkommissar den abberufenen Beamten vorhält, ›überwiegende Teile‹ fühlten sich ungerecht regiert, dann ist das, wie wenn einer dem anderen vorwirft, er habe seinen Schlips vergessen, während er sich selbst ohne ein viel wichtigeres, unaussprechliches Kleidungsstück dem Licht der Öffentlichkeit aussetzt. Denn über welche Mehrheit verfügten die neuen Herren wohl selbst, als über die Mehrheit in den feudalen Herrenklubs?

Wie sich die Welt im Kopfe der Herren Klubmitglieder malt, das hat der Reichskanzler jetzt auch nach *Amerika* hinübergefunkt. Die falschen Perspektiven dieses politischen Weltbildes sind dadurch nicht richtiger geworden. Zunächst wieder ein scharfer Bannstrahl gegen die Kommunisten. Wir Republikaner können uns wohl ein Stück Sachverständigkeit und Erfahrung auf diesem Gebiet zubilligen. Denn auf *unseren* Schultern hat in den letzten Jahren die Hauptlast der Auseinandersetzung mit den Kommunisten gelegen. Dabei haben wir gelernt, daß der Kommunismus russischer Färbung eine internationale Völkerkrankheit ist. Ob und wie schwer eine Nation von dieser Krankheit befallen wird, hängt nicht so sehr von der Bosheit der betreffenden Proletariermassen, als von der *Weisheit* der betreffenden *Regierungen* ab. Gerade die gegenwärtige Reichsregierung, die durch ihre reaktionären und unsozialen Maßnahmen den Boden für die kommunistische Agitation in nie dagewesener Weise aufgelockert hat, sollte sich vor scharfmacherischen Redensarten besonders hüten. Papens Wort vom Wohlfahrtsstaat, der rückwärts revidiert werden müsse, hat mehr Wasser auf die kommunistischen Mühlen geleitet, als ein Dutzend original-bolschewistischer Agitatoren es gekonnt hätten. Und nun zu den Nationalsozialisten, die nach Papen nichts anderes

im Sinne haben sollen, als die ›nationale Wiedergeburt des deutschen Volkes‹. Ich glaube, es gibt einen unfehlbaren Prüfstein für die Echtheit eines jeden nationalen Wollens: daß man in jedem ehrlichen Volksgenossen – ohne Ansehen der politischen Meinung – in erster Linie den deutschen Mitbürger sieht. Gegen diese Grundvoraussetzung jeden nationalen Strebens hat die Hitlerpartei von jeher auf das verhängnisvollste verstoßen. Herr von Papen hat gestern Amerika darüber belehrt, daß in Deutschland der *Bürgerkrieg* vor der Tür gestanden habe. Ist er sich nicht bewußt, daß *seine* ›politischen Kinder‹, seine nationalen Wiedergeburtshelfer Deutschland an den Rand blutiger Auseinandersetzungen gebracht haben? Ist sich der Reichskanzler nicht bewußt, daß er *selbst* durch die Aufhebung der Uniformverbote die Bürgerkriegsgefahr auf das äußerste verschärft hat? Wenn es nicht soweit gekommen ist, so ist das der Besonnenheit der Republikaner zu verdanken. Es *durfte* jetzt keine Unruhen geben; wir *durften* unseren Gegnern keinen Vorwand liefern, um die Reichstagswahlen abzusagen.
Die morgigen Wahlen – die große Gelegenheit zur Abrechnung mit dem System – dem System Papen-Schleicher-Hitler! Sorgt dafür, Kameraden, daß alle Welt merke: es gibt noch Republikaner in der Republik! Sorgt dafür, daß der kommende 11. August nicht eine *Abschieds*vorstellung für die dahinscheidende Weimarer Verfassung werde! Wir wollen keine Neuausgabe der Verfassung, wir wollen insbesondere keine ›Bracht-Ausgabe‹, in der Artikel I lauten würde: ›Das deutsche Reich ist eine Republik, die Staatsgewalt geht dem Volke aus!‹ Alle anderen Artikel sind gestrichen – nur der Artikel 48 nicht. Die alten, republikanischen 48er müssen sich im Grabe umdrehen ob dieser *neuen* 48er und ihres Anspruches auf Verfassungsmäßigkeit.
Wir Lebenden aber fühlen uns als Erben und Wegbereiter besten deutschen Verfassungsgutes, wenn wir zur Republik halten, wenn wir dem Banner schwarz-rot-gold die Treue bewahren. Es flattert uns voran in dem größten und schönsten Kampfe, den ein Volk führen kann: im Kampfe um unsere innere und äußere Freiheit!«

Ernst von Harnack gehörte innerhalb der Sozialdemokratischen Partei dem »Bund religiöser Sozialisten« an. Damit gehörte er zum rechten Flügel der Sozialdemokraten, der sich mit der atheistischen Richtung aus der Gründungszeit der Sozialdemokratie nicht einverstanden erklärte. Im Rahmen einer öffentlichen Kundgebung der Religiösen Sozialisten hielt Ernst von Harnack am 31. Oktober 1932 im großen Saal des Gewerkschaftshauses in Breslau eine Wahlrede mit dem Titel:

»Christuskreuz oder Hakenkreuz?

Genossinnen und Genossen! Wir haben ein schweres Wahljahr hinter uns, und nun fallen gar die Wahlen zum Reichstag und zur Landeskirche beinahe zusammen. Wir religiösen Sozialisten können das nicht bedauern; denn damit kennzeichnet sich für uns die enge Verflechtung der Glaubenswelt mit dieser irdischen Welt, in der der Gläubige zu wirken berufen ist.«

Es galt, einen Angriff abzuwehren:

»Genossen! Es wird ein Frontalangriff auf die Landeskirche versucht. Die Kampftruppe, die vom Braunen Haus in München nun gegen die evangelische Kirche vorgeschickt wird, das sind die sogenannten deutschen Christen. Wir müssen uns wohl oder übel mit diesen evangelischen deutschen Christen ein wenig auseinandersetzen, wir müssen ihnen auf den Zahn fühlen, wir müssen das deutsche Gewand ein wenig lüften und nach dem braunen Hemd darunter Ausschau halten, das diesen deutschen Christen gemein ist.«

Im weiteren Verlauf der Rede heißt es:

»Wir haben hier eine Broschüre, herausgegeben vom Religionswart der Nationalsozialisten, die heißt: ›Die Richtlinien der deutschen Christen‹. Das kann man nicht etwa im Laden kaufen. Da muß man erst an einen Pastor schreiben, der schickt es dann. Offenbar haben die Herren selbst kein Zutrauen zu ihrer Sache, wenn sie die kleine Flugschrift nur auf Anfordern versenden. Ich will nicht alle zehn Punkte vorlesen, die hier angeführt sind. Aber ich werde einen Punkt ins Auge fassen. Was sagt der Verfasser von seinen Richtlinien selbst? Er sagt: ›Diese Richtlinien wollen weder ein Glaubensbekenntnis sein oder ersetzen, noch an den Bekenntnisgrundlagen der evangelischen Kirche rütteln. Sie sind ein Lebensbekenntnis.‹ Was Sie nachher hören werden, das greift unmittelbar stark ins Leben ein. Da hören wir von Rassenfragen, von dem Pazifismus und den Freimaurern, die es nicht in den Kirchen gibt. Das alles greift nicht in den Glauben, aber ins Leben ein. Da haben wir die schönste gläubige Heuchelei vor uns. Der Glaube ist eine Sache für sich, da kann man sich die schönsten Luftschlösser ausdenken. Aber was im Leben vorgeht, ist etwas ganz anderes. Aber man beginnt mit einer Heuchelei.

Nun einige Blüten aus den Richtlinien selbst. Sie sagen: ›Kirchenpolitische Parteien haben keinen religiösen Ausweis, das Kirchenvolk zu vertreten.‹ Die Nationalsozialisten sind an sich eine Partei, die mit Ausweisen vorsichtig sein sollte. Wir wissen, daß es mit den Ausweisen zu Landtagen nicht immer genau genommen worden ist. Wir wollen annehmen, daß es in dem Fall nicht so gemeint ist. Wer hat einen Ausweis, als Gruppe kirchliche Angelegenheiten zu vertreten? Und was sind die deutschen Christen denn anderes als eine solche Gruppe. Sie lehnen es ab, eine kirchenpolitische Gruppe zu sein. Sie wollen alle Kräfte zusammenfassen. Hören Sie, unter welchen Generalnenner sie diese Kräfte angeblich zusammenfassen wollen. Da heißt es: ›Wir bekennen uns zu einem bejahenden artgemäßen Christusglauben, wie er deutschem Luthergeist und heldischer Frömmigkeit entspricht.‹ Weiter heißt es dann: ›Wir sehen Rasse, Volkstum und Nation als uns von Gott geschenkte und anvertraute Lebensordnungen, für deren Erhaltung zu sorgen uns Gottes Gesetz ist.‹ Fest steht, daß das hier unter den Begriff Gotteslästerung fällt, ebenfalls unter die Lästerung der Grundsätze des Christentums. Wenn je eine große Religion mit dem Anspruch auftreten konnte, Weltgeltung zu haben, zu besitzen und sich an alle zu wenden, dann ist es das Christentum gewesen. Wir wollen an dem Pfingsterlebnis festhalten, an jener religiösen Ekstase, wo die Grenzpfähle der Völker zu fallen schienen. Aus dem Grunde scheint es mir ein großer Wahnwitz gewesen zu sein, daß man ausgerechnet die Rasse für ein besonderes Geschenk des lieben Gottes hinstellt. Es ist heutzutage etwas Mode geworden, von dem göttlichen Auftrag und der göttlichen Ordnung zu sprechen. Jeder einzelne nimmt nun einen Scheinwerfer, stellt ihn ein und beleuchtet irgendeinen Punkt im Weltgeschehen und sagt: Der Punkt, auf den ich meinen Scheinwerfer einstelle, ist typisch für die göttliche Weltordnung. Alles andere ist im Dunkeln.

Genossen! Der kann kein Christ sein. Wenn es je ein Zeichen für den inneren Schwung des christlichen Gedankens gewesen ist, dann war es doch das, daß dieser christliche Gedanke quer durch die Rassen und Völker der Erde gegangen ist, daß dieser Christus über die Schützengräben des Weltkrieges hinausgeschritten ist. Wenn wir also so stolz auf die Rasse sind, kommen wir daher zum germanischen Stammesgötzentum zurück.

Die Äußere Mission wird erfreulicherweise auch noch erwähnt. Aber was hat man von ihr zu melden. Sie rufen uns angeblich zu: ›Haltet die Rasse rein!‹, als ob das ein Kernstück der Mission wäre. Gewiß, ich kann mir vorstellen, daß die Mission Wert darauf legt, daß die weißen Missionare keine schwarzen Frauen heiraten. Das hat aber nichts damit zu tun, daß die Menschen vor Gott gleich sind. Will man denn den Begriff der Gotteskindschaft vollkommen aushöhlen? Wenn man nun einmal anerkennt, daß die Menschen Gotteskinder sind, da erkennt man doch gleichzeitig an, daß diese Menschen, die Kinder desselben Vaters sind, auch Brüder und Schwestern untereinander sind.

Ja, man will es nicht einmal wahr haben, daß der große Stifter unserer Religion ein Jude gewesen ist. Man will es nicht wahr haben. Man fälscht ihn in einen Arier um, sonst könnte man es nicht wagen, in die Richtlinien folgendes reinzuschreiben: ›In der Judenmission sehen wir eine schwere Gefahr für unser Volkstum. Sie ist das Eingangstor fremden Blutes in unseren Volkskörper. – Wir lehnen die Judenmission in Deutschland ab, solange die Juden das Staatsbürgerrecht besitzen und damit die Gefahr der Rassenverschleierung und Bastardierung besteht.‹ Man wagt, in einem Religionsprogramm Menschenpolitik nach den Gesichtspunkten einer Gestütsverwaltung zu empfehlen.

Nun, es gibt einen der schönsten Abschnitte des Neuen Testaments, 1. Korinther 13, wo es heißt: ›Wenn ich mit Menschen- und mit Engelszungen redete und hätte der Liebe nicht, so wäre ich ein tönend Erz oder eine klingende Schelle.‹

Und was steht hier in den Richtlinien? Also: ›Die Heilige Schrift weiß auch etwas zu sagen von heiligem Zorn und sich versagender Liebe. Insbesondere ist die Eheschließung zwischen Deutschen und Juden zu verbieten.‹ (Heiterkeit.) Man verbietet einem jüdischen Mädchen, daß es sich in einen Christen verliebt. So wird man es ausdrücken können.

Und zum Schluß kommt das außenpolitische Programm der deutschen Christen. Als Kernstück lesen wir da: ›Wir lehnen den

Geist eines christlichen Weltbürgertums ab.‹ Das ist ganz kurz gesagt.
Genossinnen und Genossen! Gerade in dieser Wendung offenbart sich die Gesinnung, die den deutschen Christen auch aus den Knopflöchern herausschaut. Seit wann hat es ein christliches Weltbürgertum gegeben? Es hat nur ein Weltbürgertum gegeben. Es ist eine Erbschaft aus dem Jahre 1789 und wertvoll. Und wenn es eine Aussicht gibt, daß in den europäischen Dorfstaaten – im Vergleich zu Asien und Indien – wieder Frieden einzieht, da wird der Gedanke des Weltbürgertums dabei gewiß seine heilsame Rolle spielen. Und gerade ein Land in der Lage Deutschlands sollte sich freuen, wenn es noch so etwas von europäischer Gemeinschaftsidee gibt. Und die deutschen Christen sind nicht diejenigen, die einen wertvollen Ersatz dafür bieten können. Nun, ein christliches Weltbürgertum hat es nicht gegeben. Man kämpft hier gegen ein Phantom, was nicht vorhanden ist.
Aber was es gegeben hat und noch geben muß, das ist, daß man über die Grenzen der Länder hinaus in den anderen Menschen den Bruder und Mitchristen sieht. Wir müssen feststellen, daß der Kampf gegen dieses angebliche Weltbürgertum gar keinen anderen Sinn haben kann, als jeden Ansatz christlicher Solidarität zwischen den Völkern wieder zu zerstören.
Und darum müssen wir uns mit aller Entschiedenheit gegen diese Bewegung richten. Und ich darf mich auf die drei großen Aufgaben, die ich der Kirche gestellt habe, zurückziehen. Diese drei Aufgaben kann auch gewiß ein weit rechts stehender Mann mit unterschreiben, und zwar: Wiedergewinnung des verlorenen Terrains, Zusammenfassung aller Kräfte und der Ausmarsch in die Welt.
Christenkreuz oder Hakenkreuz? Es kann nur das eine oder andere geben. Und wer da mit dem Hakenkreuz in die Kirche geht – z. B. in einem kleineren Ort sind fünf Konfirmanden in Hitleruniform erschienen – der muß zum Tempel hinausgejagt werden.«

Auch in Zeitungsartikeln warb Ernst von Harnack für die Ziele der Religiösen Sozialisten:

»Sollen wir die evang. Landeskirche dem Faschismus ausliefern? Von *Ernst v. Harnack.*

Brüderliche Gesinnung und Tatbereitschaft sind die Kennzeichen jeder echten sozialistischen Gemeinschaft. Dereinst glaubte man, daß die Antriebe zu solchem Verhalten nur aus materieller Not auf dem Wege über vernunftgemäße Überlegungen kämen. Unsere Generation weiß, daß starke Quellen sozialistischen Handelns der Tiefe des *Gemüts* und des *Herzens* entspringen. Es geht ein Hungern und Dürsten nach *Gerechtigkeit* durch die Welt, das aus leiblichen Nöten keineswegs allein erklärt werden kann. Wir zählen in unsern Reihen Tausende und Abertausende, die aus dem Gefühl oder Bewußtsein *religiöser Verpflichtung* heraus zu Arbeitern im Weinberge des Sozialismus geworden sind. Wer unsere Bewegung kennt, der weiß, daß es nicht die schlechtesten Arbeiter sind. Was wäre natürlicher, als daß diese unsere Genossen für ihre Arbeit im und am Proletariat immer wieder Kraft und Schwung aus der Beteiligung am Leben der religiösen Gemeinschaften, der *Kirchen*, schöpften? Tatsächlich hält ja auch die überwiegende Zahl unserer Freunde das äußere Band zur Kirche aufrecht. Aber es gehen von der Kirche keine starken Antriebe zur tätigen Liebe, d. h. zum praktischen Christentum mehr aus. Nicht als ob die Persönlichkeit des großen Volksmannes Jesus Christus etwas eingebüßt hätte von ihrer beispielhaften Erscheinung, nicht als ob sein Vorbild etwas verloren hätte an richtunggebender Kraft. Aber die derzeitigen Machthaber der Kirche haben es dahin kommen lassen, daß die widerchristlichen Mächte der nationalistischen Überhebung, des Kriegsgeistes und der sozialen Reaktion die Kerngedanken des Christentums verfälschten und verbogen. Die Kirche, einst errichtet als eine seelische Heimstätte der Mühseligen und Beladenen, als ein Kraftquell weltüberwindender Liebe, ist auf dem besten Wege, zu einer bloßen Außenposition in den parteipolitischen Machtkämpfen der Gegenwart herabgewürdigt zu werden.

Der Hauptexponent jener widerchristlichen Mächte, der Nationalsozialismus, beabsichtigt, seine rauhen Kämpfer bei den *bevorstehenden Kirchenwahlen* zur Besetzung der Festung ›Evangelische Landeskirche‹ zu kommandieren. Dabei verschlägt es Adolf Hitler

bei allem Gerede von ›positivem Christentum‹ wenig, daß nach zahllosen Literaturzeugnissen (Alfred Rosenberg!) *National*sozialismus und Christentum wirklich so unvereinbar sind wie Feuer und Wasser. Die Weltanschauungskünstler des Braunen Hauses werden schon eine Konkordienformel finden, die *Hitler*propaganda unter kirchlicher Maske ermöglicht. Über den *Umfang* des kirchlichen Propagandafeldes wollen wir uns keinen Täuschungen hingeben: es reicht von der Volksschule bis zu den Universitäten, vom Kindergarten bis zum Fürsorgeerziehungsheim!
Die Kirche kann nur dann im Sinne ihres Stifters wirken, wenn religiöse Falschmünzer ihren Pforten ferngehalten werden. Wir rufen deshalb alle der Landeskirche angehörenden Sozialisten, Männer und Frauen, zur *organisierten Abwehr* durch *Beteiligung an den Kirchenwahlen* auf. Unser Abwehrkampf gilt aber nicht allein der Reinhaltung der religiösen Heimstätte. Er richtet sich auch gegen die Gefahren für *Republik* und *Sozialismus*, die mit einer vollkommenen Faschisierung der Evangelischen Landeskirche verbunden wären. So ist es ein Dienst am *Ganzen*, für den der ›Bund religiöser Sozialisten‹ wirbt.«

Wie sich politische Überlegungen mit religiösen Aspekten durchdrangen, zeigt eine Rede, die Ernst von Harnack am Totensonntag des Jahres 1932 auf dem Internationalen Forum der Amerikanischen Kirche zu Berlin hielt. Er war aufgefordert worden, über das Problem »Internationalismus« zu sprechen. Er grenzt den Begriff zunächst gegen »Nationalismus«, »A-Nationalismus« (Kosmopolitismus) und »Anti-Nationalismus« (Ordnungsprinzip des internationalen Kommunismus) ab, und fährt dann fort:

»Mit meinen politischen Freunden von der Deutschen Sozialdemokratie und mit meinen Gesinnungsgenossen vom Bunde der Religiösen Sozialisten bekenne ich mich daher zu einem *Internationalismus*, der für absehbare Zeit mit den Nationen als mit den Hauptakteuren auf der weltpolitischen Bühne rechnet. Es ist uns nicht um eine Leugnung oder Bekämpfung der Nationen zu tun, sondern um ihre enge Verflechtung zu einem sinnvollen und segensvollen Organismus. Dabei rechnen wir mit der verbindenden Kraft, die sich aus der Gemeinsamkeit des Schicksals der Proletarier aller Länder ergibt.

Ist es notwendig, ist es angebracht, solche weltpolitischen Grundsätze überhaupt auf die Höhe *weltanschaulicher* Betrachtung zu erheben, ihnen den Stempel eines ›ismus‹ zu verleihen? Wenn ich mir die Stimmung vergegenwärtige, wie sie beim Ausgang des Weltkrieges unter uns Mitkämpfern herrschte, so war damals eine besondere ›Einstellung‹ nicht notwendig. Wir waren alle *hineingewachsen* in einen gesunden Internationalismus, d. h. in einen *Patriotismus*, der da weiß, daß es für das Vaterland nichts Schlimmeres geben kann als die Verstrickung in ein neues Völkermorden. Damals war die Überzeugung lebendig, daß die Übersteigerung des nationalen Egoismus, daß die Organisationslosigkeit der Völkerwelt die Hauptursachen des Weltbrandes gewesen seien. Wie hat sich das Bild inzwischen geändert! Heute beherrscht der *Nationalismus* wieder weithin das Feld. Die nationalistische Verblendung der Sieger, die s. Zt. ihren Niederschlag in den sogenannten Friedensverträgen fand, hat verhängnisvoll eingewirkt auf den Friedensglauben, auf die Friedensbereitschaft der besiegten Nationen. Welche Motive immer es sein mögen – jedenfalls haben sich die Staaten immer mehr auf die Positionen zurückgezogen, von denen aus sie dereinst in den Weltkrieg aufgebrochen sind. Schon hat eine Nation, die sich erst im vergangenen Jahrhundert stolz in den Kranz der Kulturnationen einreihte, das Schwert zum blutigen Streite gezogen – unter Mißachtung der Friedenssicherungen, denen sie sich selbst freiwillig unterworfen hatte.[1] Aber es ist kein reinigender Blitz vom Himmel gefahren! Nein, es liegt ein dumpfer Druck über der Menschheit. Ihre Irrfahrt ist noch nicht beendet. Es bedarf offenbar schmerzlicher Lehren für die großen Nationen, um ihnen klar zu machen, daß alle Projekte ihrer Staatsmänner, ihrer Generale und Wirtschaftsexperten, die lediglich dem *eigenen* Interesse dienen, sich im Effekt gegen sie selbst wenden und damit den eigenen Wohlstand und den der Gesamtheit zerstören. Der Mißerfolg der gegenseitigen Zollabschließung spricht eine nur allzu deutliche Sprache. –
Bei solcher Weltlage ist die Frage, ob der von uns charakterisierte Internationalismus zu einem entscheidenden politischen Prinzip zu erheben sei, mit einem runden *Ja* zu beantworten. Dabei sind wir der Meinung, daß die Verankerung der zwischenstaatlichen Orga-

---

[1] Japan

nisation schon im *inneren* Leben der Nation stattfinden muß. Eine Völkerordnung, wie sie vor unserem geistigen Auge steht, kann nur gedeihen bei einer rechten Abwägung von Bindung und Freiheit ihrer Glieder. So gehört es denn auch zu den vornehmsten Aufgaben eines jeden Kulturstaates, die beiden großen Güter und Werte der nationalen Freiheit und der übernationalen Eingliederung in das richtige Verhältnis zueinander zu setzen. Keine deutsche Regierung dürfte ungestraft unser Volk auf den Weg eines selbstzerstörerischen nationalistischen Egoismus treiben. Ebenso würde jede amerikanische Regierung die Pflichten gegen ihr eigenes Volk und gegen die Menschheit verletzen, die dem Schicksal ihrer Mitwelt tatenlos zuschauen wollte.

Ich darf an dieser Stelle ein Wort der Erwiderung auf weit verbreitete Vorwürfe gegen die Haltung der deutschen Sozialdemokratie sprechen. Man liebt es, uns als Feinde des nationalen Gedankens oder doch als recht laue Patrioten hinzustellen. Gleichviel ob böser Wille oder Unwissenheit bei diesen Vorwürfen im Spiel sind – sie sind *unbegründet*, und die Haltung unserer Bewegung in Zeiten schwerer nationaler Bedrängnis gibt uns das Recht, derartige Verdächtigungen auf das schärfste zurückzuweisen. Wir lassen uns in der Liebe zu unserem deutschen Vaterlande von niemandem übertreffen. Dabei legen wir freilich Wert darauf, uns von den Nationalisten scharf zu unterscheiden durch den *Inhalt*, den wir dem nationalen Gedanken geben. Wir fordern, daß in Deutschland wie in jedem anderen Kulturstaat der Gedanke der organischen Völkerverbindung zum lebensnotwendigen Bestandteil der nationalen Idee werde.

Ein anderer hätte die vorstehenden Grundsätze vielleicht unter das Kennwort ›Pazifismus‹ gestellt. Man pflegt in diesem Begriff alle Bestrebungen zusammenzufassen, die der Erhaltung des Friedens unter den Völkern gewidmet sind. Ich bin aufs tiefste durchdrungen von dem Wert der Arbeit, die von den Friedensfreunden aller Länder geleistet wird. Aber ich kann mich nicht entschließen, die gesamte weltpolitische Erneuerungsarbeit um das Problem der Friedenserhaltung zu gruppieren. Die Welt leidet an allgemeiner Organisationslosigkeit bzw. an einer verhängnisvollen Schwäche der vorhandenen Organisations-Ansätze. Die Kriege sind *Symptome* dieser Zerrüttung, und gewiß die furchtbarsten. Wie die Arbeit eines jeden guten Arztes darf sich auch die *politische* Heilungsarbeit nicht auf die Bekämpfung der Symptome beschränken. Sie muß sich vielmehr um die Reorganisation des ganzen weltpolitischen Organismus bemühen. Mit der zunehmenden Konsolidierung dieses Organismus wird auch die Gefahr des Fieberrückfalls abnehmen. Reformbestrebungen, die unter Verkennung des großen Zusammenhangs lediglich um das Problem ›Krieg oder Frieden‹ kreisen, führen zu Mißdeutungen und Enttäuschungen. Ich möchte geradezu wünschen, daß für die hiernach notwendige Organisationsarbeit und für die Erweckung des Verständnisses und des Gewissens des einzelnen und der Nationen ein *neuer Name* gefunden werde, der dem positiven und umfassenden Charakter dieser Bestrebungen besser gerecht wird.

Ich müßte alle meine sozialistischen Erfahrungen und Überzeugungen verleugnen, wenn ich Sie glauben machen wollte, es werde genügen, die Menschen umzustimmen und zu überzeugen, um weiter zu kommen. Die gegenwärtige Struktur der Wirtschaft – der monopolistische Finanzkapitalismus – setzt der als notwendig angedeuteten Entwicklung die allergrößten Hemmungen entgegen. Schwere Kämpfe werden unausbleiblich sein. Aber es eröffnet sich auch für die Menschen, die guten Willens sind, ein ungeheures Arbeitsfeld in allen Ländern der Erde.«

Die Übersiedlung
nach Berlin

Im Oktober 1932 zog die Familie nach Berlin-Zehlendorf um, wo sie Am Fischtal ein Heim gefunden hatte. Mit dem folgenden Schreiben verabschiedete sich Ernst von Harnack von seinem Regierungsbezirk:

»Merseburg, Anfang Oktober 1932.
Ich rüste mich zur Heimkehr in meine Vaterstadt Berlin, und noch einmal wandern die Gedanken durch das weite Land, dessen Freuden und Leiden ich während dreier Jahre geteilt habe. Eine Fülle der Gesichte taucht auf, aber die *ernsten* Bilder überwiegen die heiteren: meine Merseburger Zeit stand im Zeichen der steigenden *Wirtschaftskrise*. Wenn es mir trotzdem gelingen konnte, den Bezirk vor schweren Erschütterungen zu bewahren, so verdanke ich das dem verständnisvollen Wirken meiner Vorgesetzten und dem hingebenden Bemühen meiner Mitarbeiter. Es galt, wertvolles Erbgut zu erhalten und zukunftskräftigen Ideen das Tor zu öffnen. Mein Dank gilt den Angehörigen der Regierung Merseburg, die mit mir an jener Doppelaufgabe gearbeitet haben, an ihrer Spitze dem Regierungsvizepräsidenten Herrn Corneel, meinem treuesten Helfer und Berater.
Im besonderen möchte ich der gemeinsamen schweren Bemühungen um die Aufrechterhaltung der *äußeren Ordnung* in dem spannungsgeladenen mitteldeutschen Bezirk gedenken. Vor wie ernsten Situationen wir mitunter standen, wissen nur die Nächstbeteiligten: die Herren der Regierung, die Herren Polizeipräsidenten, Landräte und Polizeiverwalter. Ihnen allen, die sich in jenen Stunden als Männer und als wahre Freunde des Volkes bewährt haben, drücke ich im Geiste die Hand.
Die zweite große Sorge galt der Aufrechterhaltung des wirtschaftlichen Bestandes der Kommunen und damit der sozialen Fürsorge. Es bedurfte dazu gewisser Eingriffe in die Selbstverwaltung, aber ich darf heute feststellen, daß das Einvernehmen mit den Kreisen

und Städten niemals ernstlich gestört worden ist. Das *Landratsherz* hat nie aufgehört in mir zu schlagen, und es schlägt auch heute, da ich Abschied nehme von den Herren Vorsitzenden der Kreisausschüsse und von den Herren Bürgermeistern. Möge ihnen bald wieder die Möglichkeit *schöpferischer* Tätigkeit erwachsen!
Was mir die polizeilichen und wirtschaftlichen Aufgaben an Zeit und Kraft ließen, das habe ich mit Freude den kulturellen Werten, vornehmlich dem Leben der *Schule* gewidmet. Es war mir vergönnt, manche reiche und starke Begabung unter der Lehrerschaft zu fördern und andererseits dem Schulorganismus manchen Schaden fernzuhalten, der bei allzu buchstabengerechter Durchführung der Sparmaßnahmen eingetreten wäre.
Auch zu den übrigen im Bezirk vertretenen weltlichen und kirchlichen Behörden konnte ich gute, ja freundschaftliche Beziehungen pflegen; vor allem zu dem von mir hoch verehrten Herrn Landeshauptmann Dr. Hübener und der ganzen Provinzialverwaltung.
Und nun weitet sich der Blick noch einmal und umfaßt *alle*, die mir anvertraut waren – alle Bezirkseingesessenen von der märkischen bis zur thüringischen, von der schlesischen bis zur hannoverschen Grenze. Ihnen nach dem Maße meiner schwachen Kräfte zu dienen, alles lebenswerte Leben zu fördern und den Mühseligen und Beladenen zu helfen, war mir ein herzliches Anliegen. Ich habe es nicht allen recht machen können und bin mir meiner Fehler bewußt. Aber ich glaube, daß auch meine *Gegner* niemals an der Redlichkeit meiner Absichten gezweifelt haben.
Diese Abschiedsstunde ist für mich nicht ohne Bitterkeit. Aber alles das wird übertönt durch Dank, Hoffnung und Wunsch. *Dank* denen, die mir halfen und vertrauten, *Licht* und *Wärme* dem schaffenden Volke auf seinem schweren Wege, *Weisheit* und *Kraft* denen, die diesen Weg betreuen! von Harnack«

Seinen poetischen Niederschlag fand der Umzug in den folgenden Zeilen, die Ernst von Harnack meiner Mutter und ihrem Wirken widmete:

»*Ernst* für *Aenne* zum Umzug
von *Merseburg nach Zehlendorf* im Oktober 1932.

Nenne mir, Muse, die Frau, die vielerfahr'ne, die treue,
  Die mit kundiger Hand steuert das häusliche Schiff!
Wo den Anker sie wirft, da gatten sich Friede und Ordnung;
  Wo den Spaten sie rührt, blühen die Blumen zu Hauf. –
Flog der Gatte voraus zu neuen Ufern und Pflichten,
  Führt sie behutsam und klug Kinder und Habe ihm nach.
Wohnungen sah sie gar viel, erforschte Böden und Keller,
  Fragte nach Sonne und Luft, prüfte der Fenster Gestalt.
War getroffen die Wahl, dann kreisten im Kopf die Gedanken;
  Selbst der nächtliche Traum sah nur Gardine und Schrank!
Aber das Größte fürwahr, das Schwerste hat sie vollendet,
  Da sie vom ragenden Schloß abstieg zur Hütte im Tal.
Ratlos stand sie zunächst und zählte schaudernd den Hausrat,
  Der sich üppig vermehrt, nützend den fürstlichen Bau.
Ach, wo berg' ich das Glas, wo berg' ich die Betten, die Bücher?
  Wo zum Hobeln die Bank, wo zum Tennis den Tisch?
Aber sie klagte nicht lang und sprach die geflügelten Worte:
  ›Was sich schickt im *Palast*, wird in der Hütte *Ballast!*‹
Manches wandert' so fort, und mit ihm manche Erinn'rung;
  Selbst des Sofas Gebäu wurde der ›Wohlfahrt‹ geweiht.
Seegras barg es zutiefst, der Seekuh duftende Nahrung;
  Schaukelnd trug es uns einst, so wie Europen der Stier.
Als nun die Gaben verteilt, als Kasten und Kiste gepackt war,
  Donnerten Wagen im Hof, öffneten gierig ihr Maul.
Seht, jetzt treten sie an, die sturmerprobten Gestalten,
  Männer herkulischen Baus, aber behutsamen Griffs.
Seht, sie schwanken herab, gebeugt unter mächtigen Lasten,
  Doch den gewendelten Steig trifft manch verhaltener Fluch!
Aber wo blieb im Gewühl der *Kinder* stattliches Häuflein?
  Ihrer Mutter Verdienst öffnet' manch gastliches Haus.
Ja man *riß* sich um sie, die wohlerzogenen Sprossen,
  Wie um Vater Homer einst manch griechische Stadt.
Einen nur gab man nicht her, der Mutter kunstreichen Helfer:

Hammer führt er und Stift: *Anno*, des Hauses Hephäst!
– . – . – . – .–
Endlich naht sich der Schwarm aus anverwandtem Geschlechte;
Staunend blickt man sich um – Zauberwerk glaubt man zu schau'n!
Aber man hat sie entdeckt, die hier den Zauberstab führte:
HERA, die Göttin des Heims, reicht ihr den herrlichsten Kranz!«

So tief die Ereignisse des Jahres 1932 ihn auch trafen – der Humor verließ ihn nicht ganz. Am ersten Weihnachtsfeiertag 1932 versammelte sich die Harnack-Familie im Elternhause in der Kunz-Buntschuh-Str. 2. Nach Tisch sang Ernst auf die Melodie des Liedes »Als ich noch im Flügelkleide...« ein Familien-Karmen, in dem jedem Familienmitglied eine Strophe gewidmet war. Auf sich selbst dichtete er:

»Als ich noch auf Sommerwegen
wandert' durch der Berge Pracht,
kam der *Papen* mit der Sägen,
hat mich meuchlings umgebracht.
Herrscher dünkte sich im Reich er,
doch schon schlich heran der *Schleicher*.
Kinder, laßt mich auch mal passen –
nur nicht bange machen lassen!«

Die erste Verhaftung

Im Haus »Am Fischtal« fühlte sich die Familie bald sehr wohl. Der Abschied von der prachtvollen Wohnung im Merseburger Schloß fiel ihr nicht schwer. Sie hatte im zweiten Stock des Schlosses gelegen. Durch eine breite Wendeltreppe gelangte man in die Wohnung, aber auch (durch eine Seitentür) in die Diensträume des Regierungspräsidenten, die im linken Schloßflügel lagen. Die rechte Seite des Hofes bildete der gotische Merseburger Dom.

Als am 30. Januar 1933 der Marschtritt der Braunen Kolonnen durch das Brandenburger Tor und durch die Wilhelm-Straße dröhnte, vorbei am greisen Reichspräsidenten von Hindenburg, da begannen die Diskussionen, an die ich mich entsinnen kann: »Wie lange wird dieser Alptraum dauern?«, »Hitler wird wohl kaum das erste Jahr überstehen! Am Arbeitslosenproblem wird er scheitern.« »Die gewiegten Politiker der konservativen Rechten werden Hitler schon zügeln!« »Man muß mit seinem Urteil noch abwarten.« Von jüdischen Freunden hörte ich die Meinung: »Lieber eine Nazi-Regierung als eine kommunistische Diktatur!«
Binnen kurzem zeigte sich der wahre Charakter des Nationalsozialismus. Übergriffe, Gewalttakte, Racheakte an Wehrlosen, Verhaftungen und Einweisungen in Konzentrationslager überstürzten sich. Von vielen Seiten wurde Ernst von Harnack zu Hilfe gerufen. Es waren aufreibende Monate, von denen er sich im Juli zusammen mit seiner Mutter am Bodensee erholen wollte.
Am 13. Juli 1933 wurde mein Vater in Unteruhldingen festgenommen und nach Überlingen ins Bezirksgefängnis gebracht. Ich befand mich zu der Zeit mit zwei Freunden auf einer Radtour durch Deutschland. Am 16. Juli schickte mir meine Mutter postlagernd den folgenden Brief:

»Mein lieber Anno!
Nun muß ich Dir doch etwas schreiben, was ich Dir gern verschwiegen hätte, damit Du Deine Ferientage ungetrübt verleben kannst. Am 11. war bei uns in Zehlendorf Haussuchung. Dabei wurden die Akten über die Schutzhäftlinge, denen Papa beigestanden hat, beschlagnahmt. Abends telefonierte ich mit Papa in Unter-Uhldingen. Er sagte, ich sollte ruhig nach Kolberg fahren. ... Papa wurde am 13. zum Bezirksamt Überlingen am Bodensee bestellt, um über seine Sachen Aussagen zu machen und wurde dann dort festgehalten. Ich hoffe, daß es nur für kurze Zeit ist, denn Papa hat ja wirklich nichts Unrechtes getan. ... Viele Grüße von Deiner Mutti«

Das Gefangenen-Dasein nach der ersten Verhaftung hatte in mancher Beziehung noch etwas Idyllisches. Als »Schutzhäftling« und ohne Haftbefehl mußte Ernst von Harnack bis zum 29. Juli 1933 im Gefängnis bleiben. Die folgende – leicht gekürzte – Skizze ist in der Haft und dann Anfang August in seinem Urlaubsort Unter-Uhldingen am Bodensee entstanden. »Daß wir keinen Robespierre net ham...« (S. 51). Ahnungsvoll deutet sich Zukünftiges an!

»HOLZ

Das Heitre will ich sagen,
Das Schwere will ich tragen.

Moderne Gefangenenanstalten sind keine mittelalterlichen Verliese – das weiß ich von der Zeit her, da ich als frischgebackener Kammergerichtsreferendar den würdigen und jovialen Amtsgerichtsrat *Rudolphi* bei der Revision des Königlichen Amtsgerichts-Gefängnisses Lichterfelde begleitete. Auch mein jetziges Domizil, über dessen Pforte die Worte ›Gr. (d. h. Großherzogliches) Bezirksgefängnis‹ eingemeißelt stehen, macht schon äußerlich keinen unfreundlichen Eindruck. Die umgebende Mauer ist zwar hoch, und die Fenster sind klein, aber der feine graue Tuffstein, mit dem das Haus verkleidet ist, wirkt belebter als das Backsteinmauerwerk östlicher Kasernen. Und dann die Umgebung! In solcher Gesellschaft kann selbst ein *Gefängnis* nicht ewig ein finsteres Gesicht machen! Wie freundlich der Aspekt nach Westen ist, habe ich schon in meinem Sonntagsbericht vom 16. Juli geschildert. Der dort erwähnte schützende Hang bildet unsere Nordfront. Landhäuser lugen aus den Bäumen, Gartentempel krönen die Felsen. Sonst sind wir von Gebäuden umgeben. Aber das sind beileibe keine Wolkenkratzer! Es sind gutmütige Giebelhäuser, die – anders als ihre großstädtischen Kollegen – selbst an der *Rückfront* (die uns zugekehrt ist) noch ein Stück Gemüt zeigen. Vom Dachgeschoß aus wird man gewiß auch den *Bodensee* erblicken können! Er liegt ja keine 500 Meter entfernt! Wir Insassen ahnen ihn an der großen Helligkeit, in die hier tagsüber alles getaucht scheint. – Wer hinter dem mächtigen eisernen Tor den öden und kahlen *Hof* erwartet, auf dem die Gefangenen unter der Aufsicht eines grimmigen Kerkermeisters stumpfsinnig im Karree einhermarschieren, fühlt sich auf das angenehmste enttäuscht: ein wohlgepflegtes *Gärtchen* empfängt ihn – der Dienstgarten des Hüters dieses Hauses, des Herrn Oberaufsehers *Aschinger*. Auch hier wird ›Hof gehalten‹, wie der dienstliche Ausdruck für die tägliche Bewegung der nicht an der Außenarbeit beteiligten Gefangenen lautet. Aber auf sauberen Kieswegen zwischen allerlei Sträuchern, Kräutern und Blumen ist das schon etwas anderes, als auf den lichtlosen Höfen des Berliner ›Alex‹.

Den Spaziergang um den Aschingergarten habe ich nur *ein* Mal mitgemacht. Da drangen die Geräusche des Sägens und Hackens an mein Ohr, und ich bat, mittun zu dürfen. Eine *Verpflichtung* zu körperlicher Arbeit besteht für Schutzhaftgefangene nicht, aber mir war von vornherein klar, daß dies das beste Mittel sei, um nachteilige körperliche und geistige Folgen der Haft hintanzuhalten. ... Auf dem Holzplatz begrüßt man mich mit freundlichem Gebrummel – *Karl* weist mir die Arbeit an.

Karl ist für mich das Erlebnis dieses Sommers. Wie er mit *Nach*namen heißt, weiß ich bis heute nicht, es tut auch nichts zur Sache. Sonstige Merkmale: mittelgroße, kräftige Gestalt, gut geschnittenes Gesicht, volles schwarzes Haar in kühner Tolle. Gewaltige Arme, tätowiert mit den Symbolen des Mutes und der Liebe (Messer und Herz). Herkunft: Deggendorf a. d. Donau. Sprache: unverständlich – wenigstens zunächst. 27 Vorstrafen, darunter die meisten wohl wegen Bettelns. Arbeitshaus schon kennen gelernt, jetzt wartet er grad' wieder, ob's ›Bock‹ gibt, d. h. Überweisung an die Landespolizeibehörde (Arbeitshaus). Wie Sch., der Langjährige, das unersetzliche Faktotum des *Hauses* ist, so ist Karl, der Vielmalige, der unbestrittene Meister des *Holzplatzes*. Karl verdanke ich die erste Einführung in die Anfangsgründe der Holzarbeit. Das klingt bescheiden, aber er hatte schon recht, wenn er nach einer Woche Lehrzeit *ermunternd* zu mir sagte: ›Wanns a *halb' Johr* eingsperrt san, na weerns scho kenna!‹ Um alle Verrichtungen souverän zu beherrschen, mittels deren man aus buchenen und fichtenen (›fehranen‹, d. h. föhrenen) Scheiten Brennholz auf ›3 Schnitt‹ oder ›4 Schnitt‹ oder gar das zierliche Anfeuerholz macht, muß man Bärenkräfte mit subtiler Geschicklichkeit verbinden. Beides eint sich in *Karl!*

Also unser Ausgangsprodukt sind die *Scheite*. Man hat die Stämme in 1 m lange Rollen zersägt und diese dann in Scheitform zerspalten. So liegen sie, roh aufgestapelt, zu Hunderttausenden an den Uferplätzen des Bodensees, so schwimmen sie auf plumpen Kähnen zur holzarmen Schweiz hinüber. So lagern sie, kunstvoll übers Kreuz gelegt und zu wahren Bastionen aufgetürmt, rings um unsere Arbeitsstätte. Es ist klar, daß die *Fluchtgefahr* durch diese Aufbauten erhöht wird. Es sind natürliche Leitern, die zum Überklettern von Mauer und Stacheldraht geradezu einladen. Aber darauf ist bei der Zusammenstellung unserer Kolonne, die aus 4–6 Mann besteht, schon Rücksicht genommen. Die ›Kunden‹ dominieren in ihr. Jetzt weiß ich erst, wie Bodelschwinghs Brüder von der Landstraße zu diesem Namen ›Kunden‹ kommen. Es sind halt die Dauer- und Stammkunden der Gefängnisse und Gerichte. Die reißen unter normalen Umständen nicht aus. Sie wissen, daß es ihnen nichts nützen würde. Ihre Papiere liegen auf der Schreibstube, ihre Fingerabdrücke in Berlin. Auch würden sie in ihrem Gefängnis-Drillichzeug nicht weit kommen. Hier, wo die schweren Beile gehandhabt werden, dürfte man auch keine Leute beschäftigen, die zu Affekthandlungen und Gewalttaten neigen. Aber das ist nicht Sache des Kunden (Karl hat mir freilich eines Tages verraten, er habe in einer Herberge einmal einem jüngeren Kollegen einen Maßkrug ›zünfti überan Schädel ghaut‹ und dafür 3 Monate abgemacht. Aber das geschah, weil der junge Mann Karls Leistungen im *Kriege* angezweifelt hatte, und auf die ist Karl sehr stolz! Wir werden davon noch hören)... *Spalten, sägen* und *hacken* – das sind unsere Künste. Darunter ist das Spalten die erste und die schwerste. Sie bedarf auch sorgfältiger Vorbereitung. 6 in

der Längsrichtung sauber gespaltene Stämme von etwa 20 cm Durchmesser werden nebeneinander auf den Boden gelegt. Das ist die Grundlage, auf der gearbeitet wird. Sie muß möglichst plan sein, nichts darf kippeln. Karl springt herum, legt sich auf den Bauch, um zu visieren, zieht und ruckt. Die erste Lage Scheite, die gespalten werden soll – 4–5 Stück – wird nun verquer draufgelegt. Es sind klobige Stücke, bis zu 30 cm stark. Karl postiert sich mit der 1 m langen Axt auf der einen, sein Partner, der ehemalige Küfergesell aus Emmendingen, auf der anderen Seite. Karls Axt blitzt hoch in der Luft, es ist, als ob er einen furchtbaren Satz machte. Krachend fährt die Schneide ›pfeilgrad‹ in den Scheitelpunkt des Scheits (Rindenseite), das der Partner mit beiden Händen in dieser Lage gehalten hat. Ein schmaler Spalt hat sich hinter der Schneide in Richtung auf den Partner aufgetan. Jetzt schlägt der Küfer zu, während Karl das Scheit hält, d. h. nun hält er es mit der Axt in der richtigen Lage. Der Küfer hat den Riß gut getroffen, zwei Handbreit von Karls Schneide entfernt. Und auf einmal bricht das Scheit auseinander wie Glas, glatt und feucht leuchten die Schnittflächen auf. Nicht *alle* Scheite ergeben sich so schnell! Am borstigsten sind die aus sog. *Bodenholz*.
Von meinen ersten Versuchen, es Karl und dem Küfer gleichzutun, will ich schweigen. Man muß bedenken, daß Holzarbeit diejenige ist, die *alle* Kunden, jedenfalls alle süddeutschen Kunden, beherrschen. Denn das ist die Arbeit, die ihnen noch manchmal angeboten wird. Oder sie frischen ihre Geschicklichkeit im *Gefängnis* wieder auf!... So oft ich die ersten Male zuschlug, rief Karl ›gfeit!‹ Daß das ›gefehlt‹ heißen sollte, hatte ich bald heraus. Aber was bedeutete ›fliagn lossen!‹, was er mir dann mit lebhaftem Mienenspiel anempfahl? Schließlich intervenierte ein Landsmann, von dem noch die Rede sein wird: der ehemalige Barbier aus Nymphenburg. Also: ich solle mit der Axt nicht gewaltsam auf den Stamm loshacken, sondern das Werkzeug aus der Höhe leicht herunterfallen, fliagn = *fliegen* lassen. *Theoretisch* hatte ichs ›gefressen‹, aber *praktisch* war ich noch weit vom Ziel! Denn beim fliagn lossen ist das Treffen *noch* schwerer, als beim Zuhacken. Da hat mich der *Anschauungs*unterricht gefördert. Karl veranstaltete geradezu eine Vorstellung; die Neigung des Bayern zum Theaterspielen kam zum Durchbruch! Der Barbier wurde fortgeschubst, und Karl bediente *beide* Äxte abwechselnd selbst. Wie eine Katze

sprang er hinüber und herüber, und immer, wenn die blitzende Schneide ins Scheit fuhr, drang ein rauhes ›ha!‹ aus Karls Kehle. Es war, als ob ein Eingeborener mit einem Untier kämpfte. Ich werde dies Monodrama nicht vergessen – ein Jammer, daß es nicht gelingt, solche Kraft und Leidenschaft in *Freiheit* einzusetzen! –

Die Scheite wandern zu den Leuten am Sägebock. Das *Sägen* ist die einfachste und stumpfsinnigste Beschäftigung. Je nachdem es auf 3 oder 4 Schnitt geht, markiert sich der Säger mit einem einfachen Holzmaß die Abschnitte auf seinem Scheit. Daß in einem größeren Holzbetrieb, wie es unser Platz doch ist, überhaupt von Hand gesägt wird, ist ein Zeichen dafür, daß hier eben *unnormale* Arbeitsbedingungen obwalten: Gefangenenarbeit, bei der der Lohn, aber auch die *Zeit* keine Rolle spielen. Selbst in den kleinen Orten fährt heutzutage die Motorsäge von Haus zu Haus, um das Brennholz zu sägen. – Wer neu in die Kolonne kommt, wird zuerst an einen Sägebock gestellt. So ging *mir's* und so ging's dem jungen Menschen mit dem schwarzhaarigen Pilgerkopf, der eines Morgens als Neuer am Bock stand. Er hatte wohl schon gehört, was *ich* für ein wunderlicher Vogel sei, denn nach einigem Räuspern und scheuem Umherblicken (*theoretisch* dürfen Gefangene kein Wort miteinander sprechen) sagte er ganz leise zu mir: ›Können's dees übersetzen: ceterum censeo Carthaginem esse delendam?‹ Es war ein ehemaliger Gymnasiast! Mönche hatten ihn, den Arbeitersohn aus Hirschreuth in der Oberpfalz, zum Missionar ausbilden lassen wollen. Daß er ein Psychopath sei, ein offenbar schwer belasteter Mensch, hatte sich wohl zu spät herausgestellt. Die Halbbildung hatte in dem ohnehin schwachen Kopf schlimme Verwüstungen angerichtet. Das heißt der junge Mensch war nicht etwa dumm, überraschende Fragestellungen und Einwürfe produzierte er spielend. Aber seine Gedanken waren hoffnungslos fixiert, und zwar an die parapsychischen Probleme, an die *Wunder*, an ihre Möglichkeit und Beweisbarkeit. Manchmal war um ihn etwas von der unheimlichen Atmosphäre, wie man sie in den Dramen des Bayern Billinger spürt. Zwischendurch mußten wir ihm ein einstündiges Schweigegebot auferlegen – sonst wären wir mit unserer Arbeit *gar nicht* weitergekommen. Einer jener traurigen und schwierigen Grenzfälle, die völlig lebensuntüchtig, aber für eine geschlossene Anstalt doch nicht ›spinnet‹

genug sind. Vor einer geistlich geleiteten *freien* Anstalt aber hatte er einen Horror von seinen Jugenderfahrungen her. –
Wenn sich neben den Sägeböcken einige Haufen von Scheit-Abschnitten und dicken Rollen angesammelt haben, dann geht's ans *Hacken*. Sind die Kloben zu dick, dann ist noch eine Zwischenbehandlung nötig: Die Kloben werden mit einer mächtigen Axt zu tafelartigen Stücken zerschlagen. Darin ist wieder der *Küfer* Meister, der ›Holzwurm‹, wie er als ehemaliger Holzarbeiter heißt. Ob er noch einmal zu seinem Handwerk zurückfinden wird? ›Die Leut' habbe koi Geld meh und da trinket sie nix meh und da kaufet sie koi *Faaß* meh‹ – das ist *seine* Beziehung zur Wirtschaftskrise. Elf Vorstrafen bei 27 Lebensjahren sind eine böse Vorbelastung. Dabei kann er so kindlich vergnügt lachen und so gescheit schwätze! Aber die Asymmetrie der Züge, die dem Gesicht etwas Verwegenes gibt, deutet darauf, daß schon in der *Anlage* irgend etwas nicht in Ordnung ist... Mit *Hacken* habe ich die meiste Zeit zugebracht. Denke keiner, er dürfe sich auf dem Hof oder unter dem offenen Dach mit seinem Hackeklotz (hier sagt man ›Hackstock‹) aufstellen, wo er will! Nein, der Hackstock muß so stehen, daß die Hölzer gleich dorthin fallen, wo sie nachher aufgeklaubt und eingesackt werden sollen. Auch dürfen die einzelnen Lose auf keinen Fall durcheinandergeraten. Jeder unserer Abnehmer hat wieder seine besonderen Wünsche – ich meinerseits habe besonders für den Herrn Amtsrichter geschafft (*so* sagt man hier, und es klingt schöner als ›gearbeitet‹). Also Karl weist den Platz an. Und ich folge ihm willig. Einmal hatte er mich in der dunkelsten Ecke mit dem Kopf gegen die Wand aufgebaut. Das nächste Mal bat ich bescheiden um einen *Aussichts*-Platz und bekam ihn auch. Der Barbier aber stimmte mir zu, indem er zu Karl die klassischen Worte sprach: ›I hab' scho' eh' glacht – Grad' wiearan Oochsen im Stall hast' an Herrn Bresadenten hiegstellt!‹ –
Der Barbier war im übrigen eine Ruine, und dabei erst 42 Jahre alt. ›An' alten Barbier braucht ma net‹ – das war *seine* Formel. Für *einen* Tag habe ich ihn glücklich gemacht, indem ich ihm die Lebenserinnerungen des Straßburger Finanzwissenschaftlers Georg Friedrich *Knapp* lieh. Denn darin ist ein Jugendkapitel über die Heimat des Barbiers, *Nymphenburg*, enthalten. Akkrat so seis noch zu seiner Zeit gewesen, meinte er, und fing unerschöpflich an zu erzählen: von den Porzellanmalern, vom Hof und von den Engli-

schen Fräulein. Er habe übrigens das *ganze* Buch gelesen. Schön seis, wunderschön. ›Von der Na-tio-nal-eekene-mie ist da vüll die Red' – kennans mir dees sogn was dees iis?‹ Und ich ›kennate‹, und es war erstaunlich, wie schnell mein Kunde die Grundzüge begriff! Der war freilich ein viel Befahrener. Mit Karl war er schon zusammen auf der Walze gewesen. Beide kannten Süddeutschland bis ins fernste tiefste Tal. Allerdings war die Klassifizierung eine andere, als bei Baedeker. Die Gefängnisse leisten insofern einen *ungewollten* ›Dienst am Kunden‹, als sie Nachrichten-Zentralen für die wandernde Zunft sind. Als die Rede auf den gestrengen Überlinger Amtsgerichtsrat kam, hieß es z. B.: ›Ja vor 2 Jahren, wie der alte Amtsrichter noch lebte – dees war eppes andres!‹ Und dann die Erinnerungen! ›Woaßt Karl, da im Schwarzwald heroben, wiead' Wirtin aufgfahrn hat und hat gsagt: singts aans, Bayern!‹ Aber es gibt auch schmerzliche Erinnerungen und Warnungen. ›In *Minka*, wannst net Bescheid weißt, na kannst verhungern. I hob do im Winter in an Sandkasten von da Straßenreinigung gschloffen, aber am Morgn bin i bald völlig steif gfrorn gwen.‹

Aber der Urtümlichste war und blieb doch *Karl!* Er kam auch aus der tiefsten, ganz unliterarischen und unhistorischen Schicht, kurz: er war das Gegenteil einer Intelligenzbestie! Viele Worte waren nicht seine Sache, und wenn er einmal etwas unaufgefordert sagen wollte, dann merkte ich schon lange vorher, wie's in ihm arbeitete. Der Militärdienst in Krieg und Frieden hatte die stärksten Spuren in ihm hinterlassen. Wie wir so beide an unseren Hackstöcken stehen, fängt er eines Tages nach einigem Räuspern mit geheimnisvoller Miene an: ›Wissens dees: anno sechzehen (mit hartem ch zu sprechen) hat der Kaiser an jedn zehnten Bayern derschiaßn lassn wolln, weils gmeitert (gemeutert) ham. Oba da Rupprecht hat gsagt: wann a dees macht, na gehta glei haam mit seine Bayern. Do hotas lossn!‹ *Einmal* hat Karl auch einen *Witz* erzählt, eine Gschicht. Das war an jenem brütend heißen Nachmittag, an dem die Kolonne mehrmals mit dem schwer beladenen Wagen im Städtchen Holz abgefahren hatte: 2 ziehen, 2 schieben, 2 gehen als Ablösung mit und stützen zugleich den Aufbau der Säcke, wenn er an den Kurven ins Wanken kommt. Da hatte dann der menschenfreundliche Aufseher für jeden einen Viertelliter *Most* genehmigt. Wie merkte man ihnen diese Aufmunterung an bei der Heimkehr auf den Hof! Und Karl erzählte: ›Wie i dient hab, da hat der

Feldwebel amal gfrackt, wer an Kurs zum *Skifahrn* mitmacht. Und da hat sich einer gmeldt von da Oberpfalz. Da hat eahn der Feldwebel gfrackt: ja bist Du denn scho Ski gfahrn? Jo freili hota gsogt, der Oberpfälzer, bin i scho mit die *Kieh* gfahrn! Ja Du Rindviech, du saudumms, ob Du mit die *Ski* gfahrn bist hab i gfrackt!!‹ ...

Auch *Revolutionen* bleiben haften in der Erinnerung des Volks. Eines Tags kommt unser Barbier vom Rasiert*werden* zurück (das geht alle 8 Tage vor sich, bei gutem Wetter im Hof). Das Rasiermesser hat seine historische Fantasie angeregt. Er meint: ›Is nur gut daß mir kan Robes-Piehre net ham‹ und zieht sich mit dem Zeigefinger einen Strich quer über den Nacken. ›Nacha hättn ma auch a Gallatini (Guillotine).‹ Und dann unter Bemühung des Hochdeutschen: ›Oh Freiheit, wie firchterlich wirst Du mißbraucht – hat die Marie-Antoinetten gsackt, wie sie am Schaffott gführt worn is‹ ...

Im ganzen kann ich mir das Wesen meiner Brüder vom Holzplatz nicht besser vergegenwärtigen als mit einem Wort von Bernard Shaw. Der hat einmal – nach seinen eigenen Erfahrungen mit Gefangenen befragt – zur Auskunft gegeben: Mit den Gefangenen ist es wie mit allen Berufsständen – es gibt *auch da* schlechte Kerle drunter! Charakteristisch ist wohl, daß nur der verunglückte Gymnasiast gelegentlich einen üblen Ton anschlug. Sonst habe ich in den zweieinhalb Wochen dieses Gefängnisaufenthalts keinen Fluch, ja nicht einmal ein grobes Wort gehört. Ich habe sogar ein Aufblitzen der Zuneigung erlebt! Wenn ich eingangs sagte, ›Karl‹ sei das Erlebnis dieses Sommers für mich gewesen, dann hatte dies Erlebnis seinen *Höhepunkt* in folgendem Ereignis: Ich hatte mir eines Tages eine schwere Axt geholt, um ein paar ungefüge Rollen vor dem Spalten auf dem Hackstock in handlichere Stücke zu zerschlagen. Ich führte nun einen mächtigen Schlag, trat dabei aber zu weit zurück und das gewichtige Werkzeug fuhr mir – gottlob nicht *ins* Bein, aber zwischen den Beinen durch, dabei die Haut am linken Fuß streifend und aufreißend. Karl hatte mir gegenüber gestanden und den Fehlschlag mitangesehen. Schreck und Besorgnis um mich malten sich so spontan in seinen ehrlichen Zügen, daß es mir selbst über Schock und Schmerz ganz warm ums Herz wurde. Es folgte eine gründliche Demonstration über das richtige Stehen am Hackstock, aber seit jenem Zwischenfall angelte sich

Karl ungefragt alle Kloben aus meinem Haufen heraus, die er als zu ›schwere Fälle‹ für mich erachtete – und ich hatte das Gefühl, einen Freund erworben zu haben. Damals habe ich ihm meine Haferlschuhe versprochen, falls ich *vor ihm* das Gefängnis verlassen sollte... Das ist geschehen. Ich habe Karl auf dem Hof zum Abschied die mächtige Hand gedrückt. Zusammen mit den paar ›Klamotten‹, die der Kunde mit sich führt, warten die Schuhe auf ihn im Geschäftszimmer des Gefängnisses. Aber er wird wohl erst seine Monate im ›Bock‹ durchmachen müssen, der ihm droht. ... Und dann geht's wieder hinaus auf die Straße, die endlose Straße! Wohin führt sie ihn... wohin führt sie *mich?* –«

Nach der Entlassung am 29. Juli 1933 erreichte am 10. August ein Schreiben Ernst von Harnack. Es verpflichtete ihn, sich laufend bei der Polizei zu melden. Der Grund der Schutzhaft wurde ihm nie mitgeteilt. Wollte man ihn hindern, ins Ausland zu gehen? Hatte er sich durch seinen Einsatz für die Verfolgten des Naziregimes verdächtig gemacht?

Mit dem folgenden Brief meldete sich Mitte August mein Vater – nach Hause zurückgekehrt – beim zuständigen Polizeirevier. Die Sache verlief sich jedoch im Sande, und weitere Meldungen bei der Polizei konnten bald unterbleiben, doch war mein Vater gewarnt!

»An das Polizeirevier
hier
betrifft: *Schutzhaft.*
Wie ich dem dortigen Herrn Reviervorsteher unter dem 7. v. Mts. schriftlich mitteilte, habe ich mich Anfang Juli auf eine Erholungsreise begeben. In meiner Abwesenheit fand am 10. Juli in meiner hiesigen Privatwohnung eine Haussuchung durch Beamte der Politischen Polizei statt. Dabei wurden einige Papiere beschlagnahmt. Es handelte sich um Korrespondenz, die anläßlich der karitativen Betreuung von Schutzhaftgefangenen entstanden war. Am 12. Juli wurde mir in *Unter-Uhldingen* am Bodensee (Badisches Bezirksamt Überlingen) durch den zuständigen Gendarmeriebeamten eröffnet, daß das Geheime Staats-Polizeiamt ohne Angabe von Gründen *Schutzhaft* über mich verhängt habe. Ich wurde in

das Bezirksgefängnis Überlingen überführt. Dort war ich bis zum 29. Juli in Haft. An diesem Tage wurde ich jederzeit widerruflich nach Unter-Uhldingen beurlaubt. Unter dem 7. August teilte mir das Bad. Bezirksamt Überlingen folgendes mit:
Das Geheime Staatspolizeiamt Berlin hat die über Sie verhängte Schutzhaft unter der Bedingung aufgehoben, daß Sie sich ehrenwörtlich verpflichten, nicht ins Ausland zu gehen und sich wöchentlich einmal bei der zuständigen Polizeibehörde melden.
Daraufhin habe ich mich im Einvernehmen mit dem Stellvertreter des z. Zt. beurlaubten Landrats von Überlingen wieder nach Zehlendorf in meine Privatwohnung begeben.
Ich erkläre mich zur Erfüllung der mir angekündigten Bedingungen bereit und bitte um entsprechende Weisungen.
Eine Wohnsitzverlegung oder weitere Reisen beabsichtige ich vorerst nicht.«

Durch die Regierung Papen war mein Vater in den »einstweiligen Ruhestand« versetzt worden. Nach der nationalsozialistischen »Machtergreifung« wurde er unter Kürzung der Bezüge pensioniert. Gegen diese Maßnahme legte mein Vater Widerspruch ein, indem er darauf hinwies, daß sich das Gesetz auf ihn als einen Berufsbeamten nicht beziehen könne. Allerdings wußte er, daß er mit seinem Eintreten für eine demokratische Willensbildung, ja sogar für die »nicht-arischen« Mitbürger für das neue Regime untragbar war. Sein Schreiben vom 10. Juli 1933 lautet:

»Mir ist eröffnet worden, daß der Herr Preußische Minister des Innern beabsichtige, mich auf Grund des § 4 des Gesetzes zur Wiederherstellung des Berufsbeamtentums vom 7. April 1933 in den Ruhestand zu versetzen. Zur Äußerung über die beabsichtigte Maßnahme aufgefordert, berichte ich folgendes:
Nach Ablegung der vorgesehenen Staatsprüfungen habe ich s. Zt. die Befähigung für den Höheren Verwaltungsdienst erlangt. Meine Versetzung in den Ruhestand würde *nicht* der Wiederherstellung des Berufsbeamtentums dienen.
Ich liebe Deutschland über alles; meine Treue und meine Einsatzbereitschaft für Volk und Staat habe ich in Krieg und Frieden als Soldat, als Staatsbürger und als Staatsbeamter nach Maßgabe meiner Kräfte bewiesen. Die Ehre der Nation ist auch die meine.

Ich bin durchdrungen von der Bedeutung des Führertums. Aber ich vermag auf Grund meiner dienstlichen und politischen Erfahrungen nicht zu glauben, daß die Beseitigung der demokratischen Willensbildung sowie der demokratischen Führerauslese und -kontrolle sich segensreich auswirken werde. Die gleiche Befürchtung hege ich hinsichtlich der Zurücksetzung der nichtarischen Volksgenossen. Die Behandlung der Rassenfrage ist zudem mit meinen religiösen Überzeugungen unvereinbar.
Entscheidende Maßnahmen der Neuen Staatsführung erfüllen mich mit Sorge um das Wohl von Volk und Vaterland. Die Tätigkeit als politischer Beamter der gegenwärtigen Regierung würde für mich eine Gewissensbelastung bedeuten.«

Als sich auch 1933 wieder am ersten Weihnachtstage die Familie in der Kunz-Buntschuh-Straße traf, trug Ernst ein Familien-Kuplet vor nach der Melodie von »O Tannenbaum«. Dabei gedachte er in der Strophe, die ihn selbst betraf, der Ereignisse des vergangenen Jahres:

»Am Bodensee, im Amtsverlies,
da tat man treu mich hegen,
doch will man sich als Badegast
auch mal ein bißchen regen!
Ich sägte manchen langen Tag,
ich führte manchen harten Schlag –
ich dachte mir: ›Du brauchst's noch mal!‹
So bringt das Sägen Segen.«

Düstere Visionen

»Wir fahren auf einem Piratenschiff...« (S. 57), das schreibt Ernst von Harnack im Sommer 1934. Am 30. Juni war von Hitler der sogenannte Röhm-Putsch niedergeschlagen worden. Der Nationalsozialismus hatte – für alle Einsichtigen – mit Lüge und kaltblütigem Mord sein wahres Gesicht gezeigt. Der Tod Hindenburgs im August 1934 regte Ernst in einem Brief an seine Mutter zu einem Rückblick an:

»Zehlendorf, Sonntag den 5. August 1934.
Liebe Mama!
Es ist kaum eine Woche her, seit wir uns trennten, und was hat sich seitdem alles abgespielt! Am Tage nach Deiner Abreise (von Friedrichroda) kamen die ersten ernsten Nachrichten über Hindenburgs Befinden, unerwartet für das deutsche Volk, aber nicht für das Ausland, das seit Monaten unterrichtet war. Am Mittwoch Abend spielte ich noch einmal im Heim zusammen mit Fräulein Alexander-Matheson Mozart und Beethoven. Zwischendurch brachte Oberkirchenrat Taube die Abendmeldung. Sie ließ schon kaum mehr Hoffnung. Der treue alte Gepäckträger No. 3, Franck, holte am Donnerstag Vormittag meine Koffer und betrat das Zimmer mit den Worten ›Hindenburg is dot‹, wobei er ehrlich bekümmert aussah. Gleich darauf meinte er: was wird denn nu? Und als ich mit der Antwort zögerte: ›Nu muß doch *gewählt* werden!‹ (Stimme des Volkes)... Bei meiner Ankunft in Berlin wehten schon unzählige Fahnen halbmast oder umflort...
Abends saß ich allein im Dunklen, während gewaltige deutsche Musik aus dem Lautsprecher rauschte: der Trauermarsch aus der Götterdämmerung, die Egmontouvertüre und das Air von Bach. Selten bin ich der Musik so dankbar gewesen. Erinnerung und Erlebnis hatten alle Wogen des Gemüts entfesselt – die Musik gab ihnen Rhythmus und beruhigte sie schließlich zu einigen großen, weithin hallenden Akkorden.

Was umschlossen diese zwanzig Jahre nicht alles, die sich mit dem Heimgang des Feldmarschalls ründeten! Die heißen Augusttage des Jahres 1914 tauchten wieder auf. Das letzte Antreten auf dem Beuthener Kasernenhof und der letzte Abschied von Aenne auf dem öden Korridor des Hotels. Die Triumphfahrt zur Westfront – und schon war man angesaugt von dem heißen Atem der Bestie Krieg. Meine ersten und einzigen Tränen an der Front flossen bald (ich habe nie davon gesprochen). Es war am Abend der Schlacht von Longuyon – ein Schlachten wars, nicht eine Schlacht zu nennen. Ein Artillerieüberfall der abziehenden Franzosen. Das Regiment, mit dem ich kaum Freundschaft geschlossen hatte, verlor sofort seine besten Offiziere. Da erreicht mich gegen Abend noch die Nachricht vom Tode unseres MGK-Führers Hauptmann v. Schultz. Warum traf sie mich so schwer? Er hatte mir kurz vor dem Ausladen in Saarbrücken eine Karte zur Mitunterschrift herübergereicht. Sie war an seinen, bei ›meinen‹ Husaren stehenden Bruder gerichtet, und er hatte geschrieben: ›Wir haben hier einen sehr lieben Regimentskameraden von Dir bei uns.‹ Unser Regimentsadjutant Hauptmann Traumann sah mich stehen und fragte sehr nett, ob ich einen besonderen Kummer hätte – aber ich sagte ›nichts besonderes‹. Dann tönte der Choral ›Großer Gott wir loben Dich‹ über das Feld. Die Geistlichen sprachen von Leiterwagen aus und die Soldaten strömten ihnen langsam zu. Aber ich konnte nicht mitsingen.

Schultz war mein erster Freund, der fiel – schnell erworben und schnell verloren. Eine lange Reihe folgte, eine lange Reihe zog am Donnerstag Abend an meinem geistigen Auge vorüber – Egir (mein Schwager) an der Spitze. Am Tage von Longuyon lag er schon unter dem grünen Rasen, aber ich wußte es noch nicht. Aber auch eine *andere* Reihe trat mir ins Gedächtnis, milde und freundlich leuchtend: die Reihe der Briefe und liebenden Gedanken aus der Heimat, die mich jene furchtbaren Zeiten aushalten ließen, mich, der ich gewiß nicht zu den geborenen Soldaten zähle. Wenn ich nach zweimaliger schwerer Erkrankung wieder hinausgehen konnte, so verdanke ich das den Kräften, die durch meinen Vater und durch Dich, liebe Mama, in mir wach und lebendig erhalten wurden, und nicht zuletzt durch meine tapfere und entsagungsvolle Braut.

Und auf einmal sah ich mich in dem alten Feldmantel, das Suppen-

glas in der Mappe, ins Ministerium fahren. Auch das waren Kriegsjahre! Im Dienste einer von den besten Absichten beseelten, aber des Herrschens ungewohnten, verleumdeten und mißtrauischen Truppe. Nach einigen revolutionären Zuckungen keine volle Resonanz mehr im Volke. Schließlich Notgemeinschaft mit einigen wenigen, die sich unentwegt an die undankbare Arbeit machten, das Wasser aus dem sinkenden Schiff zu pumpen und es langsam wieder flott zu machen... Und ich sah mich auf der Versammlungstribüne in Mitteldeutschland – vor mir war die Saalschlacht ausgebrochen, noch bevor ich ein Wort gesprochen hatte. Wutverzerrt hieben Deutsche auf Deutsche ein. Noch gellen mir die Fanfaren der ›Nationalen Erhebung‹ ins Ohr. Fahnen und Feiern, Reden und Reden. Viel ehrliche Begeisterung, aber dazwischen flackert der Fanatismus im trüben Auge. Unerhörtes Schauspiel: eine ganze Nation scheint die Hände auszustrecken, um sich freiwillig fesseln zu lassen. Ich gehe wieder auf bitteren Wegen durch Gefängnisse und Kasernen. Blutige Schatten steigen auf, dunkle Fittiche streifen mich wie einst im Kriege. Endlich schließt sich die Zellentür hinter mir selbst... Man schreibt an den ›Großen alten Mann‹. Ob *er* es war, der mir die Tür wieder öffnete? Ich werde es nie erfahren. Aber es war doch einer da, an den man schreiben konnte. Es war – ich will's gerade heraussagen – ein Stück der alten Zeit da. Jener Zeit, in der wir Vorkriegs-Erwachsenen mehr wurzelten, als wir es vor uns selbst wahrhaben wollten. Es war gewiß nicht der *Lotse*, der jetzt das Schiff verlassen hat. Aber es war der letzte der Väter der Nation.
So weit war ich an jenem Abend, als mich im Bilde des Schiffes eine furchtbare Angst packte. Jetzt ist das letzte Licht erloschen, sagte ich mir; wir fahren auf einem Piratenschiff. Die erste Meuterei liegt hinter uns, noch dröhnt der Donner der Exekutionen durch Europa. Mörderbanden werden ausgesandt. Man zieht einen Pestkordon um Schiff und Mannschaft...
Da ertönten die unsterblichen Klänge der Bachschen Aria. Kann ein Volk untergehen, das dieses schuf, das dieses liebt? Bach – Mozart – Beethoven! Und Haydn – ja, und Haydn! Sah es nicht *noch* dunkler um uns aus, als mir einst die schmale Flamme des ›Deutschland, Deutschland‹ wärmend leuchtete? Wir saßen im Römer zu Frankfurt: Paulskirchenfeier 1923. In der vordersten Reihe Fritz Ebert, der erste Reichspräsident. Noch am Morgen

waren Gerüchte verbreitet worden, die Franzosen, die vor den Toren lagen, wollten Frankfurt wieder besetzen und Ebert gefangen nehmen. Handel und Wandel stockten. Das Geld zerrann in den Händen, der Separatismus erhob sein Haupt. Da stieg jene stille Flamme vor uns auf. Das Amar-Quartett spielte, Paul Hindemith in seiner Mitte. Ich glaube wohl, ich war nicht der einzige, dem neues Hoffen durch die Seele zog.«

Doch ganz war uns in den Anfangsjahren des »Tausendjährigen Reiches« der Humor noch nicht ausgegangen. Hinter vorgehaltener Hand wurden in Deutschland und insbesondere in Berlin politische Witze in Menge weitererzählt. Mit dem »deutschen Blick« nach allen Seiten versicherte man sich, daß nicht Unberufene zuhörten. Hitlers Machtwahn, Görings Uniformsucht, Goebbels' große Klappe und Robert Leys Trunksucht waren beliebte Themen.

Am Silvesterabend 1934 sang Ernst im Familienkreise nach der Melodie »Ich bin der wohlbekannte Sänger, der vielgenannte Rattenfänger«:

> »Ich bin kein Heldenlieder-Sänger,
> doch mit Passion ein *Witze*-Fänger,
> den diese neugeback'ne Stadt
> so, wie er ist, geschaffen hat.
> Ich nehm' die Witze, wie sie kommen,
> die illegalen wie die frommen.
> Ein Scherzwort schlichtet manchen Streit –
> /: Das ist des Sängers Höflichkeit! :/«

In Hinblick auf die politischen Verhältnisse sprach er seinen Schwager Karl von Zahn und seinen Bruder Axel an, die nicht von den Entlassungsmaßnahmen betroffen waren:

> »Wer heute noch auf seinem Posten,
> dem läßt man das Gehirn nicht rosten;
> die strengste Schulung ist sein Los –
> die Tennishallen sind ja groß!
> Auch *Karl* und *Axel* müssen wallen
> zu jenes braunen Tempels Hallen.
> Sind sie zu Buß und Reu bereit?
> /: Da schweigt des Sängers Höflichkeit. :/«

Und seine Schwester Elisabet, die weiterhin in der Sozialfürsorge tätig war, sprach er mit den Versen an:

»Wer in den vierzehn Schandejahren
im schwarz-rot-goldnen Kahn gefahren,
der fängt – und sei's der größte Mann –
getrost noch mal von vorne an:
Der Hindemith lernt komponieren,
und unsre *Lisbet* recherchieren, –
wir ham' ja tausend Jahre Zeit! –
/: Da schweigt des Sängers Höflichkeit. :/«

Die bevorstehende Konfirmation meines Bruders Helmut war für meinen Vater Anlaß, einen längeren Brief an Helmut zu schreiben. Er spiegelt die Sorge um den Zustand der evangelischen Kirche in Deutschland wider. Helmut dachte daran, Soldat zu werden. Daß man beim Dienst für »Volk und Vaterland« Adolf Hitler dienen würde – das war den Gymnasiasten ebensowenig klar wie den meisten Erwachsenen. Für viele war der Eintritt in die Wehrmacht auch ein Ausweichen vor dem Nationalsozialismus und seinen Braunen Kolonnen.

Am 22. März 1935 schreibt mein Vater aus Friedrichroda in Thüringen, wo er sich im »Heim der christlichen Welt« erholte, an meinen Bruder:

»Lieber Helmut!
Wir werden am Tage Deiner Einsegnung beisammen sein, aber ich will die Ruhe dieses Ortes ausnützen, um einiges zu Papier zu bringen, was mich im Hinblick auf jenen Tag bewegt. Ich werde nicht alles an der Familientafel sagen können, was mir auf dem Herzen liegt, und manches läßt sich vielleicht überhaupt besser *schreiben*, als sagen.
Aber erwarte oder befürchte keine Mahnungen und Vorhaltungen! Ich bin Gott dankbar, daß er so gute Keime in Dich gelegt hat, und ich bin Dir dankbar, daß Du so treulich pflegst, was in Dich gelegt wurde. Mit hoher Freude gedenke ich der Entwicklung, die Du in den letzten Jahren genommen hast, und mit starkem Vertrauen begleite ich Dich in die kommende Zeit.
Laß mich zunächst ein Wort zu dem Sinne des Tages selbst sagen,

den wir am 7. April mit Dir begehen werden! Wie weit das Sakrament, in dessen Genuß Du trittst, wie weit das geoffenbarte Wort überhaupt in Verbindung mit Deinem innersten Wesen getreten ist, das weiß ich nicht, bin aber trotzdem nicht bange um Dich. Das Vertrauen, von dem ich sprach, erstreckt sich auch auf dieses Feld. So darf ichs mir an dem Gedanken genügen lassen, es sei von einer berufenen Persönlichkeit das vor Dir ausgebreitet und Dir nahegebracht worden, was unsere Evangelische Kirche ihren Gliedern zu geben hat. Mag das, was da vor sich geht, in Deinen Werdejahren nicht viel mehr sein als ein ernst genommener kirchlicher *Brauch* – ich zweifle nicht, daß auch das gewaltige, lebendige *Leben*, das hinter dem Faltenwurf des kirchlich-religiösen Zeremoniells verborgen liegt, dereinst aufglühen und Licht und Kraft auch in Dein Leben hineinstrahlen wird.

Die Mittlerin dieser Gaben selbst, die Kirche, deren Vollbürger Du durch die Konfirmation wirst, befindet sich in einem tragischen Zustand der Schwäche. Er ist nicht erst durch die Eingriffe der jüngsten Zeit herbeigeführt, wohl aber durch sie offenbart worden. Es wäre voreilig, daraus zu schließen, daß die Ströme religiösen Lebens in unserem Volke im Versiegen seien. Sie sind noch da, aber sie verlaufen unter der Oberfläche, haben zur Zeit keine Gemeinschafts-bildende und -bindende Kraft. Das empfinden wir schmerzlich gerade an solchen Tagen, die einst (und heute bisweilen noch in kleineren Verhältnissen) von der Anteilnahme einer Kirchengemeinde getragen waren, die sich mit der politischen Gemeinde vollkommen deckte. So müssen wir uns vorerst damit bescheiden, dem Evangelischen Glauben und seiner Kirche als *Einzelne* zu dienen und die Treue zu halten. Dabei gebe ich in meines Herzens Grunde die Hoffnung nicht auf, daß die Evangelische Sache auch einmal wieder Volkssache werden wird. Denn ihre Schwäche liegt ja nicht in ihrer Anlage durch die Reformatoren, sondern in ihrer unvollkommenen Fortsetzung durch deren Nachfolger. Wie weiträumig diese Kirche angelegt ist, dafür ist das Nebeneinander von Theodosius und Adolf Harnack ein lebendiges Zeugnis...

Für Dich als Gymnasiasten bedeutet der Einsegnungstag keinen *äußeren* Lebensabschnitt. Du trittst nicht ›ins Leben‹, wie man wohl von den Volksschülern sagt, die jetzt in einen praktischen Beruf übertreten. Tatsächlich gibt es für die Söhne unserer Familien einen solchen plötzlichen Übergang überhaupt nicht. Zumal Du und Deine Generation, Ihr seid durch die Ereignisse der allerletzten Zeit bereits so weitgehend mit dem Schicksal des Gesamtvolks verknüpft, wie wohl kaum eine Jugend vor Euch. Die Mängel dessen, was da jetzt geschieht, sind zu offenkundig, als daß wir uns über sie des längeren auszusprechen brauchten. Aber Du sollst wissen, daß Du meine volle Zustimmung hast, wenn Du die Dinge so ergreifst, wie sie auf Dich zukommen, und aus ihnen das beste für die Sache und für Dich zu machen suchst. Diese ›Sache‹, das ist für Dich und für mich, heute wie einst *Volk* und *Vaterland*. Daß es mir bitter schwer fällt, in den derzeitigen Machthabern die Repräsentanten jener hohen Werte anzuerkennen, weißt Du. Dir wird es leichter werden, dessen freue ich mich. Ich freue mich dessen nicht nur um Deinetwillen, sondern für das Land selbst. Denn ich sage mir, daß Du mit Deinen Alters- und Gesinnungsgenossen manches in das neue Haus des Deutschen Volkes hineintragen wirst, was mir dereinst dieses Haus erst wohnlich und wohnenswert machte. Die Einrichtungen eines Staates sind weniger bedeutungsvoll als der Geist, mit dem von ihnen Gebrauch gemacht wird. Der Geist ist stärker als sie; er wird sich schließlich auch wieder die Institutionen schaffen, die der deutschen Art gemäß und ihrer würdig sind.

Die Frage der Berufswahl braucht noch nicht entschieden zu werden. Aber sie zeichnet sich doch schon am Horizont ab. Das Gesetz zur Wiederherstellung der Wehrpflicht hat dem Offiziersberuf neue, verstärkte Grundlagen gegeben. Du weißt, daß ich mit meinen politischen Freunden eine *andere* europäische Gesamtentwicklung erwartet und erwünscht habe, eine Entwicklung, die auf eine schrittweise Abrüstung und friedliche Verflechtung der Weltvölker abzielte. Möglich, daß die Völker nach erneuten bitteren und blutigen Erfahrungen den Weg in diese Richtung zurückfinden, – für die unmittelbar vor uns liegende Zeitspanne ist er ungangbar. Darum muß ich – ohne Rücksicht darauf, wem die *Schuld* an diesem furchtbaren Rückschlage beizumessen ist – die Verstärkung auch der *deutschen* Wehrmacht für unvermeidlich halten. Und darum würde ich Deinem Eintritt in die Armee auch *innerlich* zustimmen.

Freilich: noch ist alles im Flusse. Die Wogen der großen Politik können selbst die eben geschaffene gesetzliche Grundlage wieder zerschlagen, und auch wenn sie erhalten bleibt, werden die Anstellungs- und Beförderungsverhältnisse zu berücksichtigen sein, wie sie sich im Frühjahr 1938 darstellen. Darum will ich das, was ich zu dem von Dir in Aussicht genommenen Beruf im *besonderen* zu sagen hätte, auf einen Zeitpunkt verschieben, zu dem wir klarer sehen können.

Unter diesen Umständen tust auch *Du* gut daran, Deinen Interessenkreis nicht vorzeitig zu verengen. Mit besonderer Freude habe ich in den letzten Monaten beobachtet, wie Du Deinen Geist über die Schulschranken hinaus in die Weite und in die Vergangenheit schicktest. Was Du Dir da erwirbst, wird Dir dereinst das Zurechtfinden in einem *jeden* gehobenen Beruf, nicht nur im militärischen, erleichtern. Und es wird dich standfest machen im Strome der Zeit, insbesondere gegenüber den hohlen Parolen der politischen Propaganda, – von welcher Seite sie auch kommen mögen. Der Adelstitel, den Du wie ich trägst, kann für einen Abkömmling des Geistesadels nur *einen* Sinn haben: den Sinn der Verpflichtung, in der Selbständigkeit der geistigen Haltung, in der Ablehnung eines jeden Massenwahns den Ahnen nachzueifern. Dieser Verpflichtung getreu zu bleiben, wird Dich manchen Kampf kosten, bei dem es Mut, insbesondere *moralischen* Mut zu bewähren gilt. Aber Du darfst der stolzen Gewißheit sein, daß diese Kämpfe nicht umsonst geführt werden: die Aristokratie, die *wir* vertreten, bleibt für Deutschland lebenswichtig – gleichviel, wie sich seine politischen und gesellschaftlichen Verhältnisse noch entwickeln...

Als letztes bleibt mir zu wünschen, daß wir beide uns immer besser verstehen lernen. Gemeinsamkeit künstlerischer Interessen hat dahin geführt, daß ich in den letzten Jahren, dem Zeitaufwande nach berechnet, mit Gustav-Adolf mehr zusammen war als mit Dir. Aber das hat keinerlei Unterschiede des Gefühls zum Grunde oder zur Folge. Sei gewiß, daß ich Dir wie einem jeden von Euch vier Kindern mit der gleichen herzlichen Liebe zugetan bin und an Deinem Ergehen und Deiner Entwicklung den gleichen warmen Anteil nehme.

Betrachte mich als einen guten Freund und zähle auf mich, wenn Du meiner zu bedürfen glaubst! Das ist die letzte, größte Bitte, die ich zum Konfirmationstage an Dich richte. Daß das gleiche auch für Deine Mutter gilt, das brauchte ich gar nicht ausdrücklich zu sagen. Das schöne, innige Verhältnis, in dem Du zu ihr stehst, erfüllt mich immer wieder mit Dankbarkeit und tiefer Freude.

In Treue gedenkt Deiner Dein Vater
Ernst Harnack«

Die Betreuung
politisch Verfolgter

Viele von Ernst von Harnacks früheren Untergebenen wurden in den ersten Monaten und Jahren der Naziherrschaft politisch verfolgt. Mein Vater versuchte – soviel er konnte – zu helfen. Bald sprach es sich herum, wie vielen und wie wirksam er geholfen hatte, und so wandten sich auch fremde Menschen, die Harnack gar nicht kannte, in ihrer Not an ihn. Über seine Betreuungsarbeit machte er sich Aufzeichnungen, um gezielt Beistand leisten zu können. Diese Akten wurden bei der Haussuchung im Juli 1933 von der Geheimen Staatspolizei (Gestapo) beschlagnahmt.

Noch im Gefängnis begann Ernst von Harnack, diese Akten aus dem Gedächtnis zu rekonstruieren. Ein Exemplar dieser Aufzeichnungen hat sich erhalten. Ein erschütterndes Bild der Nachtseiten der »Nationalen Revolution« entrollt sich. Für Mißhandlung steht das Wort »schwere Züchtigung«, das Wort »Ermordung« wird vermieden...

»z. Zt. Überlingen am Bodensee,
Bezirksgefängnis, den 24. Juli 1933.

*Äußerung zu der vom März bis zum Juni
d. Js. von mir geleisteten Betreuungsarbeit.*

Ende Juni d. Js. begann die für mich ankommende Post verzögert einzutreffen. Briefe aus dem Reich wie aus Berlin waren ausweislich des Poststempels eine Woche und länger unterwegs. Der Augenschein zeigte, daß sie auf dem Beförderungswege von dritter Hand geöffnet und wieder verschlossen waren. Ich schloß hieraus auf eine behördliche Postkontrolle. Da ich vermutete, daß meine unten näher darzustellende Betreuungsarbeit der Polizei Anlaß zu Mißdeutungen und daraufhin zur Briefkontrolle gegeben habe, schränkte ich jene Tätigkeit bereits nach Möglichkeit ein.

Am 6. Juli fuhr ich über Kassel (wo ich einen Verwandtenbesuch machte und meine Mutter traf) und über Gießen (wo ich an dem Justus v. Liebigschen Familientag teilnahm) nach *Unter-Uhldingen* am Bodensee. Hier wollte ich für einige Erholungswochen meiner Mutter, einer Frau von 74 Jahren, zur Seite stehen. Vorher hatte ich vorsorglich dem Leiter des Polizeireviers Zehlendorf meine Urlaubs-Anschrift angegeben. Auch das Postamt war entsprechend unterrichtet.

Am 11. Juli traf ich in Unter-Uhldingen ein. Tags darauf wurde mir durch den zuständigen Gendarmeriebeamten eröffnet, daß das Geheime Staats-Polizeiamt ohne Angabe von Gründen *Schutzhaft* über mich verhängt habe. Ich wurde in das Bezirksgefängnis Überlingen überführt. Wie ich später erfuhr, hatte inzwischen in meiner Zehlendorfer Wohnung eine *Haussuchung* durch Kriminalpolizei stattgefunden. Dabei waren meine, die Betreuung betreffenden *Handakten* beschlagnahmt worden. Sie hatten offen in meinem unverschlossenen Schreibtisch gelegen.

Über *Motive, Art und Umfang* meiner Betreuungsarbeit äußere ich mich wie folgt.

Mit Vollendung der Nationalen Revolution waren Demokratie und demokratischer Sozialismus in Deutschland zerschlagen. Ich erkannte, daß weder die Republik von Weimar, noch die Sozialdemokratische Partei Deutschlands wiederauferstehen würden. Ich erkannte weiter, daß das Ansehen Deutschlands in der Welt nunmehr aufs engste mit dem Ansehen der Regierung *Hitler* verknüpft sei. Von diesen Erkenntnissen ausgehend habe ich mich an keinerlei Versuchen zu einer Reorganisation oder Fortführung verbotener oder lahmgelegter Parteien und Verbände beteiligt (solche Bestrebungen sind mir übrigens auch von keiner Seite nahegebracht worden). Jede Art von Greuelpropaganda habe ich von vornherein als dem deutschen Ansehen schädlich erachtet. Deshalb habe ich auch, soweit ich vorgekommene Übergriffe *schriftlich* behandeln mußte, stets eine möglichst neutrale Fassung gewählt.

Die Betreuungstätigkeit, die ich ausgeübt habe, entsprang nicht politischen, sie entsprang vielmehr humanitären und kameradschaftlichen Motiven. Herr Reichsminister *Goebbels* hat in seiner Rede anläßlich des Judenboykotts zum Ausdruck gebracht, die Deutsche Sozialdemokratie habe ohne jede Würde und Haltung das Feld geräumt. Dies Wort hat mich schwer getroffen. Dies Wort hat mich aber auch ermutigt, meinen in Not geratenen Freunden und ihren Familien nach Maßgabe der mir gegebenen Möglichkeiten beizustehen. Denn ich sagte mir, daß eine Regierung, die bei ihren Gegnern Haltung und Würde vermißt, vor *dem* den Degen senken werde, der diese Eigenschaften zu *bewähren* sucht. Besorgte Freunde und Verwandte ließen es an Warnungen nicht fehlen. Ich habe sie jedoch beiseite geschoben, weil ich darauf vertraute und auch heute darauf vertraue, daß die Staatsregierung für meine vermittelnde Arbeit Verständnis finden werde. Habe ich diese Arbeit doch stets unter Beachtung der obrigkeitlichen Gesichtspunkte geleistet. Ganz abgesehen davon, daß ich als Wartestandsbeamter noch disziplinarisch zur Verantwortung gezogen werden kann, sitzt mir das Preußische Staatsbewußtsein viel zu tief in den Knochen, als daß ich je ein echtes Staatsinteresse preisgeben könnte.

Ich habe *Einzelfälle* bearbeitet und ich habe den Versuch gemacht, durch Besprechungen mit Funktionären der Freien Wohlfahrtspflege eine *generelle* Betreuung der einer solchen Betreuung bedürftigen Schutzhäftlinge in die Wege zu leiten.

Über die *Einzelfälle* geben die anliegenden Blätter Auskunft. Da meine Handakten beschlagnahmt sind, habe ich die Fälle aus dem Gedächtnis rekonstruiert. Dabei dürften mir jedoch kaum wesentliche Erinnerungstäuschungen unterlaufen sein, auch dürfte ich keinen wesentlichen Fall fortgelassen haben. – Ich bitte aus diesen Anlagen zu ersehen, daß ich in der Auswahl der Persönlichkeiten, denen ich Hilfe leistete, keineswegs wahllos gewesen bin.

Fall Arian

Regierungsassessor Dr. A. aus Beuthen O/S, Sohn ostoberschlesischer Flüchtlinge, wurde infolge einer Namensverwechslung durch die politische Polizei (der er früher in Berlin selbst angehört hatte) verhaftet. Da er gehört hatte, daß ich einigen in Not Geratenen geholfen hatte, bat er mich durch einen Brief um meine Unterstützung. Ich ging zu dem zuständigen Revier, um dort Näheres festzustellen, aber ich brauchte keine weiteren Schritte zu unternehmen, denn A. wurde tags darauf ohnehin entlassen, da der Irrtum sich aufgeklärt hatte.

Fall Faust-Bremen

Faust, Reichstagsabgeordneter der SPD, ist mir persönlich nicht bekannt. Vor Auflösung der Fraktion erhielt ich durch deren Büro ein an den Abg. Paul Hertz (Fraktionssekretär) gerichtetes Schreiben eines Freundes der Familie F., in dem die verzweifelte Lage der nervenkranken Frau F. dargestellt war. Ich wandte mich, da Dr. Hertz inzwischen ins Ausland gegangen war, nunmehr an den früheren Bremer Bürgermeister Dr. Spitta, zu dessen Gattin unsere Familie alte nachbarliche Beziehungen hat. Dr. Spitta erklärte sich zu einem Eintreten für den Abg. Faust außerstande; ich gab daraufhin Nachricht nach Bremen, daß ich nicht helfen könne.

Fall Francke

Pastor em. Hans Francke aus Berlin-Lichterfelde wurde in meiner Gegenwart zum 2. Male durch Hilfspolizei (SA) festgenommen, um in die Unterkunft Hedemannstr. gebracht zu werden. Er wurde beschuldigt, eine unrichtige Darstellung über seine erste Festnahme verbreitet zu haben. Da der über 60 Jahre alte Herr die Besorgnis hatte, daß ihm ähnliche Erlebnisse bevorstünden wie bei seinem ersten Aufenthalt in der Hedemannstr., bat ich einen der Begleiter, als Beistand des schwer herzleidenden Häftlings mitgehen zu dürfen. Ich habe dann noch nachts eine Aussprache mit Herrn Sturmführer (Kommissar z.b.V.) Bergmann gehabt, in deren Verlauf Francke entlassen wurde.

Fall Fuchs

D. theol. Emil F., bis zur Nationalen Revolution Professor der Theologie an der Pädagogischen Akademie in Kiel, steht unter der Beschuldigung, in Eisenach im Gespräch mit einer der NSDAP angehörigen Dame unzulässige politische Äußerungen getan zu haben. F. ist, nachdem er sich 5 Wochen in Berlin in Untersuchungshaft befunden hatte, gegen Kaution mit weiterer Untersuchungshaft verschont worden. Ich habe die betreffenden Verhandlungen mit dem Herrn Oberstaatsanwalt bei dem Thüringischen Sondergericht geführt, weil ich zu dem 60jährigen Gelehrten von der Arbeit im Bunde der Religiösen Sozialisten her enge Beziehungen hatte. F. ist zudem ein Schüler meines heimgegangenen Vaters. Oberstaatsanwalt Floel-Eisenach hatte mich als Verteidiger

Fuchsens für die demnächst stattfindende Verhandlung vor dem Sondergericht zugelassen. Nach Verhängung der Schutzhaft über mich habe ich aber die Verteidigung niedergelegt und meine Handakten an F. zurückgehen lassen.

Fall Hinrichsen

Fräulein H. war bis zur Nationalen Revolution Sekretärin bei dem Verband der Akademikerinnen Deutschlands. Sie wurde dort entlassen und bald darauf als Untersuchungsgefangene in das Frauengefängnis in der Barnimstraße überführt. Ihre Mutter, die Witwe eines Mecklenburgischen Notars, suchte mich eines Tages auf und bat mich um Beratung. Dabei ergab sich, daß die Frau sehr weltfremd und außerdem wegen eines Gallenleidens stark in ihrer Bewegung gehemmt war. Unter Benützung der von ihr gemachten Angaben habe ich ihr deshalb einen Brief an die Behörde aufgesetzt. Wie ich vernahm, hat Frau H. dann später wenigstens die Erlaubnis bekommen, ihre Tochter im Gefängnis *sprechen* zu können. Der Fall lag insofern ernst, als Frl. H. nach Angabe ihrer Mutter vor einigen Jahren eine Erkrankung an Kopfgrippe (Enkephalitis) durchgemacht hatte und deshalb unter der Haft offenbar besonders litt. – Ich bemerke noch, daß ich weder Frl. Hinrichsen, noch den linksradikalen Journalisten Gysling, mit dem sie in Verbindung gestanden hatte, jemals persönlich kennen gelernt habe. Ich habe nicht einmal von der *Existenz* der beiden etwas gewußt, bevor mich die Frau H. über die Verhältnisse unterrichtete.

Fall Jankowski

Frau J., verheiratet, mehrere Kinder, darunter ein Sohn Unteroffizier bei der Reichswehr, war bis zur Nationalen Revolution unbesoldete Stadträtin in Köpenick (SPD). Sie ist in den ersten Märztagen in einer Unterkunft der Köpenicker SA so schwer gezüchtigt worden, daß sie längerer Krankenhaus- und Kurheim-Behandlung bedurfte. Von einer mir persönlich nicht bekannten Dame, die mit Frau J. für die Hindenburgspende zusammengearbeitet hat, wurde ich fernmündlich gebeten, Frau J. zu beraten. Ich bat Frau J. zu mir, und sie sagte mir, sie habe eine Vorladung zur Abt. I des Polizeipräsidiums erhalten, fürchte sich aber nach den bösen Erfahrungen in Köpenick, hinzugehen. Ich versicherte ihr, daß ihr im Präsidium gewiß nichts geschehen würde und erklärte mich bereit, um ihre letzten Bedenken zu beseitigen, sie persönlich hinzubegleiten. Herr Staatsanwaltschaftsrat *Volck* vom Geh. Staatspolizeiamt erteilte mir dann auch die Erlaubnis, während der mehrere Stunden dauernden Vernehmung der Frau J. im Vorzimmer zu warten. Die freundliche Art des vernehmenden Beamten hat Frau J. dann so beruhigt, daß sie für den 2. Teil ihrer Vernehmung auf meine Anwesenheit verzichtete.

Frau J. hat mich dann noch einmal um Beratung gebeten, und zwar wegen eines von ihr bereits *gestellten* Strafantrags. Ich habe ihr empfohlen, den Antrag *zurückzuziehen*, und ihr einen entsprechenden Brief an den Herrn Polizeipräsidenten aufgesetzt, dessen Konzept sich bei meinen Handakten befindet. Meine Gründe für diese Empfehlung sind aus dem Briefe ersichtlich.

Fall Kaempf

Paul K. war Unterbezirkssekretär der SPD in Merseburg, meinem früheren Dienstort. Im Frühjahr teilte mir seine Ehefrau mit, daß er in das Sammellager Weißenfels in Schutzhaft verbracht worden sei, und bat mich, mich für ihn zu verwenden. Ich versuchte darauf, durch Anfragen bei dem früheren Vorsitzenden der Merseburger Ortsgruppe der SPD zu erfahren, ob und welcher besondere Grund für die Maßnahme vorliege. Die Auskunft fiel sehr unbestimmt aus, ebenso wie die ergänzende Mitteilung des früheren 2. Bürgermeisters von M., Daniel, die ich mir erbeten hatte. Inzwischen ergingen in der Provinz Sachsen die *generellen* Schutzhaftmaßnahmen gegen die Funktionäre der SPD. Daraufhin mußte ich der Frau K. mitteilen, daß eine Verwendung für ihren Mann z. Zt. meines Ermessens aussichtslos sei.

Ich bemerke noch, daß ich einen *besonderen* Grund hatte, die Anfrage der Frau K. nicht ohne weiteres abzulehnen. Ich habe mit dem Parteisekretär K. während meiner Amtszeit sehr ernste dienstlich/politische Differenzen gehabt. Ich wollte auch den *Schein* vermeiden, als ob ich es um jener Differenzen willen ablehnte, der in Not geratenen Frau beizustehen.

Fall Koch

K., bis zur Nationalen Revolution Landrat des Mansfelder Seekreises, zog nach seiner Verabschiedung nach Nordhausen und wurde dort wegen angeblicher Unregelmäßigkeiten in seiner Verwaltung verhaftet. Er schrieb mir unglücklich aus dem Gefängnis, und ich erwiderte, daß ich um die Erlaubnis eingekommen sei, ihn zu besuchen. In meinem Gesuch an den Oberstaatsanwalt fand ich dann einige charakterisierende Worte für meinen einstigen Untergebenen, einen m. E. vortrefflichen Mann. Der Besuch brauchte schließlich gar nicht zu erfolgen, da K. inzwischen bereits entlassen war.

Fälle Leipart und Graßmann

Ich habe mich für diese beiden Führer der Freien Gewerkschaften eingesetzt, weil beide im vorgeschrittenen Alter stehen und beide ernstlich leidend sind. So bedeutete denn auch die Schutzhaft für beide, obwohl sie nach der Nacht in der Parochialstraße im Polizeikrankenhause untergebracht wurden, eine schwere Gefährdung ihrer Gesundheit. Jeder dieser Männer hat im Weltkriege einen Sohn geopfert. – Ich habe mich wegen Besuchserlaubnis für die Ehefrauen bei Herrn Staatsanwaltschaftsrat Mittelbach (damals noch im Polizeipräsidium) verwendet. Außerdem habe ich im Preußischen Justizministerium bei dem Leiter der Korruptionszentrale Herrn Ministerialdirektor Krohne vorgesprochen und dort um Beschleunigung der Klärung der gegen die beiden Gewerkschaftsführer erhobenen Anschuldigungen gebeten. – Ich bemerke noch, daß *Frau* Leipart hochgradig hysterisch ist und durch die Inhaftierung ihres Mannes geradezu in einen seelischen Ausnahmezustand versetzt war. – Während Leipart mir vorher persönlich nicht bekannt war, hatte ich Graßmann vor 10 Jahren – während des Rhein/Ruhr-Abwehrkampfes – kennengelernt. Es war in einem kritischen Stadium dieses Kampfes, als Gr. als Vertreter des Allgemeinen Deutschen Gewerkschaftsbundes bei der von der Preußischen Regierung in Schwerte/Westf. veranstalteten Besatzungs-Konferenz erschien. Seinem tatkräftigen und ermutigenden Eingreifen war es damals mit zu danken, daß die Abwehrfront der Arbeiterschaft im besetzten Gebiet ungebrochen blieb. Wegen einer Verwendung für Leipart, der Ehrensenator der von meinem Vater als erstem Präsidenten geleiteten Kaiser-Wilhelm-Gesellschaft zur Förderung der Wissenschaften war, habe ich mich auch bei deren jetzigem Präsidenten, Herrn Geh.Rat Prof. Dr. M. Planck, eingesetzt.

Fall Mierendorff

Dr. Karl Mierendorff aus Darmstadt war unter der Regierung Leuschner Pressechef der Hessischen Staatsregierung. Er gehörte dem Reichstag an (SPD). Ich kenne ihn und seinen ehemaligen Schulkameraden Dr. Theodor Haubach-Berlin von dem Kreise der (inzwischen verbotenen) ›Neuen Blätter für den Sozialismus‹ her (auch der *Kreis* ist aufgelöst). Eines Tages ging die Nachricht durch die Presse, daß Dr. M. verhaftet sei. Bald darauf teilte mir Dr. Haubach mit, Dr. M. habe in Darmstadt Böses durchgemacht. Haubach bat mich, bei den Hessischen Amtsstellen für M. zu intervenieren, um jedenfalls der Wiederholung von Gewalttätigkeiten vorzubeugen. Ich bin daraufhin nach Darmstadt gefahren und habe dort bei Herrn Staatssekretär Dr. Jung vorgesprochen. Herr Dr. J. sagte mir, daß der Auftritt in Darmstadt – Führen Mierendorfs durch die Straßen unter Sprechchören der SA, zum Schluß Schläge und Tritte – ohne sein Zutun geschehen sei und daß er, nachdem er Kenntnis erhalten habe, sofort für Abkürzung eingetreten sei. M. werde nur noch so lange in Haft bleiben, bis gewisse Ermittlungen abgeschlossen seien. Da die Auskunft, die Herr Landespolizeipräsident Dr. Best inzwischen an Mierendorfs Anwalt gegeben hatte, etwas beunruhigender lautete, machte ich am anderen Tage – da ich Herrn Präsidenten Best nicht erreichen konnte – dem Herrn Reichsstatthalter Sprenger in Frankfurt/Main meine Aufwartung. Herr Sprenger meinte, es sei Dr. M. kein Haar gekrümmt worden. Sollte ich jedoch von Unregelmäßigkeiten erfahren, so möge ich ihm das melden. Er werde dann für Abhilfe sorgen. Im übrigen fand der Herr Statthalter Worte schärfster Ablehnung für die von M. s.Zt. verfolgte Politik. – Dr. Haubach, der auch nach Südwestdeutschland gefahren war (und in Darmstadt gelegentlich eines Zusammenstoßes seines Wagens mit einem SA-Auto verhaftet wurde), schrieb mir, als ich schon wieder in Berlin war, M. sei ins Konzentrationslager verbracht und dort von Kommunisten mißhandelt worden. Dr. H. bat mich, mich nochmals bei den Amtsstellen für M. einzusetzen. Ich mußte davon absehen, da inzwischen Postkontrolle über mich verhängt war, derzufolge ich besorgen mußte, daß schon meine bisherige Betreuungsarbeit auf Seiten der Regierung Anlaß zu Mißdeutungen gegeben habe.

Fall Stade

St. war bis zur Nationalen Revolution Hausleiter der Schule des Deutschen Metallarbeiterverbands in Dürrenberg, Kr. Merseburg und Amtsvorsteher daselbst. Nach verschiedenen Aktionen gegen die Schule mußte er aus Dürrenberg weichen und wurde von seinem Verband zur kommissarischen Verwaltung der Zahlstelle Geislingen des DMV entsandt. Wenige Tage später wurde er anläßlich der großen Aktion gegen die Freien Gewerkschaften in das Konzentrationslager Heuberg verbracht. Inzwischen wurde Stades Frau in Berlin schwer krank. Die durchlebten Aufregungen hatten ihr Herz so geschwächt, daß eine sonst notwendig gewordene Operation nicht gewagt werden konnte. Daraufhin entschloß ich mich auf Bitten der Freunde des St., mich bei meinem Herrn Amtsnachfolger in Merseburg, Regierungspräsident Sommer, für eine Verwendung bei dem Württembergischen Innenministerium einzusetzen. Ich erreichte, daß ein bereits gewährter Urlaub verlängert wurde, aber wenige Tage darauf starb Frau St., von ihrem untröstlichen Mann und 2 jungen Töchtern betrauert. Die Beerdigung in Berlin war wohl eine der tragischsten, die ich je miterlebt habe. – Mich für St. einzusetzen, veranlaßten mich übrigens nicht nur humanitäre Gründe. Ich habe St. stets zu den besten Charakteren der freigewerkschaftlichen Arbeiterbewegung gezählt.

Fall Stelling

Johannes Stelling, ehem. Mecklenburgischer Minister des Inneren und Ministerpräsident, war zuletzt jahrelang hauptamtliches Mitglied des Parteivorstandes der SPD. Er beteiligte sich nicht an der Ausreise nach Prag, sondern hatte dieserhalb schwere Auseinandersetzungen mit den anderen Vorstandsmitgliedern. Er war einer der letzten, die noch in der Lindenstraße Dienst taten. – St. bewohnte ein kleines Siedlungshaus in Köpenick. – Eines Tages rief mich eine mir bis dahin unbekannte Frau Koß an. Sie sei die Tochter Stellings und habe seinerzeit durch ihren Vater von mir gehört. Jetzt sei sie in größter Sorge um ihren Vater. Ich bat sie zu mir und fand sie als eine sehr schwächliche, abgehetzte und der Verzweiflung nahe Frau. Sie erzählte mir, ihr Vater sei in der Köpenicker Katastrophen-Nacht (Erschießung der SA-Leute durch den jungen Schmauß) im Anschluß an jene Katastrophe (obwohl er nichts mit ihr zu tun gehabt habe) von einem Trupp SA-Leute abgeführt worden. Es gehe das Gerücht, er sei schwer gezüchtigt worden. Seitdem – es waren wohl 5 Tage vergangen – habe sie keinerlei Nachricht von ihm erhalten. Ihre Mutter, eine nervenleidende Frau, die ohnehin nur 90 Pfd. wiege, sei der Verzweiflung nahe; man habe sie bei auswärtigen Bekannten unterbringen müssen. Nach endlosen Bemühungen bei den verschiedensten Behörden habe sie schließlich bei dem Sturm I/15 in Köpenick (der die Durchsuchungsaktion durchgeführt hatte) nichts weiter erfahren, als daß ihr Vater dort *entlassen* worden sei. Wohin er sich gewendet habe, wisse man nicht – vielleicht über die Landesgrenze? Ich versprach darauf der Frau K., selbst einmal Nachfrage bei dem Köpenicker Sturm zu halten und tat es am folgenden Tage. Man eröffnete mir dort, daß St. noch in der fraglichen Nacht entlassen worden sei, und zwar habe er sich ohne fremde Hilfe fortbewegen können. – Wenige Tage darauf teilte mir Frau K. mit, ihr Vater sei als Leiche aus dem Wasser gezogen worden; sie habe ihn selbst agnosziert. Ich benützte die Gelegenheit, um Frau K. vor jeder Information der Auslandspresse zu warnen.«

Später erfuhr man:
Johannes Stelling, 1919/20 Innenminister und 1921 bis 1924 Ministerpräsident des Landes Mecklenburg-Schwerin und seit 1920 – mit Unterbrechungen – sozialdemokratischer Reichstagsabgeordneter, wurde am 22.6.1933 in der sog. Köpenicker Blutnacht von SA-Leuten ermordet.

»Fall Wartmann

Der Kraftfahrer W., in einem südöstlichen Vorort wohnhaft, war inhaftiert worden, weil er über den Fall Jankowski (s. dort!) angeblich unzutreffende Darstellungen verbreitet hatte. Nachdem W. 4 Wochen im Polizeipräsidium eingesessen hatte, bat mich seine Frau auf Vermittlung der Frau Jankowski um Beistand. Ich habe darauf einen Brief an das Präsidium geschrieben, in dem ich den mir bekannt gewordenen Zusammenhang darlegte und um Enthaftung des W. bat. Im Zusammenhang mit den Vernehmungen der Frau J. wurde nunmehr auch der Fall Wartmann aufgegriffen und W., nachdem sich seine Unschuld herausgestellt hatte, entlassen.«

Über *Theodor Haubach,* der ebenfalls zu den Verfolgten gehörte, denen Ernst von Harnack half, finden sich keine Unterlagen.

Einige Betreuungen politisch Verfolgter erforderten einen erheblichen Aufwand an Zeit und Nervenkraft – so der Fall des Landrats Franz Stammer. Am 19. September 1933 schreibt mein Vater:

»Herrn Ministerialdirektor Schellen
Berlin NW
Preußisches Ministerium des Innern

Sehr geehrter Herr Ministerialdirektor!
Hiermit möchte ich mich für einen Mitarbeiter aus meiner Merseburger Amtszeit einsetzen: für den früheren Bitterfelder Landrat Herrn Franz *Stammer*. Er ist kürzlich auf Grund von § 2 des Beamtengesetzes entlassen worden. Durch diese Maßnahme der Staatsregierung ist der ausgezeichnete Mann auf das schwerste betroffen. Fehlte es ihm auch an akademischer Vorbildung, so glaubte er doch, sich durch seine tadelfreie, weithin anerkannte dreizehnjährige Dienstführung zum mindesten den Anspruch auf Weiterführung der Amtsbezeichnung und auf eine – wenn auch bescheidene – wirtschaftliche Versorgung erworben zu haben.
Auch ich halte die Entlassung in dieser Form für eine nicht gerechtfertigte Härte – eine Härte, die nicht nur dem unmittelbar Betroffenen unverhältnismäßigen Schaden zufügt, sondern die auch geeignet ist, dem Ansehen der Staatsregierung Abbruch zu tun. Im folgenden habe ich ein Charakterbild Stammers gezeichnet, wie es sich mir auf Grund eigener Eindrücke und Erfahrungen darstellt. Eine Ergänzung des amtlichen Berichtsmaterials erschien mir deshalb gerechtfertigt, weil mein Herr Amtsnachfolger die dienstliche Tätigkeit Stammers nur verhältnismäßig kurze Zeit *selbst* beobachten konnte. Der derzeitige (mir persönlich bekannte) jugendliche Verwalter des Bitterfelder Landratsamts dürfte aber wegen seiner sehr geringen Dienst- und Lebenserfahrung kaum in der Lage sein, einer Persönlichkeit wie der Stammers vollkommen gerecht zu werden. Ich darf Sie bitten, sehr verehrter Herr Schellen, an der Hand meiner Darlegungen in eine nochmalige *Prüfung*

des Falles einzutreten. Dabei wäre meine erste Bitte die, daß Sie dem Herrn Minister die Umwandlung der ergangenen Entscheidung in die Entlassung nach § 4 empfehlen. Sollten Sie sich hierzu nicht entschließen können oder sollte Ihr Herr Chef eine Revision ablehnen, so bitte ich, seinen verdienten alten Mitarbeiter durch Gewährung einer angemessenen Rente wenigstens vor dem schlimmsten wirtschaftlichen Ungemach zu schützen.
Franz Stammer ist als *Außenseiter* auf dem Wege über die SPD in die Preußische Verwaltung gelangt – das zu leugnen wäre zwecklos. Aber er hat sich in den Jahren des Staatsdienstes zu einer Persönlichkeit entwickelt, vor der die – gleichfalls nicht zu leugnende – Problematik des Außenseitertums zu verstummen schien. St. ist gelernter Friseur. Vor dem Kriege richtete er sich mit seiner Frau ein selbständiges Geschäft in Bitterfeld ein. Schon damals war er politisch tätig; u. a. gehörte er der kleinen SPD-Fraktion in der Bitterfelder Stadtverordnetenversammlung an. Zwei Töchter wurden geboren, da kam der *Krieg*. St., der bei der Infanterie gedient hatte, war über 2 Jahre in vorderster Front. Er hat sich dort als tapferer Soldat bewährt; seine Feldzugskameraden wie seine Vorgesetzten könnten darüber Auskunft geben. Wegen seiner den Vorgesetzten bekannten politischen Gesinnung blieb ihm eine Beförderung über den Gefreiten hinaus versagt. Er wurde schließlich durch die Bitterfelder Chemischen Werke reklamiert und bei der Organisation der Arbeiterversorgung beschäftigt. Mit dem Zusammenbruch des November 1918 wurde er Vorsitzender des Bitterfelder Arbeiter- und Soldatenrats. Seinem ebenso besonnenen wie energischen Walten ist es zu danken, daß die Umstellung auf die neuen Verhältnisse sich in Bitterfeld ohne Blutvergießen vollzog und daß auch in der Folgezeit ernste Unruhen vermieden wurden. Nachdem sich eine zunächst berufene Persönlichkeit der Lage *nicht* gewachsen gezeigt hatte, wurde St. im Frühjahr 1920 *gegen* seinen eigenen Wunsch durch das damalige Preußische Staatsministerium an die Spitze des Kreises Bitterfeld gestellt. Kaum ein Jahr später hatte er in Wahrnehmung der Staatsgewalt bereits die Feuerprobe zu bestehen: der sog. Mitteldeutsche Aufstand (Hölz-Putsch) ergriff auch den Kreis Bitterfeld; die dortigen Arbeitsstätten mit ihren gewaltigen, unersetzlichen Werten waren ernstlich bedroht. Durch unerschrockenen persönlichen Einsatz und geschickte Verhandlungen gelang es St., der nur über ganz

geringe Polizeikräfte verfügte, die Aufrührer abzudrängen und damit seinen Kreis vor unermeßlichem Schaden zu bewahren.
Mir selbst ist *Stammer* bereits in jenen Jahren bei Gelegenheit von Landratskonferenzen bekannt geworden. Er trat als eine der originellsten und aktivsten Persönlichkeiten seines Typs hervor. Die dienstlichen Leistungen, die er in der Folgezeit erbracht hat, lassen sich im Rahmen eines solchen Briefs nur andeuten. Der beste Beweis dafür, daß er den schwierigen Weg vom Parteifunktionär zum Staatsbeamten mit *Erfolg* zurückgelegt hat, ist gewiß der, daß St. sich binnen weniger Jahre auch über den Kreis seiner Parteifreunde hinaus Vertrauen und persönliche Hochachtung zu erwerben verstanden hat. Dabei blieb ihm die Sympathie seiner Parteifreunde erhalten, obwohl er ein keineswegs bequemes Parteimitglied war. Insbesondere hat St. es stets abgelehnt, sich in Erfüllung seiner amtlichen Pflichten jemals Vorschriften durch Parteiinstanzen machen zu lassen. Er gehorchte seinen Vorgesetzten und seinem Gewissen. – Wenn St. die Sympathie der breiten Arbeitnehmerschichten treu blieb, so lag das daran, daß St. seine soziale Gesinnung allen sichtbar durch die *Tat* bewährte. Unter seiner Führung ist die Kreisverwaltung Bitterfeld auf allen nur irgend gangbaren Wegen der Volksnot zu Leibe gegangen. So hatte die Anhäufung von Arbeitermassen durch die Kriegsindustrie katastrophale Wohnungsverhältnisse geschaffen. St. hat sich im Laufe seiner Bitterfelder Jahre zu einer anerkannten Autorität auf dem Gebiete des gemeinnützigen Wohnbaus entwickelt. Die Umsicht und Wirtschaftlichkeit in der Planung, die er walten ließ, hat es zuwegegebracht, daß keines der von ihm durchgeführten oder geförderten Vorhaben notleidend geworden ist. Diese Erfahrungen ermöglichten es St. auch, als Vorsitzender des Siedlungsausschusses Bitterfeld im Rahmen der Mitteldeutschen Landesplanung wertvollste Arbeit zu leisten. Auf diesem Felde hat St. dann die Brücke geschlagen zu den beiden anderen wirtschaftlichen Faktoren seines Kreises: zur Landwirtschaft und zur Industrie. In beiden Lagern stand man ihm zunächst abwartend, ja ablehnend gegenüber. Das Verständnis, mit dem St. sich der schwierigen Frage der *Rekultivierung* der Braunkohlen-Tagebauten annahm, wie er es verstand, das technisch/wirtschaftliche Interesse des Bergbaus in Einklang mit den Belangen der Landeskultur zu bringen, hat für ihn da und dort Sympathien geworben.

An schweren Belastungsproben der öffentlichen Ordnung hat es auch nach 1921 im Kreise nicht gefehlt. Inflation und Deflation führten Notstände herauf, die unter der zusammengewürfelten Arbeiterschaft immer wieder Unruhen aufflackern ließen. St. hat sie gemeistert, gestützt vornehmlich auf die örtliche Landjägerei, deren Dienstfreudigkeit er durch eine sehr sorgfältige wirtschaftliche und dienstliche Betreuung zu erhalten verstand. Spitzte sich die Lage aber einmal zu, dann war er immer persönlich zur Stelle, und immer am gefährlichsten Punkt. Dabei war nicht daran zu denken, daß er jemals der Staatsautorität etwas vergeben hätte.
Wilde Erwerbslosendemonstrationen in den Industriegemeinden um Bitterfeld, aufgeregte Deputationen im landrätlichen Dienstzimmer wegen der Herabsetzung der Fürsorgesätze waren nur äußere Symptome für die außerordentliche wirtschaftliche Bedrängnis, in der sich der Kreiskommunalverband Bitterfeld etwa seit dem Herbst 1930 befand. Hatte sich bis dahin die Erwerbslosigkeit noch in erträglichen Grenzen gehalten, so warf jetzt die Rationalisierung des Braunkohlenbergbaus und der Konjunkturrückgang in der Chemischen Großindustrie Arbeiter und Angestellte zu Tausenden auf die Straße. Die Kreisfinanzen, lange Jahre hindurch trotz starker Leistungen für das Gemeinwohl von St. in musterhafter Ordnung gehalten, drohten unter den ungeheuerlichen Anforderungen für die Wohlfahrtsfürsorge zu erliegen. Es ist St. wider Erwarten gelungen, durch zähe Bemühungen bei den Berliner Behörden immer wieder die nötigen Mittel für seinen Kreis aufzutreiben, ohne den Schuldenstand ins Unerträgliche zu erhöhen. Diesen Bemühungen St.s in Verbindung mit einer sozial gehandhabten, aber peinlich genauen *Überwachung* der Verwendung der Fürsorgemittel ist es zu danken, daß die Finanzen des Kreises selbst auf dem Höhepunkte der Krise geordnet blieben.
Es leuchtet ein, daß solche Erlebnisse nicht ohne Einfluß auf Gesundheit und Nervenkraft des Landrats bleiben konnten. Das waren *Kriegsjahre* im wahrsten Sinne des Wortes! Das Römerwort »patriae serviendo consumor« hat ungeschrieben über dem Leben dieses Mannes gestanden. Schon im Sommer 1931 hatte ich den Eindruck, daß St. sich nur noch mit Aufbietung seiner ganzen Energie aufrecht erhielt. Aber er wollte von einem längeren Ausspannen nichts wissen. Die beiden aufregenden Jahre bis zu seinem Ausscheiden hat er dann nahezu ohne Urlaub durchge-

kämpft, immer wieder am Rande seiner Kräfte. Heute besteht bei St. eine unverkennbare Nervenschwäche. Der einst geradezu unverwüstliche Mann ist leicht den Tränen nahe; Schlaflosigkeit und Depressionen quälen ihn. Bei seinem fortgeschrittenen Alter – St. ist jetzt 52 Jahre alt – werden diese Erscheinungen wohl nicht mehr abklingen.

St. hat sich nicht geschont und er ist auch niemals der Versuchung erlegen, das gewohnte einfache Leben zugunsten eines unangebrachten Luxus zu ändern. Der Übergang vom Leben des ›Kleinen Mannes‹ zur Existenz des Leitenden Beamten, der manchem Aufgestiegenen gefährlich geworden ist, bedeutete für ihn und seine Familie keine Klippe. Wie die Lebens-, so war auch die *Dienstführung* St's stets von unantastbarer Sauberkeit. Ich möchte die Hand dafür ins Feuer legen, daß sich St. auch nicht der kleinsten Unkorrektheit zu seinen Gunsten schuldig gemacht hat. Eine nach seinem Ausscheiden eingesetzte Untersuchungskommission hat neuerdings eine Reihe von Rechnungsvorgängen aus St's Amtszeit beanstandet und daraufhin bei der Staatsanwaltschaft Anzeige wegen Untreue gegen St. erstattet. Nach meiner gründlichen Kenntnis von Stammers Wesen und nach den Angaben, die er mir über die einzelnen Punkte gemacht hat, muß ich annehmen, daß jene Beschuldigungen sich baldigst als unhaltbar herausstellen werden.

St. besitzt, nachdem er den wesentlichsten Teil seiner Ersparnisse zum Ankauf eines Siedlungshäuschens mit kleinem Garten (in Machnow bei Berlin) verwendet hat, kein nennenswertes Vermögen mehr. Für den zweiundfünfzigjährigen, nicht gesunden Mann ist der freie Arbeitsmarkt unter den heutigen Umständen nahezu verschlossen. Die beiden erwachsenen Töchter sind, obwohl der Vater beiden eine gute Ausbildung hat zuteil werden lassen, noch nicht in einer festen Stellung. Die Ehefrau ist infolge eines inneren Leidens nicht voll arbeitsfähig. Hiernach ist die *Aufrechterhaltung laufender Bezüge aus Staatsmitteln* für St. tatsächlich eine *Lebensfrage*. Daß er einer solchen Versorgung *wert* ist, glaube ich im vorstehenden überzeugend dargelegt zu haben.

Eingangs habe ich bemerkt, die Zurücksetzung St's würde auch dem *staatlichen* Ansehen Abbruch tun. Es steht m. E. zu besorgen, daß ein wirtschaftliches Todesurteil über einen Mann, dessen Amtsführung in schwerster Zeit von dem Vertrauen aller großen

Berufsstände getragen wurde, nicht verstanden würde und unerwünschte Rückschlüsse auf den Gerechtigkeitssinn der gegenwärtigen Preußischen Regierung auslösen könnte.
Meine Ausführungen sind aus dem Gefühl innerer Verbundenheit mit meinem alten Mitarbeiter erwachsen. Ich darf Sie bitten, Herr Ministerialdirektor, ihnen eine gütige Beachtung zu schenken. Mit verbindlichen Empfehlungen bin ich Ihr ganz ergebener
Ernst von Harnack

Zu meiner tiefsten Befriedigung war meinem Schritte schließlich Erfolg beschieden: die Entlassung wurde in eine solche nach § 4 umgewandelt. Über ein Jahr lang hatte St., der seine Ersparnisse beinahe restlos für den Erwerb eines Siedlungshäuschens verwandt hatte, ohne jede Staatsversorgung leben müssen. Es ist kennzeichnend für die einfache, redliche Art dieses Mannes, wie er während dieser Zeit (und bis auf den heutigen Tag!) die einfachste und gröbste Arbeit nicht scheute, um sich und die Seinen über Wasser zu halten. Er trug Zeitungen aus, arbeitete bei Fremden in den Gärten, verrichtete Botengänge. So gelang es ihm, trotz schwerer Erkrankung seiner Frau ohne nennenswerte fremde Hilfe über die böse Zeit hinwegzukommen.
Noch bevor das Ministerium seine Entscheidung abänderte, wurde die gerichtliche Anklage gegen St. bekannt. Es darf wohl als ein Zeichen des Vertrauens auf St.s Redlichkeit gelten, daß der Herr Minister den Abschluß des gerichtlichen Verfahrens *nicht* abwartete, sondern St. schon vorher in den Genuß der sauer erworbenen Versorgungsbezüge setzte.«

Wie vielen Menschen mein Vater geholfen hat, für wie viele politisch und rassisch Verfolgte er sich eingesetzt hat – das wird nie mehr zu ermitteln sein. Meine Mutter wußte, daß er in seinem Büro in der Kronenstraße längere Zeit zwei jüdische Mitbürgerinnen versteckt hielt, eine Musiklehrerin mit ihrer Schwester. Wie schwer es ihm wurde, wenn er zusehen mußte und nicht helfen konnte, das erlebte ich einmal in einem Gespräch, als er mir mitteilte, daß eine jüdische Mitarbeiterin nach Osten abtransportiert würde. Es muß in der Anfangszeit der Deportationen gewesen sein, denn er sagte mir, der Transport werde vom Roten Kreuz begleitet und diene dem Arbeitseinsatz jüdischer Mitbürger in den Ostgebieten...

Ein erschütterndes Dokument fand sich zwischen Briefen. Um wen es sich handelte und wie der Nachname von Günter ist, weiß ich nicht:

»Berlin, den 6. März 1943

Sehr geehrter Herr Präsident,
am gestrigen Tage, an dem ich bei Ihnen war, mußten meine Eltern in meiner Abwesenheit gegen 16 Uhr einen erneuten Angriff abschlagen. Ich weiß nicht, ob die Ruhe von Dauer sein wird, da inzwischen, wie ich höre, vollkommen reiner Tisch gemacht wird, wobei man auch auf die Angehörigen keine Rücksicht mehr nimmt, selbst wenn es sich um einberufene Söhne handelt. Darum darf ich nicht mehr mit einem längeren Erfolg für uns rechnen, zumal auch mein Besuch bei Frau Prof. H. vielleicht ergebnislos bleibt, sicher aber erst in der nächsten Woche Früchte tragen könnte.
Ich will darum nicht versäumen, diesen Abschiedsbrief an Sie zu schreiben, der mir ein ganz besonderes Herzensbedürfnis ist und den Ihnen, wenn ich ihn in Ruhe absenden kann, eine aufrichtige Freundin unseres Hauses überbringen soll. Ich habe Ihnen oft meinen Dank ausgesprochen für Ihre Hilfe und Ihre große Güte. Heute möchte ich Ihnen sagen, daß die Stunden, die ich in Ihrer Nähe und im Gespräch mit Ihnen verbringen durfte, für mich zu den seltenen Lichtpunkten der letzten Zeit gehörten, und daß es mir stets eine Freude und Ehre war, bei Ihnen zu sein. Ich habe mich bemüht, aus dem übergroßen Reichtum Ihres Wissens, vor allem aber Ihres Herzens für mich zu schöpfen, und ich glaube, daß ich das nicht ganz ohne Erfolg für mich getan habe. Darum bin ich von besonderem Dank dafür erfüllt, daß es mir vergönnt war, Kontakt mit einer Persönlichkeit zu erhalten, die ich so bewundert habe und deren Anerkennung bei meinen zahlreichen Unternehmungen mir Stütze und inneren Halt bot.
Ich werde, wenn nötig, den bitteren Weg gehen, obwohl ich schon seit langem meinen Eltern und mir die Möglichkeit des freiwilligen Todes geschaffen habe. Wir wollen aber, obwohl uns unser nüchternes Denken die Geringfügigkeit einer Lebenschance erkennen läßt, die Hoffnung noch immer nicht ganz aufgeben. Dazu kommt – wenigstens bei mir – ein gewisses Gottvertrauen und die klare Erkenntnis, daß unser Schicksal, so sinnlos es uns erscheint,

ein vielleicht notwendiger Teil des augenblicklichen Weltgeschehens ist. Andererseits bin ich gerade durch die Sorge um das Schicksal meiner Eltern, die mir weit mehr als mein eigenes Los am Herzen liegen, besonders stark belastet. Ich selbst bin unter dem Druck der Ereignisse stärker geworden denn je, und furchtlos sehe ich allem entgegen; impavidum ferient ruinae...[1]
Leben Sie wohl, Herr Präsident, und nehmen Sie meinen Wunsch, daß es Ihnen und den Ihren noch einmal vergönnt sein möge, eine Zeit zu erleben, die Ihren hohen Idealen nicht so entsetzlich fern ist wie die heutige. Wenn der Tag der Wende mich noch am Leben trifft, so wird vielleicht mein Hilferuf von irgendwoher an Ihr Ohr dringen; wenn nicht, so widmen Sie mir, und das soll meine letzte Bitte an Sie sein, an diesem Tage eine Sekunde des Gedenkens. Es grüßt Sie

                    Ihr Sie hochschätzender Günter«

---

[1] Horaz: (und wenn der Erdkreis zusammenfällt), auf einen Furchtlosen werden die Trümmer niederstürzen

Die Beziehung
Werner Best – Harnack

Um politisch Verfolgten wirksam helfen zu können, scheute Ernst von Harnack sich nicht, mit einigen überzeugten Nationalsozialisten Verbindung zu halten. Zu ihnen gehörte Dr. Werner Best (geboren 1903), der führende Gestapo-Jurist, der 1931 bei Auffindung der Boxheimer Dokumente eine traurige Berühmtheit erlangt hatte. Es handelte sich damals um die Aufzeichnungen eines Kreises aktivistischer Nationalsozialisten, in denen für die Zeit nach der Machtergreifung terroristische Maßnahmen gegen die Gegner und die Errichtung von Konzentrationslagern vorgesehen waren. Die Dokumente erregten großes Aufsehen, und die NSDAP sah sich gezwungen, sich von den Verfassern zu distanzieren, um ihre angebliche Legalität nicht zu gefährden. In Hessen seit März 1933 Staatskommissar, kam Dr. Best 1935 in die Gestapo-Zentrale nach Berlin. Dort lernte Ernst von Harnack ihn kennen, als er im Juni 1938 die Prinz-Albrecht-Straße aufsuchte. Es ging um die Wiedererlangung eines Reisepasses. In diesem Gespräch wurde auch die mögliche Wiedereingliederung von Personen diskutiert, die aus politischen Gründen entlassen worden waren. Im Kriege wurde Dr. Best Kriegsverwaltungschef im besetzten Frankreich und schließlich »Bevollmächtigter des Reiches« in Dänemark, wo er 1948 zum Tode verurteilt, 1951 aber freigelassen wurde.

Der nachfolgende Brief vom Juli 1938 zeigt, wie Ernst von Harnack versuchte, der ganzen Gruppe der unrechtmäßig Entlassenen zu helfen.

»21. Juli 1938

Sehr geehrter Herr Ministerialrat!

Die beifolgenden selbstgeschriebenen Blätter bringen Ihnen das Ergebnis einer Unterredung, die ich vor einigen Wochen mit Ihnen führen durfte. Wir sprachen von der Möglichkeit der Wiedereingliederung der aus politischen Gründen Entlassenen, und

Sie gestatteten mir, Ihnen meine Gedanken hierzu schriftlich zu übermitteln.
Die Niederschrift, von niemandem inspiriert und mit niemandem vorbesprochen, ist eine unter meine persönliche Verantwortung – und *nur* unter diese – fallende Privatarbeit. Ich hoffe, mit ihr meinem Lande und meinen ehemaligen Berufskameraden einen Dienst zu erweisen.
Sie, Herr Ministerialrat, sind vorerst die einzige Amtsperson, der ich die Arbeit zugänglich mache. Falls Sie mir im großen und ganzen zustimmen, bitte ich Sie, mir zu raten, wie ich praktisch weiterkommen könnte. Oder würden Sie *selbst* für die Sache eintreten? Ich könnte mir keinen besseren Fürsprecher wünschen!
Obwohl ich persönlich nicht zu den Entlassungsgeschädigten im engeren, wirtschaftlichen Sinne gehöre, liegt mir die Reaktivierungsaktion doch sehr am Herzen. Deshalb bin ich Ihnen im voraus für alles dankbar, was Sie tun können! Zur schriftlichen Ergänzung meiner Ausführungen und nach Rückkehr auch zu weiteren Aussprachen stehe ich gern zur Verfügung. Post erreicht mich am sichersten unter meiner oben angegebenen *Berliner* Anschrift.
Ich benütze die Gelegenheit, Ihnen für die Hilfestellung bei der Wiedererlangung eines Reisepasses meinen verbindlichsten Dank zu sagen.
In aufrichtiger Hochschätzung bin ich
Ihr
ganz ergebener [Unterschrift]«

Dem Brief lag die Denkschrift bei, deren Inhaltsübersicht lautet:

»Wiedereingliederung der nach § 4 BBG entlassenen Beamten in den Kreis der nationalen Arbeit
Der Krieg als Willensbildner
Der Beamte und die alten Parteien
Der Nationalsozialismus greift an
Zusammenbruch der Republik
Das Berufsbeamtengesetz
Die Wirkungen der Entlassung nach § 4 BBG
Stempel der Minderwertigkeit

Wirtschaftliche Lage der Entlassenen
Tätigkeit in Freien Berufen
Tätigkeit in der Wirtschaft
Auswanderung
Geistig/seelische Wirkungen der Entlassung
Nachwirkungen des Dienstverhältnisses
Voraussetzungen der Wiedereingliederung
Praktische Verwendungsvorschläge
Erlaß von Ergänzungsbescheiden zum § 4 BBG
Dringlichkeit der Entscheidung«

Die Vorschläge Ernst von Harnacks für die Wiedereingliederung gehen ins einzelne, wie der folgende Abschnitt (als Beispiel) zeigt:

»Bei allen *nicht*amtlichen Stellen würden sich die Aussichten der Entlassenen schon verbessern, wenn die Regierung kundtäte, daß die Kennzeichnung des § 4 sich strikt auf den *öffentlichen* Bereich beschränkt und keine Mundtotmachung und Lahmlegung für die gesamte deutsche Arbeitswelt beabsichtigt.
Zwei § 4-Fälle aus persönlichem Miterleben mögen die bisherige Lage kennzeichnen!
1. Ein früherer Leitender Beamter der Selbstverwaltung, hervorragender Praktiker und Theoretiker der Wirtschaft (*kein* Marxist), hatte den wirtschaftskundlichen Unterricht an einer Privaten Handelsschule übernommen, bei der bereits seine Tochter als Lehrerin der Kurzschrift tätig war. Obwohl seine Stunden auch im heutigen Sinne unanfechtbar waren, mußte er sie auf einen Wink der Aufsichtsbehörde wieder aufgeben.
2. Ein ehemaliger Stadtschulrat, Volkserzieher von Gottes Gnaden, hat eine durchaus eigenständige, neue Wege einschlagende Einführung in die Höhere Mathematik verfaßt. Aber das Manuskript ist bei keinem deutschen Verlag anzubringen.
Es sei jedoch ausdrücklich bemerkt, daß eine *durchgreifende* Erleichterung nur vom Erlaß von Sonderbescheiden zu erwarten ist, wie sie oben skizziert wurden.«

Schon neun Tage später erhielt Ernst von Harnack von Dr. Best eine Antwort. Er schlug vor, die Ausarbeitung zunächst nur »im hiesigen Geschäftsbereich« zu verwenden.

Im November 1938 wandte sich Ernst von Harnack erneut an Dr. Best. Daß man sich mit einem solchen Manne und einem Angehörigen dieser Dienststelle über den Begriff »Freiheit« unterhalten konnte, daß man mit ihm über die Frage des Fortschritts der Menschheit diskutieren konnte – das ist eine bemerkenswerte Tatsache!

»14. 11. 1938

Sehr geehrter Herr Ministerialdirigent!
Die versprochenen Aufsätze des Wirtschaftsrechtlers Dr. Franz Böhm (Schwiegersohnes von Ricarda Huch), ›Recht und Macht‹, kann ich heute in Ihre Hände legen.
Leider *ruht* z. Zt. die Lehrtätigkeit des ausgezeichneten Mannes. Freimütige, aber – wie mir scheinen will – keineswegs verwerfliche Äußerungen, die er im kleinen gesellschaftlichen Kreise getan hat, wurden zum Gegenstand eines Disziplinarverfahrens gemacht.
Neben einer warmen Empfehlung dieser Schrift möchte ich Ihnen in unmittelbarer Anknüpfung an unsere letzte Aussprache *selbst* noch einiges sagen.
Sie wollen den Begriff *Freiheit* aus dem Verhältnis des Einzelnen zur Volksgesamtheit ausgeschaltet und durch ›Selbstverantwortung‹ ersetzt wissen. Eine Gegensätzlichkeit komme hier überhaupt nicht in Frage, da es sich lediglich um die – aktiven oder passiven – Beziehungen eines Ganzen zu seinen Teilen handle. Ich erwidere: diese ›Teile‹ sind *Menschen*, Menschen aber können höhere Funktionen – und um solche geht es bei den Pflichten gegen die Gemeinschaft – nur in Freiheit ausüben. Dabei gehe ich von einem gereinigten Freiheitsbegriffe aus, bei dem (mit Nietzsche) der Schwerpunkt auf dem ›frei *wofür?*‹, nicht auf dem ›wovon?‹ liegt. Um mich aber auch von Nietzsche abzusetzen (der als extremer Antiliberalist in den letzten Jahrzehnten weit mehr Einfluß ausübte als die Erben der Ideen von 1789): die Volksgemeinschaft umfaßt nicht nur ein paar Herrenmenschen; jeder Deutsche soll sein Bestes geben, darum müssen wir auch dem Geringsten unter unseren Brüdern Freiheit einräumen.
Die Wahrnehmung höherer Funktionen ist an Freiheit gebunden, d. h. an einen Spielraum, innerhalb dessen frei geschaltet werden kann. Das gilt einmal von der Freiheit der persönlichen Sphäre.

Hier heißt es: ohne persönliche Freiheit keine Ehre, ohne Ehre keine höhere Leistung. Es waren keine theoretischen Verstiegenheiten, keine liberalistischen Vorurteile, die mich Ihnen neulich meine Sorgen wegen der Fortdauer von Staatseingriffen vortragen ließen, die früher als Symptome des *Ausnahmezustandes* galten. Der Staat hatte sich auf jenem Gebiet bis 1933 gewisse Selbstbindungen in Form von Rechtsgarantien auferlegt. Mit ihrem Fortfall droht bei den Behörden das Gefühl dafür zu schwinden, daß solche Eingriffe die Ehre des Betroffenen berühren könnten. Man nimmt unproblematische Diensthandlungen wahr oder – um mich Ihrer Terminologie zu bedienen – wertfreie ›Beziehungen zwischen dem Ganzen und seinen Teilen‹.

Zwei Beispiele aus eigenem Erleben! Mein Verwaltungsbuch wurde unter Hinweis auf meine ›allgemein bekannten zweifelhaften Charaktereigenschaften‹ verboten. Ein wohlmeinender Vertreter der NS-Prüfungskommission suchte mir nun klarzumachen, daß ich mich grundlos verletzt fühlte; es liege eine objektive dienstliche Beurteilung vor, die weder bestimmt noch geeignet sei, mich zu beleidigen. Ich habe schließlich die Wiederherstellung meiner Ehre erreicht; der Satz wurde durch einen anderen, neutral gehaltenen ersetzt. Aber die Hauptschwierigkeit lag tatsächlich nicht im Nachweis meiner Ehrenhaftigkeit, sondern im Kampf gegen die Auffassung, daß an jener Kennzeichnung eigentlich ›nichts dran‹ wäre.

Zweite Erfahrung: als Objekt des Erkennungsdienstes. Während der Beamte mir einen Finger nach dem andern über die schmierige Unterlage wälzt, sieht mir der Kommissar, der mich vernommen hat, plötzlich in die Augen und meint begütigend: das würde wohl noch von manchem als etwas Entehrendes angesehen, sei aber doch nur eine einfache Diensthandlung...

Zugegeben: man hat es der Polizei vor 33 zu *schwer* gemacht. Daß die Bankeinbrecher Gebrüder Saß ›mangels Beweises‹ frei herumlaufen durften, war ein Skandal. Dafür macht man es heute der Polizei zu *leicht!* Aber damit nimmt man dem Staate mehr, als man ihm gibt. Die schrankenlose Freiheit seiner Organe tut im Ergebnis seinem Ansehen und Wirken Abbruch. Menschen, die sich einmal daran *gewöhnt* haben, daß um eines leisen Verdachts willen ihre Häuser bei Tag und Nacht durchsucht, ihre Briefe eröffnet, ihr Telefon überwacht werden, daß man sie selbst einsperrt,

daktyloskopiert und endlosen Verhören unterwirft, sinken zu Heloten herab. Heroischer Einsatz ist von ihnen nicht zu erwarten, – weder im Krieg noch im Frieden.
Der Obrigkeit muß alles daran gelegen sein, den germanischen Stolz auf die Freiheit der Person und des Hauses zu pflegen, ja ihn zu erwecken, wo er zu verkrüppeln droht. Kleine kriminalistische Vorteile dürfen nicht mit lebensgefährlichen Operationen an der Ehre erkauft werden.
...
Lassen Sie mich noch meinen Widerspruch gegen Ihre Fortschritts-Skepsis kurz begründen! Ich bekannte mich zu dem ›Geschlecht, das aus dem Dunklen ins Helle strebt‹. Goethe sagt an anderer Stelle, daß die Menschheit immer vorwärtsschreite, während die Menschen immer dieselben blieben. Was er mit dem Fortschreiten im Sinne hatte, waren nicht zivilisatorische Fortschritte, sondern aufsteigende Kurven im sittlichen Bewußtsein des Abendlandes. Man braucht nur an die Sklaverei und die Folter zu denken. Sie werden beide *heute* abgelehnt – sehr im Gegensatz zu der Zeit vor 80 und 150 Jahren, wo man sie noch weithin billigte. Wo sie noch vorkommen, scheut man immerhin die Öffentlichkeit. Kein Kulturstaat dürfte sich heute offiziell zur Wiedereinführung bekennen. Selbst im Altertum kannte man den Begriff des Unzeitgemäßen: ein römischer Kaiser bezeichnet gewisse Polizeimaßnahmen gegen die Christen als ›non nostri saeculi‹.
Was mich vor allem betroffen machte, war der Gedanke: wer keinen echten Fortschritt sieht, könnte auch blind werden für den *Rückschritt* und seine Gefahren! Die Abschaffung von Folter und Sklaverei waren nur Etappen in der an Rückschlägen reichen Geschichte des Kampfes um Freiheit und Menschenwürde. Die Gegner haben ständig gewechselt, und die Rollen waren mitunter wunderlich vertauscht. ›Freiheitshelden‹ waren die erbittertsten Feinde und ›Reaktionäre‹ die tätigsten Freunde der Freiheit. Aber im Ganzen ist es in tausend Jahren doch vorwärts und aufwärts gegangen. Und im Sinne dieses Aufstiegs ist vielleicht manches *noch nicht,* gewiß aber anderes *nicht mehr* nostri saeculi...
Erlauben Sie mir, Ihnen das, was ich zur Frage ›Freiheit und *Leistung*‹ auf dem Herzen habe, bei anderer Gelegenheit vorzutragen.«

Im Januar 1944 erreichte Ernst von Harnack ein Brief von Dr. Best aus Kopenhagen, wo er inzwischen als »Bevollmächtigter des Reiches in Dänemark« eingesetzt war. Darin schreibt er:

»Von mir will ich heute nur berichten, daß ich, wenn ich auf die 14 Monate meiner bisherigen Tätigkeit in Dänemark zurückblicke, mit den erzielten Ergebnissen verhältnismäßig zufrieden bin. Alle militärischen Notwendigkeiten wurden voll erfüllt, die wirtschaftlichen Leistungen für das Reich gesteigert und dennoch die politischen Lösungen der Zukunft nicht präjudiziert. Wenn es mir trotz der seit dem letzten Jahr höchst intensiven Störungsversuche des Feindes gelingt, diese drei Aufgaben weiterhin so zu erfüllen wie bisher, sehe ich meine hier von Anfang an eingeschlagene politische Linie voll bestätigt.«

In seinem Brief vom Juli 1944 macht Ernst von Harnack Dr. Best den Vorschlag, daß er ihm eine Reise nach Dänemark ermöglicht zu einer »persönlichen Berührung«. Offensichtlich wird das Interesse an den dänischen Volkshochschulen als Vorwand für die Reise verwendet. Er konnte voraussetzen, daß Dr. Best die Lage des Deutschen Reiches realistisch sah, und wollte möglicherweise sondieren, wie es um Dr. Bests Pläne stand. Er fährt dann fort:
»Schon heute möchte ich Sie mit einigen Schicksalen aus meinem Freundeskreise vertraut machen, die mir – je länger je mehr – Kummer und Sorge bereiten. Sie werden sich erinnern, daß ich mich bei Ihnen nur für einwandfreie Persönlichkeiten verwandt habe, und Sie dürfen gewiß sein, daß ich diesem Grundsatz treu bleibe. Ich wende mich an Sie als den Diplomaten und den früheren Leitenden Beamten der Geheimen Staatspolizei. Seit annähernd einem Jahre befindet sich der Geheime Legationsrat a. D. Dr. Richard *Kuenzer* aus Berlin-Charlottenburg 9, Ulmenallee 29, in Schutzhaft. Er kam zunächst nach der Prinz-Albrecht-Straße und wurde nach einigen furchtbaren Bombennächten in das Lager Wahrenbrück/Mecklenburg verbracht. Er ist jetzt 67 Jahre alt. Nach seinem Ausscheiden aus dem Reichsdienst (er war u. a. Generalkonsul in Johannesburg/Südafrika) stand er dem Politischen Katholizismus nahe, muß aber als unverdächtig gegolten haben, denn das Auswärtige Amt nahm ihn auch nach der Macht-

ergreifung noch mehrfach für Kurierdienste in Anspruch. Was zu seiner Verhaftung geführt hat, ist mir unbekannt; auch seine geistig sehr hochstehende Frau (geborene Gräfin von Inn- und Knyphausen) tappt völlig im Dunklen.

In gleicher unglücklicher Lage sieht sich seit einigen Monaten die *Witwe* eines deutschen Diplomaten, Frau Hanna *Solf,* geborene Dotti, einst die Gattin des (wesentlich älteren) † Dr. Solf, des früheren Außenministers, der zuletzt als unser Botschafter in Tokio fungierte. Auch die Tochter von Exzellenz Solf, die junge Gräfin Ballestrem, ist verhaftet.

Meine Beziehungen zum Hause Solf gehen auf meinen heimgegangenen Vater zurück. Zwischen beiden Männern bestand ein freundschaftliches, auf gegenseitiger Schätzung beruhendes Verhältnis. – Auch in diesen Fällen bin ich über die Gründe der Inhaftierung nicht unterrichtet. Aber ich vermute, daß die Urheber dieser Maßnahmen bei den gesellschaftlichen Scheidelinien, die sich in den letzten Jahren herausgebildet haben, der Tragweite dieser Vorfälle nicht ganz inne geworden sind.

Die schönen, mit erlesenen ostasiatischen Kunstwerken geschmückten Räume Alsenstraße 9 stellten einen der wenigen *Salons* dar, die Berlin besaß. Nicht im Sinne des seichten Diplomatenklatschs oder einer verantwortungslosen Drahtzieherei, sondern in dem des kultivierten Gesprächs über alle wesentlichen Dinge zwischen Himmel und Erde. Daß die politischen Vorgänge dabei im Vordergrunde standen, war bei der vom Hausherrn überkommenen Tradition und dem aus allen Ländern stammenden Freundeskreis der Hausfrau nur natürlich. Ich verdanke der Teilnahme manche Erkenntnis und Anregung, und vor allem: ich hatte stets den Eindruck, daß unser Land dort in sehr glücklicher Weise repräsentiert wurde. Gewiß, man sprach mit dem Freimut, der zu *jeder* fruchtbaren Erörterung gehört. Aber ich habe nie erlebt, daß die Unterhaltung ins Gehässige, Zersetzende abgeglitten wäre oder sonst die nationale Würde verletzt hätte. Davor war das Haus Solf schon durch seine nahen Beziehungen zu der uns verbündeten *Japanischen* Diplomatie geschützt. Ich erinnere mich noch deutlich, mit welcher Auszeichnung Minister *Matsuoka* gelegentlich seines Berliner Aufenthalts Frau Solf behandelte; u.a. sagte er ihr seine Vermittlung für ihren in englische Internierung geratenen Sohn zu.

Verhaftungen solcher Persönlichkeiten – auch Dr. Kuenzer erfreute sich in den Kreisen der Berliner Auslandsmissionen hohen Ansehens – mußten eine weittragende Resonanz auslösen. Wenn ich einmal unterstelle – wie gesagt, mir fehlen alle tatsächlichen Unterlagen –, Art und Umfang jener Unterhaltungen hätten regierungsseitig Mißbehagen erregt, so hätte es bei der Erfahrung und dem Verantwortungsbewußtsein der Beteiligten gewiß nur eines Winkes bedurft, um Wandel zu schaffen. Ich bitte Sie, verehrter Herr Best, auch zu bedenken, daß wir Älteren gewissermaßen noch in Freier Wildbahn aufgewachsen sind, nicht so gewöhnt, Richtlinien und Tabus zu beachten wie die junge, in einer anderen Disziplin großgewordene Generation. Das gilt auch hinsichtlich der Menschen, deren wir uns annehmen. Da mag eine in Jahrzehnten befestigte Dankbarkeit und Treue sich gelegentlich stärker erweisen, als ein in neuerer Zeit ausgesprochenes Anathema..."[1]

Ein Sohn von Exzellenz Solf ist in Indien interniert, die beiden anderen stehen seit Jahren im Felde, ebenso der Schwiegersohn, Graf Ballestrem. Frau Geheimrat Kuenzer erhält seit Wochen keine Sprecherlaubnis mehr; ihre im zarten Alter stehende Tochter (Dr. Kuenzer hat spät geheiratet) hat den Vater nun ein ganzes Jahr lang nicht gesehen. Sind das nicht Tatsachen, die eine Milderung in der Behandlung, einen schnellen Abschluß der gegen diese hochstehenden, integren Menschen ergriffenen Maßnahmen rechtfertigt? Kummer bleibt auch dann noch genug: die alleinstehende Frau Solf hat ihr herrliches Heim restlos eingebüßt; Dr. Kuenzer's Wohnung ist nahezu unbenützbar. Seine Frau ist auf ein Sommerhäuschen in Werder angewiesen. Sie macht schon so lange von dort aus die umständlichen, entnervenden Fahrten nach Drögen bei Fürstenberg (Dezernent für Dr. Kuenzer ist ein ORR *Hupenkotte*. Anklage ist – soweit Frau K. bekannt – nicht erhoben worden).

Ich darf annehmen, verehrter Herr Best, daß Sie sich auf Grund Ihrer langjährigen dienstlichen Beziehungen zu den maßgeblichen Dienststellen über jene Fälle zu informieren vermögen, und daß Ihnen als aktivem Diplomaten die Tragweite jener Eingriffe bewußt ist. Vielleicht gibt die von mir angeregte Reise nach Däne-

---

[1] (Verdammung)

mark Gelegenheit zu einer Aussprache über den ganzen Komplex. Sollte sich dieser Weg als ungangbar erweisen, so wäre ich Ihnen für die schriftliche Übermittlung Ihrer Ansicht von Herzen dankbar.
Ihrem gefl. Briefe vom 19.1. habe ich mit besonderem Interesse entnommen, daß Ihr Wirkungskreis Sie befriedigt und daß Sie das Gefühl haben, seinen Anforderungen zu genügen. Mögen Sie auch kommenden Belastungsproben (die gewiß nicht ausbleiben werden) gewachsen sein!«

Bei den im Briefe genannten Personen handelt es sich um Angehörige des sogenannten Solf-Kreises. Frau Hanna Solf hatte in ihrem Hause einen Freundeskreis um sich versammelt, mit dem sie vertrauliche Gespräche über die politische Lage führte. In diesen Kreis trat ein Dr. Reckzeh, von dem behauptet wird, daß er ein Gestapo-Agent war und über dessen weiteres Schicksal nichts Sicheres bekannt ist. Schon bald nach einer Tee-Party im September 1943 wurde die Gruppe von Graf Moltke vor Dr. Reckzeh gewarnt. Im Januar 1944 wurden alle Angehörigen des Kreises verhaftet, darunter auch die Tochter Gräfin von Ballestrem-Solf, die mit dem Leben davonkam und später einen Bericht niederschrieb. Auch Frau Hanna Solf überlebte das Konzentrationslager Ravensbrück. Verurteilt und hingerichtet wurden u.a. Elisabeth von Thadden, Begründerin eines Landerziehungsheimes und Helferin in einem Soldatenheim des Roten Kreuzes, Otto Karl Kiep, in der Weimarer Republik zeitweise Pressechef der Reichsregierung, von 1930–33 Generalkonsul in New York, und Albrecht Graf von Bernstorff. Legationsrat i.R. Richard Kuenzer vom Auswärtigen Amt wurde ebenfalls verurteilt und am 23.4.1945 mit anderen Schicksalsgenossen von der SS ermordet.

Im Juli 1944 waren die Ermittlungen offenbar schon weit fortgeschritten. Darauf beziehen sich die Äußerungen im nachfolgenden letzten Brief meines Vaters an Dr. Best:

»19. 7. 1944
Gegen Frau Hanna *Solf* ist – wie ich inzwischen vernommen habe, Anklage erhoben worden. Eine Verwendung für sie wäre hiernach ziemlich aussichtslos. Anders steht es offenbar mit mei-

nem Freunde *Kuenzer*. Ich wäre Ihnen außerordentlich dankbar, wenn Sie in diesem Falle wenigstens eine *Information* einziehen könnten.

Ich werde 3–4 Tage in Berlin sein und bitte Sie, mir dorthin freundlichst Nachricht in irgend einer Form zu geben.«

»Die Praxis der Öffentlichen Verwaltung«

Schon bald nach seiner Übersiedlung nach Berlin unternahm es Ernst von Harnack, ein Buch zu schreiben, das dem Wesen der Verwaltungsarbeit gewidmet sein sollte. Die erzwungene Muße gab ihm die Möglichkeit, die Erfahrungen niederzuschreiben, die er in 16jähriger Verwaltungstätigkeit gesammelt hatte. So leicht er Worte in freier Rede fand, so schwer wurden ihm die Formulierungen bei der schriftlichen Niederlegung seiner Gedanken. Immer, wenn ein größerer Abschnitt oder ein Kapitel beendet war, las er dies Freunden und Fachleuten vor, damit sie an Inhalt und Form strengste Kritik üben konnten. Ich kann mich an zahlreiche Diskussionen erinnern, z. B. mit dem ehemaligen Regierungsrat im Reichsfinanzministerium Fritz Schönbeck, seinem Freund, der ihn oft am Klavier begleitete; mit dessen Frau Gertrud, einer begnadeten Englischlehrerin; mit Herrn Dr. Acker. Die Ergebnisse dieser Diskussionen fanden jeweils Eingang in die endgültige Fassung der einzelnen Kapitel.
Das Werk stellte als eine Art Allgemeiner Verwaltungslehre etwas Neues dar und füllte eine Lücke im Schrifttum. Der Verwaltungsfachmann Max Rehm[1] charakterisierte 1958 den geistesgeschichtlichen Standort des Buches bei seinem Erscheinen 1936:
»Vor hundert Jahren hat Lorenz von Stein an der Wiener Hochschule aus der Kameralwissenschaft des 18. Jahrhunderts die ›Verwaltungslehre‹ als neuen Wissenschaftszweig entwickelt. Er entdeckte neben dem Gebilde des Staates die menschliche Gesellschaft und schuf die erste deutsche ›Gesellschaftslehre‹ als eine Wirklichkeitswissenschaft. Er erkannte als Aufgabe des Staates: Schutz und Förderung aller Einzelpersonen, aus denen sich die Gesellschaft zusammensetzt, materielle und geistige Entwicklung der Individuen zu vollem, freiem Menschentum. Als Grund und Ziel der

---

[1] Max Rehm: Ernst von Harnack – Leben und Vorbild eines Verwaltungsbeamten. W. Kohlhammer Verlag, Stuttgart 1958

Bemühungen des Staates in den Zweigen der inneren Verwaltung stellte er den Dienst an der Persönlichkeit des Menschen heraus. In seiner Verwaltungslehre hat Lorenz von Stein diesen ›Beruf‹ der Verwaltung gedanklich erfaßt und in den Herzen der Verwaltungsjünger verankert. Die Nachfahren haben freilich seinen Fund, seinen Blick verloren und die Verwaltungslehre zu einer nüchternen Beschreibung der dinglichen Verwaltungsmittel verkümmern lassen.«

Daß es sich bei den Ausführungen Ernst von Harnacks nicht um ein bloßes Theoretisieren handelte, sondern daß die Überlegungen aus der praktischen Verwaltungstätigkeit hervorgingen, machte Dr. Heinrich Acker, der im Regierungsbezirk Halle-Merseburg unter Ernst von Harnack als Landrat gearbeitet hatte, im Vorwort der zweiten Auflage deutlich. Dort heißt es unter anderem:

»Die Darlegungen des Buches über die Verwaltungspraxis lassen diese persönlichen Grundlagen des Werkes deutlich erkennen. Der Staat ist Ernst von Harnack als reale gesellschaftliche Lebenserscheinung keine bloße idealistische Veranstaltung, sondern voll herber und nüchterner Aufgabenstellung und Arbeitsleistung; Kräfte und Interessen gebieten ihrer Gegensätzlichkeit wegen kraftvolle und zielbewußte Amtsführung, um zu einem lebensvollen und gerechten Zusammenklang zu kommen. Immer aber erweist sich ihm die Aufgabe des leitenden Verwaltungsmannes dabei als eine im letzten nur mit Menschenliebe und sittlicher Verantwortung lösbare.

Nun ist es aber nicht so, daß dieser Mann mit künstlerischer Sicht und von edlem Menschentum an der Spitze seiner Verwaltungen stand, um ihnen eine schöne dekorative Spitze zu sein oder aber auch zu großen Plänen nur Anregung und Entwurf zu geben. Ernst von Harnack lag auch sehr an der Arbeitsweise der Verwaltung im engeren Sinne, an ihrem täglichen Ablauf gegenüber dem Staatsbürger und an ihrem Innenbetriebe. Er wußte sehr wohl, daß kleine Dinge des Alltages der Verwaltung oft eine belangvolle Wirkung für den Staat haben. Aktenführung und Publikumsverkehr waren ihm darum nicht nur technische Vorgänge der Verwaltung. Bis ins Minuziöse hinein widmete er ihnen seine Sorge. Man muß ihn bei einem Besuch auf einer Dienststelle draußen im Lande erlebt haben. Was er alles sah und wie er die scheinbar belanglosesten Dinge in ihrer Bedeutung für das Ganze zu würdigen wußte, erregte immer Erstaunen und Bewunderung. Geistreich und fruchtbar war das Gespräch darüber und voller Anregung. Es gab in der preußischen Verwaltung wenig Juristen, die von den Dingen der Arbeitsweise der Verwaltung so viel wie er verstanden. Gerade diese Seite der Verwaltung wurde von den höheren Beamten vielfach verachtet. Man überließ sie sehr zum Schaden des Volksstaates bloßer handwerklicher Übung.

Nicht nur die Akte und nicht nur der Verwaltungsakt waren Ernst von Harnack auch eine ästhetische Aufgabe. Noch mehr war es die Sprache der Verwaltung, die er zu heben suchte. Selbst sprachlich glänzend begabt, wollte er, daß das lebendigste Zeugnis seines Volkes, seine Sprache, auch in der Verwaltung geehrt und nicht mißbraucht würde. Bei aller Wichtigkeit des Organisatorischen lehnte er die Unterjochung der Sprache durch das Verwaltungstechnische ab und zeigte beispielhaft, wie man einen Verwaltungsakt auch in guter Sprache vollziehen konnte.«

Das Buch gliedert sich in 15 Kapitel, die sich auf drei Abschnitte verteilen:

Die Beamtenschaft
1. Mensch und Charakter
2. Auswahl und Vorbildung
3. Die Gruppen: höherer und mittlerer Dienst
4. Die Pflichten: Volk und Staat als Fordernde, Grundpflichten, Pflichten gegenüber Mitarbeitern
5. Wirtschaftliche Fähigkeiten

Der Arbeitsbereich der Verwaltung
6. Die Gesamtschau: Von der Vorbildung zur Ausbildung, die Doppelbedeutung des Beherrschens
7. Die Einzelbehörde: sachliche Aufgaben, innere Vorgänge, Führung
8. Die Behörde als Organisationsglied: Staats- und Kommunalbehörde, Miteinander in der Gesamtverwaltung
9. Das Land: Das Land als Vaterland, als Subjekt und Objekt der Gestaltung
10. Das Volk: Volkscharakter als Ansatzpunkt, Grundelemente der Volksordnung

Die Arbeitsweise
11. Die Kräfte: Wille, Macht, Persönlichkeitswirkung
12. Schriftwerk und Rede: Material, Bewertung, Gedanke – Wort – Sprachwerk
13. Aktenwesen und Verwaltungstechnik: Akte, Aktenführung, Bestände, Verwaltungstechnik
14. Die Normen – Rechtmäßigkeit und Zweckmäßigkeit: Rechtsnormen, Wandlung des Normensystems
15. Das Ermessen – Volkspflege und Staatsfestigung: Der Raum des freien Ermessens, Volkspflege und Volkswohlfahrt. Zusammenfassung. Sicherung des Ausgleichs durch innere Kräfte.

Zahlreiche Abschnitte des Werkes sind auch für den Nicht-Fachmann von Interesse. So schreibt Ernst von Harnack zu Beginn des 11. Kapitels (S. 182) über

»Die Lenkung von Kräften durch Kräfte.
Auch die Verwaltung darf sich nicht vermessen, die Menschen sich zum Bilde zu schaffen. Wollte sie dem Schöpfer ins Handwerk pfuschen, – sie würde es nur zu erbärmlichen Kreaturen bringen. Und doch ist ihr eine schöpferische Aufgabe gestellt. Sie heißt: in Ehrfurcht vor dem Leben den Boden dafür bereiten, daß die ihr Anbefohlenen sich nach dem Gesetz zu entfalten vermögen, das ihnen eingeboren ist.
Ehrfurcht vor dem Leben bedeutet nicht tatenloses Geschehenlassen. Wie der ordnende und gestaltende Eingriff des Gärtners die Wildnis zum Garten wandelt, so zielt der Verwaltende mit Ordnung und Gestaltung auf ein sinn- und wertvolles Füreinander in der Menschenwelt. Er muß es verstehen, Kräfte aller Art – politische, wirtschaftliche, erzieherische, künstlerische – so zu lenken, daß sie einander nicht hemmen oder gar aufheben, sondern fördern und verstärken. Dazu wird er schlummernde Kräfte zu wecken suchen, aber auch genötigt sein, widerstrebende lahmzulegen.«

Zur Bedeutung der *Gewöhnung* für die Lösung von Aufgaben sagt Ernst von Harnack im Kapitel über die Pflichten (S. 57):

»Andererseits beruht die jugendliche Ablehnung des *Gewohnheitsmäßigen* auf unzureichenden Vorstellungen von der Bedeutung der Gewöhnung für die Charakterentwicklung. Kein Mensch wäre einem unablässigen inneren Ringen gewachsen. Auch im Bereich der sittlichen Kräfte ist Ökonomie vonnöten. Sie gebietet, das Ringen zu Abschlüssen zu führen, in denen gewisse Entscheidungen ein für alle Mal fallen. Durch Verlagerung ganzer Verhaltensweisen in das Selbstverständliche, nahezu Automatische, erübrigt sich der Aufwand erneuter Entschlüsse, und die ersparte Energie wird für die Lösung höherer Aufgaben frei.«

Über die verschiedenen *Erscheinungsformen des Ehrgeizes* äußert sich Ernst von Harnack in dem Abschnitt über die Grundpflichten (S. 60):

»Kaum ein Beweggrund steht so im Helldunkel der Wertungen wie der *Ehrgeiz*. Die Unsicherheit des Urteils rührt daher, daß dies Wort als Sammelbegriff für eine Reihe menschlicher Strebungen gebraucht wird, die sich in manchen Erscheinungsformen ähneln, aber sehr verschiedene moralische Vorzeichen verdienen. Wir gruppieren sie nach Ehrsucht, Herrschsucht und Wirkungsstreben.
Was den *Ehrsüchtigen* zum Karrieremacher werden läßt, ist ein überbetontes Geltungsstreben: die Aussicht auf den klangvollen Titel, auf das öffentliche Hervortreten und auf die gesellschaftliche Bevorzugung. Soweit er sich mit dem *Schein* der Macht begnügt, ist er verhältnismäßig ungefährlich (der Ordensjäger der Vorkriegszeit!). Die solchen Leuten eigene Geschäftigkeit läßt sich gelegentlich sogar mit Vorteil verwenden.
Den *Herrschsüchtigen* dagegen treibt es zu den Schlüsselpunkten der Verwaltung, weil er die großen Machtmittel des Staates seinem persönlichen Machtwillen dienstbar zu machen hofft. Er wird sich niemals mit dem Schein der Macht begnügen, ja er kann ganz auf ihn verzichten und im Verborgenen bleiben, wenn er nur die Hebel des Geschehens in Händen hält.
Auch der nach *Wirkung* und *Gestaltung* Strebende geht auf Macht

aus, aber ihr Wert erschöpft sich ihm nicht in ihrer bloßen Anwendung, nicht in der Übermächtigung der anderen. Er braucht die Macht für sein *Werk*. Denn das ist es, was ihn vor den beiden Erstgenannten auszeichnet, – schon der sprachliche Gleichklang deutet darauf: dem, der *wirken* will, geht es um das *Werk*. Während er seine Kenntnisse mehrt und seine Kräfte stählt, hält er nach den Kommandohöhen Ausschau, weil dort die großen Aufgaben winken, die ihn reizen und denen er sich gewachsen fühlt. ... Männer, die das Zeug zu starken Leistungen haben, brauchen ihren Wirkungstrieb nicht zu unterdrücken. Die Menschenkenntnis der Vorgesetzten wird sie vor dem Verdacht bloßer Ehr- und Machtgier zu schützen wissen, Menschenführung sie aus der Verstrickung in Ichsucht zu lösen suchen.«

Das zweckmäßige Verhalten bei der *Übernahme eines neuen Amtes* wird auf Seite 159 diskutiert:

»Innere und äußere Gründe sprechen dafür, den Geist nach Übernahme eines Amtes solange wie eben möglich auf ›Empfang‹ und nicht auf ›Senden‹ zu stellen. Wenn der Beamte Außenstehenden gegenüber mit Urteilen und Meinungen ohnehin sparsam sein soll, so gilt das erst recht von der Einarbeitungszeit. Mit Interesse und freundlicher Anteilnahme an dem, was ihm entgegengebracht wird, kommt er meistens durch, und wenn schon geurteilt werden muß, dann lieber einmal mehr gelobt als getadelt. Eine unbedacht ausgesprochene und vergröbert weitergetragene Kritik kann – selbst wenn sie sachlich das Richtige traf – aufkeimendes Vertrauen im Nu wieder zerstören.«

Bürokratische Tendenzen können sich in jeder Verwaltung einschleichen (S. 205):

»*Bürokratische Tendenzen.* Als ihr handgreiflichstes Erzeugnis sind die Akten zum Symbol der Verwaltung überhaupt geworden. Ihre Arbeitsstätte, das Büro, hat im Begriffe ›Bürokratie‹ gleichfalls symbolische Bedeutung gewonnen. Man versteht darunter jene Entartung des Behördenwesens, bei der die nur technischen, geschäftsordnungsmäßigen Gesichtspunkte sich die Herrschaft über Inhalt und Geist der Arbeit anmaßen. Einen ähnlichen Beigeschmack hat der Begriff des Aktenmenschen, des Beamten, der sich hinter seinen Akten verschanzt. In diesen Wendungen kommt die Ansicht zum Ausdruck, die Akten seien nicht Hilfsmittel, sondern Selbstzweck. Sie lägen in einem ständigen und meist siegreichen Kampfe mit dem Leben. Es ist zuzugeben, daß in dieser für die Verwaltung wenig schmeichelhaften Vorstellung ein Wahrheitskern steckt. Bürokratie neigt dazu, nur von *dem* Kenntnis zu nehmen, was im Rahmen des Schalterfensters erscheint. Sie will ein eigenes, d. h. ein Scheinleben führen und nach dessen Bedürfnissen das wirkliche Leben reglementieren. Solche Tendenzen bevorzugen das Feld des Aktenwesens. Die im Folgenden dargestellten Grundsätze der Aktenführung sollen zugleich bürokratischem Mißbrauch vorbeugen.«

Aussagen über das *Wesen der Verwaltungsarbeit* von grundsätzlicher Bedeutung macht Ernst von Harnack unter anderem im 15. Kapitel (S. 237) unter der Überschrift

»*Volkspflege und Volkswohlfahrt.* Den Verwaltenden verbindet es mit den pflegerischen Berufen des Lehrers und des Arztes, daß er seine Arbeitsziele nicht von außen an sein Werk heranträgt, sondern aus dem Wesen der Pflegebefohlenen entwickelt. Er schaltet sich in einen Werdegang, in eine Entfaltung ein. Er handelt in nüchterner Erkenntnis der durch die Natur gezogenen Schranken, aber auch in tatkräftiger Ausnützung der von ihr gebotenen Möglichkeiten. Es ist eine Haltung, die weder Pessimismus noch Optimismus im landläufigen Sinne kennt. Der Pflegende schafft aus einem *warmherzigen Tatsachensinn* heraus.
Damit klingt wieder jener Ton an, der als Orgelpunkt in aller Verwaltungsarbeit mitschwingt: der Ton der *Liebe.* Sie hat die Stimmführung im Bereiche der Volkspflege, und zwar die Liebe zu den Menschen *wie sie sind.* Der Verwaltende kann sich nicht daran genügen lassen, dem Volke im Ganzen als einer über den Einzelnen hinausgreifenden Idee zu dienen. Mag es bei der Staatsfestigung ausreichen, daß Neigung und Hingabe sich an Einrichtungen und überpersönliche Einheiten heften, – der Pflegende käme mit solchen Gefühlen nicht aus! Nicht, daß ihm unterschiedsloses Vertrauen anzuempfehlen wäre. Aber er muß bereit sein, sich in die ihm Anvertrauten hineinzuversetzen, ihre Freuden und Leiden mitzuerleben. Darum dürfen Menschenverächter oder Zyniker (wenn sie überhaupt Eingang in die Verwaltung gefunden haben) nicht in Stellungen mit pflegerischem Einschlag verwendet

werden, vor allem nicht in der eigentlichen Sozialarbeit. Sie könnten dort schweres Unheil anrichten.
Liebe zum Volke als Liebe zum einzelnen Volksgenossen findet auch instinktiv heraus, was zum Besten des Volkes dient. Sie ist der stärkste Helfer, wenn es gilt, die großen Begriffe des Wohles der Allgemeinheit und der Volkswohlfahrt zu positiven Zielen zu erheben, sie mit Blut und Leben zu erfüllen. Wie denn auch Goethes Egmont vor dem Herzog von Alba zum Preise seines Volkes keine allgemeinen Betrachtungen über niederländisches Volkstum anstellt, sondern von seinen Landsleuten rühmt: ›... *ein jeder* rund für sich ein kleiner König, fest, rührig, fähig, treu, an alten Sitten hangend...‹
Seitdem Jesus Christus ausgesprochen hat, daß der Mensch nicht vom Brot allein lebe, ist die Frage nach den Voraussetzungen menschlichen Lebens und menschlicher Wohlfahrt nicht mehr verstummt. Was ist lebensnotwendig, d. h. was muß geschehen, was muß beschafft werden, um eine sonst drohende Lebensnot zu wenden, um die Wohlfahrt des einzelnen und des ganzen Volkes zu gewährleisten?
Die intuitive Erkenntnis, daß der Mensch nicht nur durch die Nahrungszufuhr am Leben erhalten werde, ist durch die moderne Forschung, insbesondere durch Seelenkunde und Gesellschaftslehre ins Bewußtsein gehoben worden. Darum kann und darf es heute keine Volkspflege geben, die über der Sorge um die materielle Wohlfahrt die sozialen und seelischen Bedürfnisse vernachlässigte. Dabei wäre es nicht mit einer zusätzlichen Pflege jener Bedürfnisse getan. Zunehmende Erkenntnis von der Ganzheit, der inneren Verwobenheit des Lebensablaufes gebietet, alle pflegerische Arbeit, selbst eine scheinbar rein wirtschaftliche oder technische, in Berücksichtigung von Seelenlage und sozialer Verknüpfung zu leisten. Keine wahre Wohlfahrt ohne seelische Wohlfahrt, darum auch keine wirksame Volkspflege ohne Seelenpflege.«

Die *Schlußsätze des Werkes* lauten (S. 249):

»*Sicherung des Ausgleichs durch innere Kräfte.* Keinerlei Einwirkungen von außen, sondern nur Kräfte, die dem Innern des Machtträgers selbst entstammen, vermögen ihn gegen solche Versuchungen zu sichern. Das bloße Staatsgefühl bedarf der Verwurzelung im Sittlichen. Wo die Gesetzesnorm fehlt, muß die Majestät der

sittlichen Norm den Ermessensraum beherrschen. Sie läutert den Sinn für Macht zur Staatsgesinnung und durchdringt ihn mit dem Feuer der Liebe zum Volk. Sie läßt die Federkraft der Nächstenliebe auch unter dem Zwange der Staatsnotwendigkeit nicht erlahmen, sie läßt die Bereitschaft zum Helfen und Heilen nicht ermatten.
So leuchtet neben der *mâze* jene andere, von unseren Vorvätern gerühmte Tugend auf, in der sich Christentum und Deutschtum einen: die *Milde*, die Güte des Starken.«

Diese Worte – niedergeschrieben 1936 im vierten Jahr des Dritten Reiches – standen in einem erschütternden Gegensatz zur Staats*wirklichkeit* dieser Jahre.
Mit folgenden Ausführungen kündigte Ernst von Harnack das Erscheinen des Buches an:

»*Bücherschau.*
Ernst v. Harnack, Die Praxis der Öffentlichen Verwaltung. Erscheint im Juli 1936 im Verlag von Julius Springer in Berlin (etwa 300 S.)
Bei meinem Scheiden aus dem aktiven Dienst (1932) lebte in mir der Wunsch wieder auf, künftigen Anwärtern eine Einführung in das Verwaltungswesen zu geben. Kein Herauspräparieren juristischer Schemata, keine Anatomie des Staatskörpers, sondern seine *Biologie!* Meine Arbeit ergänzt die vorhandenen – leider durchweg veralteten – Kompendien. Dienen jene als Kursbuch, so will ich das Reisehandbuch für die Fahrt durch das Verwaltungsland liefern. Durch Behandlung der Leitungsprobleme hoffe ich auch den bereits Erfahrenen etwas zu geben.
Abschnitt I gilt den Handelnden, den Beamten. Aus den Wechselwirkungen zwischen Mensch und Beruf werden Grundsätze für Vorbildung und Auswahl entwickelt und die Eigenarten der großen Beamtengruppen aufgezeigt. Den allgemeinen Dienstpflichten reihen sich die besonderen Forderungen an, denen der Verwaltungsangehörige als Untergebener, Mitarbeiter und Vorgesetzter zu genügen hat. Welche Fähigkeiten muß er zur Meisterung der wirtschaftlichen Aufgaben ausbilden?
Abschnitt II zeigt den *Schauplatz*. Der Beamte wird angeleitet, sich in seiner Dienststelle und mit dieser innerhalb der ganzen Organi-

sation zurechtzufinden. Kapitel zur Erkundung von Land und Volk führen an die Front des Berufs.
Wie sich sein Schaffen dort abspielt, erfährt der Beamte aus Abschnitt III: *Arbeitsweise*. Den in der Verwaltung wirksamen Kräften wird nachgespürt und ihre Auswirkung in den *Formen* – Schriftwerk und Rede, Aktenwesen und Verwaltungstechnik – verfolgt wie in den Grundsätzen: Zweckmäßigkeit und Rechtmäßigkeit, Staatsfestigung und Volkspflege.

Ernst v. Harnack«

Doch drei Wochen später erreichte den Springer-Verlag das nachfolgende Schreiben. Es ist unterzeichnet von Hanns Johst (geboren 1890), der 1935 Präsident der nationalsozialistischen Reichsschrifttumskammer geworden war. Johst war seit 1917 mit ekstatisch-expressionistischen Dramen hervorgetreten und hatte sich später dem Nationalsozialismus angeschlossen. In seinem Schauspiel »Albert Leo Schlageter« verherrlichte er den von den Franzosen im Ruhrkampf Erschossenen.

»Der Präsident der   Berlin W 8, den 23. Juli 1936
Reichsschrifttumskammer

An den Verlag
Julius Springer,
Berlin W 9
Linkstr. 23/24

Wie mir bekannt wird, beabsichtigen Sie, noch in diesem Monat das Buch
Ernst von Harnack: ›Die Praxis der öffentlichen Verwaltung‹
herauszubringen, für das Sie schon jetzt weitgehend Werbung betreiben.
Das Buch gliedert sich in die Abschnitte:
›Die Beamtenschaft‹
›Der Arbeitsbereich der Verwaltung‹ und
›Die Arbeitsweise‹.
Nach dem mir vorliegenden Prospekt werden zunächst die Beamten ›als ein wichtiger Teil des Volksganzen dargestellt, ihre charakterliche und wissenschaftliche Ausrüstung wird erörtert‹. Das I. Kapitel ›Mensch und Charakter‹ behandelt 1. Beruf und Charak-

ter, 2. Gliederung nach Charaktergruppen, 3. Der Einfluss der wirtschaftlichen Verhältnisse, das II. Kapitel ›Auswahl und Vorbildung‹: Sicherung der charakterlichen und fachlichen Substanz. Zwei Bildungselemente. Die Aussenseiter.
Wie mir der Herr Reichs- und Preuss. Minister des Innern hierzu mitteilt, ist der Verfasser dieses Werkes der frühere Regierungspräsident von Harnack, zuletzt in Merseburg, der im Jahre 1933 auf Grund des § 4 des Gesetzes zur Wiederherstellung des Berufsbeamtentums entlassen worden ist, nachdem er als einer der ersten politischen Beamten bereits im Juli 1932 durch die Regierung von Papen/Bracht in den einstweiligen Ruhestand versetzt worden war. Von Harnack hat der S.P.D. von 1919–1933, dem Reichsbanner Schwarz-Rot-Gold und der Eisernen Front von ihrer Gründung bis zu ihrer Auflösung angehört. Nach seiner politischen Vergangenheit und seinen allgemein bekannten zweifelhaften Charaktereigenschaften ist v. Harnack keineswegs geeignet, das Wesen der Verwaltung im nationalsozialistischen Staat, insbesondere aber die charakterlichen Anforderungen, die an das nationalsozialistische Beamtentum zu stellen sind, zutreffend zu beurteilen.
Es muss im höchsten Grade überraschen, dass eine so stark vorbelastete Persönlichkeit der Systemzeit es überhaupt wagt, mit einem solchen Buch wieder in das Licht der Öffentlichkeit zu treten, und dass ein deutscher Verlag sich für das Werk eines solchen Autors interessiert.
Mir ist der Inhalt des Buches im einzelnen nicht bekannt; aber die Tatsache, dass laut Prospekt von einer früheren Systemgrösse Fragen erörtert werden, die heute allein vom nationalsozialistischen Standpunkt aus beantwortet werden können, zwingt mich, Sie höflichst wie dringend zu ersuchen, jegliche Besprechung oder sonstige Hinweise auf das Buch in der Presse, insbesondere in der Fachpresse, umgehend abzustellen und das Buch selbst nicht herauszubringen.
Ich bitte umgehend um Mitteilung des von Ihnen Veranlassten.

[Stempel]

Hanns Johst«

Gegen das Verbot des Buches legte Ernst von Harnack bei der Reichsschrifttumskammer und weiteren Dienststellen Protest ein. Dazu diente ihm u. a. die folgende Ausarbeitung:

»Bemerkungen zum Schreiben des Herrn Präsidenten der Reichsschrifttumskammer vom 23. Juli 1936 – V – 1110/H – btr. »Die Praxis der Öffentlichen Verwaltung‹.

1. Meine Vorbelastung.

Ich besitze nach Ablegung der vorgeschriebenen Staatsprüfungen die ›Befähigung zum Höheren Verwaltungsdienst‹ und war demnach Berufsbeamter im engsten Sinne des Wortes. Im Januar 1919 bin ich der SPD beigetreten, weil ich auf diesem Wege meinem Vaterlande, für das ich mit der Waffe gekämpft hatte, am besten zu dienen glaubte. An der Ehrlichkeit meiner Absichten hat noch kein Mensch zu zweifeln gewagt, der mich näher kennen gelernt hat. Das gleiche Motiv galt für meine Betätigung in den republikanischen Organisationen. Ich habe – äußerlich betrachtet – eine sogenannte glänzende Carrière gemacht: mit 31 Ministersekretär, mit 32 Landrat, mit 36 Regierungsvizepräsident, mit 41 Jahren Regierungspräsident. Die Folgen für meinen Ruf waren die üblichen. Kaum war mein Name in die Öffentlichkeit gedrungen, so wurde ich in privaten Zirkeln und in der damaligen oppositionellen Presse als ›Systemgröße‹ gebrandmarkt, d. h. als ein Mann, der seinen Aufstieg nicht seinen guten Gaben und Fähigkeiten, sondern seinem Sinn für Konjunktur verdanke. Insbesondere wurde mein Übertritt zur Sozialdemokratie als ein politischer Glaubenswechsel zu eigensüchtigen Zwecken gewertet und daraus der Schluß auf ›zweifelhafte Charaktereigenschaften‹ gezogen.

Ich war nie vermessen genug, mich für ein Genie oder für einen Heiligen zu halten. Aber ich glaube mit gutem Gewissen sagen zu können, daß ich der schweren Verantwortung menschlich und beruflich *gewachsen* war, die mir schon in jungen Jahren auferlegt wurde. Rein körperlich mußte ich, der ich im Felde zwei Nervenzusammenbrüche erlebt hatte, das Letzte aus mir herausholen. Infolge von Parallelversetzungen (Landrat in zwei Kreisen, Vizepräsident an zwei Regierungen, Kommando im Ruhrabwehrkampf!) habe ich seit Kriegsende an acht Orten Dienst getan. – Freilich, – *allen* meinen Kritikern Einblick in mein Herz zu verschaffen, war mir nicht möglich, ja ich mußte bei der zunehmenden Erhitzung der öffentlichen Diskussion damit rechnen, daß sich in manchen Kreisen sehr ungünstige Meinungen über mich festsetzten. Immerhin scheint mir der Herr Präsident der Kammer schlecht unterrichtet, wenn er von meinen *allgemein* bekannten zweifelhaften Charaktereigenschaften spricht. Ein solches Mißurteil über mich ist *nicht* allgemein. Lautere und menschenkundige Persönlichkeiten, die Gelegenheit hatten, mich besser kennen zu lernen, als es dem Herrn Kammerpräsidenten bisher möglich gewesen ist, haben mir Zeichen des Vertrauens und der Anerkennung gespendet, die sie einem übel beleumundeten Manne gewiß nicht zugebilligt hätten. Bei zahllosen Berührungen mit Menschen aus allen Schichten und allen politischen Lagern hat sich immer wieder ergeben, was ich schon eingangs hervorhob: An der Ehrlichkeit meiner Absichten und der Aufrichtigkeit meines nationalen Wollens hat noch niemand zu zweifeln gewagt, der mich näher kennen gelernt hat.

2. *Das moralische Wagnis des Buchs.*

Die Kammer hält mich für vorbelastet und bezeichnet demnach meinen Versuch, mit einem solchen Buch, wie ich es geschrieben habe, in die Öffentlichkeit zu gehen als ein Wagnis. Die Rückbeziehung auf meine bedenklichen Charaktereigenschaften läßt erkennen, daß Herr Hanns Johst mich für *moralisch* belastet hält und daß er mein Wiederauftauchen – deutlich gesagt – als eine Unverschämtheit ansieht.

Ich selbst betrachte mich *nicht* als belastet in diesem Sinne. Über das allgemein gefaßte Charakterurteil, an dessen Entstehung ich unschuldig bin und dessen Verbreitung ich nicht zu hemmen vermag, habe ich mich ausgesprochen. Sollten mir etwa besondere Mängel meiner *Dienstführung* den Stempel der moralischen Minderwertigkeit aufgedrückt haben? Meine Sauberkeit in Geldangelegenheiten ist über jeden Zweifel erhaben. Daß ich je schmutzige politische Geschäfte betrieben oder parteiisch gehandelt hätte, ist niemals behauptet worden. Sollte etwa die Erwähnung meiner Mitarbeit in den republikanischen Organisationen darauf deuten, daß man meine Regsamkeit im Dienste der damaligen Regierungen als Belastung ansieht? Meine Beteiligung an jenen Organisationen mag insofern als Belastung gelten, als sie mir die Wieder-

aufnahme der Verwaltungstätigkeit verschließt. Nie und nimmermehr aber wird Passion in der Erfüllung beschworener Pflichten nachträglich als sittliches Manko gedeutet werden dürfen.
Das Wissen von den umlaufenden Mißurteilen hat gerade die *entgegengesetzte* Wirkung auf mich ausgeübt, als sie der Herr Kammerpräsident erwartet zu haben scheint: dies Wissen war mir ein starkes Motiv für die *Veröffentlichung* des Buches. Hat es doch gegen solche Verdächtigungen von jeher nur *eine* wirksame Abwehr gegeben: die positive, unübersehbare *Leistung!* Da mir eine solche in dem erlernten Beruf versagt war, blieb nur die Bewährung in der geistigen Arbeit. So ging ich an die Ausführung des lange vor der Machtergreifung gehegten Planes, meinen umfangreichen und vielseitigen Erfahrungsstoff zu einer Darstellung des guten Verwaltungsbrauchs zu verdichten. Die wiederholten Versicherungen Führender Persönlichkeiten, daß die Mitarbeit aller ehrlichen Deutschen willkommen sei und daß Charakter und Leistung die einzigen Bewertungsmaßstäbe abgeben sollten, ließen in mir jeden Zweifel an meiner persönlichen Qualifikation verstummen. Ich habe nicht erwartet, daß die Amtsstellen mein Werk mit Begeisterung begrüßen würden, aber ich habe darauf vertraut, daß das Dritte Reich, in dem die *Ehre* in so hohem Ansehen steht, mir die Chance gewähren würde, denen, die an meiner Lauterkeit und sachlichen Bewährung zweifeln, durch eine fundierte und hochstehende geistige Leistung eine Revision ihres Urteils zu ermöglichen. Dem zu Unrecht moralisch Belasteten sollte das Buch Entlastung bringen.
Aber dies Motiv war nicht das einzige. Ich fühlte mich gedrängt zu schreiben, weil ich etwas zu *sagen* hatte, und weil ich glaubte, mit dem Gesagten meinem Vaterlande einen Dienst zu erweisen. Ob im Dienst oder ohne amtliche Verpflichtungen, ob nach diesem oder jenem Paragraphen entlassen, – die Verantwortung des einzelnen für das Ganze bleibt stets die gleiche, und niemand vermag sie ihm abzunehmen. Es wäre ein Zeichen von falscher Empfindlichkeit, ja von Treulosigkeit, wollte ich in Verbitterung über mein persönliches Schicksal mit einer Leistung an die Allgemeinheit zurückhalten.

3. Das weltanschauliche und wissenschaftliche Wagnis.

Als ich mich an die Arbeit machte, hatte auch ich das Gefühl, ein Wagnis zu bestehen, zwar nicht in moralischer, aber in weltanschaulicher und wissenschaftlicher Hinsicht. Angesichts der tiefgreifenden Änderungen der Volks- und Staatsordnung, die inzwischen eingetreten waren, mußte ich mich fragen, ob meine Berufserfahrungen noch praktischen Wert besäßen, und ich mußte weiter mit mir zu Rate gehen, ob das, was ich zu sagen hätte, sich mit den neuen Grundsätzen für die Volks- und Staatsführung und für die öffentliche Erörterung vertrüge. Sorgfältigste Sichtung des gewaltigen Stoffs verschaffte mir die Überzeugung, daß ich mit gutem Gewissen ans Werk gehen könne.

Ohne von dem tatsächlichen Inhalt Kenntnis genommen zu haben, lediglich auf Grund des Prospekts, vertritt der Kammerpräsident den Standpunkt, die von mir erörterten Fragen könnten ›heute allein vom nationalsozialistischen Standpunkt aus beantwortet werden‹. Ich darf demgegenüber auf mein Vorwort verweisen, in dem es heißt: ›Ich hege den redlichen Wunsch, dem Lande zu dienen wie es *ist*, wie es unter dem Wandel der politischen Gestirne geworden ist.‹ Ich bin kein Nationalsozialist und kann es nicht werden. Aber mein ganzes Werk ist darauf angelegt, der Größe und Wohlfahrt des nationalsozialistisch regierten Deutschen Reiches zu dienen. Wie ich die vier in meinem Hause heranwachsenden Kinder dazu erziehe, ihr Vaterland über alles zu lieben und ihm dereinst ihr Bestes zu geben, so fühle ich die fortdauernde Verpflichtung, für das Land zu wirken, an dessen geistiger Rüstung meine Vorfahren in hundertjähriger Tradition mitgeschaffen haben.

Vor wie nach der Drucklegung des Buches haben mir Männer, die am Bau des Dritten Reiches praktisch mitarbeiten, bezeugt, daß mein Werk einen wertvollen Beitrag zur Lösung der Gegenwartsfragen darstelle. Dabei wurde von ihnen besonders gewürdigt, daß ich mich nicht im Dickicht der Paragraphen verloren hätte, sondern den Behördenbetrieb in seiner *Bewegung* darstellte, – nicht als das Ineinandergreifen toter Maschinenteile, sondern als eine hohe, von Menschen an Menschen geübte Kunst.

4. Das Wagnis des Verlegers und des Verfassers.

Der Herr Kammerpräsident hat auch meinem *Verleger* ein Monitum erteilt. Offensichtlich in Unkenntnis des Verantwortungsbewußtseins, der Loyalität und Umsicht, die bei den maßgeblichen Persönlichkeiten der Verlagsbuchhandlung Julius Springer obwalten. Man hat mit mir erst abgeschlossen, nachdem man sich bei hervorragenden, mit den Grundsätzen der heutigen Staatsführung vollauf vertrauten Persönlichkeiten darüber Gewißheit verschafft hatte, daß mein Buch sich nach Fassung und Haltung dem neuen Werden in Volk und Staat harmonisch einfüge und eine von den Kennern der Verwaltung längst empfundene Lücke ausfülle.

Das Ersuchen der Kammer trifft den Verlag, der namhafte Mittel in dem Buch investiert hat, und mich, der ich ihm drei Arbeitsjahre widmete, umso unerwarteter, als nach den von uns eingezogenen Ermittlungen keine praktische Möglichkeit bestand, *vorher* eine Entscheidung über die Zulässigkeit der Drucklegung herbeizuführen. Von maßgeblichen Stellen ist wiederholt über eine gewisse Uniformität der geistigen Produktion, über einen Mangel an Originalität bei den Autoren und an Wagemut bei den Verlegern geklagt worden. Es muß die Verantwortungsfreudigkeit aller Beteiligten lähmen, wenn Neuerscheinungen *ungelesen*, nur um der Person des Verfassers willen, unterdrückt werden.«

Im Februar 1937 wandte sich Ernst von Harnack nach zahlreichen vergeblichen Bemühungen schließlich noch einmal an den Präsidenten der Reichsschrifttumskammer Hanns Johst persönlich: »In ernster Bedrängnis bitte ich Sie um Gehör.« In seinem Schreiben hegt er die Hoffnung, daß Johst die verletzenden Bemerkungen über seinen Charakter und über seine dienstlichen Qualitäten zurücknimmt. Die beiden letzten Absätze des Briefes lauten:

»Ich bin Ihnen noch ein Wort darüber schuldig, warum ich diesen Brief an Sie selbst, verehrter Herr Johst, und nicht an den unpersönlichen ›Herrn Präsidenten der Reichsschrifttumskammer‹ gerichtet habe. Ich hege die leise Hoffnung, daß Sie, der Schöpferische, es meinem Buche anmerken werden, daß die deutschen Dichter und Musiker den Lebensweg seines Verfassers geleitet und auch bei seinem Werke Pate gestanden haben. Es sind *reine* Quel-

len, aus denen dieses Buch schöpft: die jahrzehntelange enge Berührung mit dem deutschen Volk und Land in Frieden und Krieg, in guten und bösen Zeiten, und der tägliche Umgang mit den Werken seiner großen Denker und Künstler. Sollte nicht ein Dichter den Herzschlag des Menschen zu spüren vermögen, der hinter diesem Buche steht?
Mein Brief ist lang geworden, – lang und doch kurz, wenn ich der langen Reihe von Tagen und Nächten gedenke, die ich über meinem Manuskript gesessen und gewacht habe. Ich versuche zu verstehen, daß mir Staatsraison den äußeren Erfolg versagt, – aber ich vertraue auch darauf, daß man die Sauberkeit der Gesinnung respektieren wird, aus der heraus das Werk geschaffen wurde.«

Auch dieser Schritt war vergeblich: das Buch durfte nicht ausgeliefert werden, Sortiments und Buchhändler wurden benachrichtigt, die Hausexemplare wurden unter Verschluß genommen. Immerhin erreichte eine beträchtliche Anzahl von Exemplaren interessierte Leser.
Man hatte allgemein erwartet, daß das Buch nach dem Ende des Dritten Reiches endlich die verdiente Verbreitung finden werde. Doch es kam anders: Am 11. März 1946 richtete die Control Commission for Germany (Control Branch Book Censorship Bureau) ein Schreiben an den Springer-Verlag, in dem es hieß: »The following decision has been reached on: ... This book may NOT be released from stock. Although a sincere and decent work, it is too densely interwoven with conditions no longer existing and with traditions no longer desireable.«
Erst vom 27. Juli 1949 ist ein Brief datiert, den das Military Government/Cultural Relations Section an den Verlag richtet: »The rejection of this book has been reconsidered only on the grounds of the integrity of the author's personality and also of the fact that the number of copies requested to be released is comparatively small... Would you please inform the publisher that the release and sale of this title is left to his discretion, i.e. he should sell the books not publicly to the book trade, but to private customers only whom he knows as politically reliable. A. Bridgewater...« –
Der Verlag hatte 3000 Exemplare gedruckt, von denen zu diesem Zeitpunkt noch etwa 600 Exemplare verfügbar waren. Ein we-

sentlicher Teil der Auflage war durch Kriegseinwirkung verloren gegangen. Die Freigabe wurde wesentlich gefördert durch den stellvertretenden Berliner Oberbürgermeister (1946–1951) Ferdinand Friedensburg.

Die zweite Auflage erschien 1951 im Neckar-Verlag Herbert Holtzhauer, Schwenningen am Neckar. Dr. Heinrich Acker hatte die Überarbeitung vorgenommen.

Die evangelische Kirche

Schon vor 1933 hatte Ernst von Harnack in aller Schärfe gegen Fehlentwicklungen innerhalb der evangelischen Kirche in Deutschland Stellung genommen. War die damalige Diskussion öffentlich geführt worden, so fand sie jetzt nur im persönlichen Gespräch statt. Auf eine solche Diskussion kommt Ernst von Harnack in dem nachfolgenden Brief zurück, um seinen Standpunkt deutlich zu machen. Er zeigt einmal die klare Abgrenzung des Glaubens von glaubensfremden Ansprüchen, dann aber auch, daß es in der Zurückweisung nationalsozialistischer Einflußnahmen auf die Kirche keine protestantische Einheitsfront gab. Den »Deutschen Christen« standen einerseits orthodoxe Rechtskreise gegenüber, andererseits liberale Kirchenanhänger, die fürchteten, daß ein Sich-Zurückziehen auf orthodoxe Positionen zu einer Abkehr weiterer Bevölkerungskreise von der Kirche führen könne.

»den 4. X. 1937
Sehr verehrte gnädige Frau!
Es ist das Schicksal der Diskussionen, daß sie sich in Antithesen bewegen, und es ist ihre Gefahr, daß über dem Gegensätzlichen das Gemeinsame zu kurz kommt. Das aber *ist* uns gemeinsam: die Überzeugung von der Einmaligkeit und Unersetzlichkeit der Botschaft Christi und der tatbereite Wunsch, daß das Evangelium wieder zu einer Lebensmacht über unser Volk werden möge. Gemeinsam ist uns auch – an dieser Feststellung ist mir vor allem gelegen – die Sehnsucht nach einem edlen Frieden, das Verlangen nach einem Zustande, in dem der Gerechte in ungestörter Gemeinschaft seines Glaubens leben kann.
Jeder Vorschlag, der jenen hohen Zielen näherzuführen verspricht, verdient sorgfältige Prüfung. So habe ich die vom Herrn Superintendenten entwickelten Pläne noch einmal überdacht, hege aber auch heute starke Bedenken gegen ihre Folgerichtigkeit und gegen die Möglichkeit eines Erfolgs.

Dem Vertrauen, das Sie mir schenkten, kann ich nicht besser gerecht werden, als daß ich meine Argumente – ergänzt und besser geordnet – vor Ihnen ausbreite.
Ich fand Ihren Beifall mit der Bemerkung, die Evangelische Kirche habe es den Anforderungen des Dritten Reichs gegenüber von vornherein schwerer gehabt als die Katholische, denn sie sei bereits mit gewissen Krankheitskeimen behaftet gewesen. Schon *vor* der Machtergreifung gab es in unserer Konfessionsgemeinschaft Persönlichkeiten und ganze Gruppen, die dem Nationalsozialismus Raum im innersten Heiligtum der Religion gewährten. Sei es, daß sie nationalsozialistische und christliche Elemente in engste Verbindung brachten, sei es, daß sie sich mit einem nach völkischen Gesichtspunkten ausgesiebten Christentum zufrieden gaben.
Daß es zu solchen Mißbildungen im Protestantismus kommen konnte, liegt einmal in der Eigenart der NS-Bewegung. Sie wirkt in seelische Bereiche hinein, vor denen die Eigentätigkeit der Öffentlichen Macht bisher Halt gemacht hatte. Man hatte sie unter Einhaltung mehr oder weniger wohlwollender Neutralität der Pflege durch die Religionsgesellschaften überlassen. Nunmehr kam *mehr* in Gang als eine bloße Säkularisation von Außenpositionen, deren Betreuung die Kirche – ohne ihren zentralen Aufgaben untreu zu werden – der weltlichen Gewalt hätte überlassen dürfen. Ich erinnere an die führende Rolle Alfred *Rosenbergs* in der gesamten weltanschaulichen Arbeit der NSDAP. Wer sich mit ganzer Seele den im Nationalsozialismus herrschenden Tendenzen hingibt – und in einer *Bewegung* sind die Tendenzen entscheidend, nicht die Paragraphen –, in dessen Herzen ist kein Raum mehr für die Grundtatsachen des Evangeliums. Der Totalitätsanspruch der NSDAP erstreckt sich *praktisch* auch auf das Religiöse. Darum *muß* es zum Kampf kommen, wenn der integrale Nationalsozialismus auf das klare Evangelium stößt.
Daß es weithin *nicht* zum Kampfe, sondern zu den geschilderten kirchlichen Mißbildungen gekommen ist, liegt daran, daß in der Evangelischen Kirche eben *nicht* durchweg Klarheit herrschte, liegt an dem gefährlichen Schwebezustand, in dem sich die kirchliche Verkündung schon länger als hundert Jahre lang befindet.
Die Botschaft Christi ist um ihrer Innerlichkeit willen von jeher der Gefahr der Verschlackung ausgesetzt gewesen, sobald ihr

Feuerstrom in den festen Bahnen kirchlicher Institutionen kanalisiert wurde. Wohl gelang es Luther, den ehernen Ring der hierarchischen Tradition zu sprengen, aber an das jüdisch/hellenistische Dogmenerbe der ersten Jahrhunderte wagte er sich nicht heran. So blieb das Evangelium in allerlei zeitgebundene ›Christentümer‹ verschränkt, die den Menschen – zumal denen unserer Tage – die Erfassung seines Kerngehalts erschweren. Die wissenschaftliche Theologie des neunzehnten Jahrhunderts schuf das Rüstzeug für einen neuen, durchgreifenden Entschlackungsvorstoß, aber die offizielle Kirche scheute sich, einen freimütigen Gebrauch davon zu machen (ich darf hierzu auf die Adolf v. Harnack-Biographie meiner Schwester, S. 299 ff. verweisen).
Wie verhängnisvoll es war, daß man – um mit dem Kirchenvater zu sprechen – nicht rechtzeitig Einigkeit im Notwendigen geschaffen hatte, zeigte sich bei der durch das Dritte Reich ausgelösten großen Belastungsprobe. Die Fragen, vor die sich die Kirche jetzt gestellt sah, reichten weit tiefer, als die gewohnten kirchlichen Richtungsstreitigkeiten. Sie mußte erkennen, daß sie weder auf Förderung noch auf Duldung durch die staatstragende Bewegung zählen könne, wenn sie nicht ihre eigene Verfassung und Verkündung nach den Organisationsgesetzen und dem quasireligiösen Gedankengut der NSDAP ausrichtete. Es ging um die verfassungsmäßige und dogmatische Autonomie der Kirche.
Es ist ein bleibendes Verdienst der kirchlichen *Rechten* in Deutschland, den doppelten Angriff schnell erkannt und ihm entschiedenen Widerstand geboten zu haben. Das Verdienst wiegt um so schwerer, wenn man sich daran erinnert, wie freudig in diesen Kreisen die Abkehr des Nationalsozialismus von der politischen Demokratie und sein Übergang zu einem autoritären, im engeren Sinne nationalen Regime begrüßt worden war. Deutlich wird hierdurch unterstrichen, daß der Kirchenkampf wirklich um religiöse Anliegen und nicht um getarnte allgemeinpolitische Ziele geführt wird.
Freilich: auf der kirchlichen Rechten liegt auch eine ernste Mitverantwortung dafür, daß die verordneten Diener der Kirche und ihr Kirchenvolk in der Stunde der Gefahr weithin *versagten.* Die Behauptung der Orthodoxie, man könne zu den christlichen Grundwahrheiten nur durch die Engpässe einer komplizierten (und dabei einer primitiveren, niedrigeren Religiositätsstufe ent-

sprechenden!) theologischen Dogmatik vordringen, hatte viele ernste, religiös gestimmte Menschen von jenen Grundwahrheiten überhaupt abgedrängt. Die einen duldeten nunmehr kampflos das Eindringen außerchristlicher Elemente, die andern gingen in die Indifferenz oder wechselten gar in das Christentumsgegnerische Lager hinüber. Wenn sich heute unter den Millionen abseits von Gemeinde und Verkündigung stehenden Taufscheinchristen auch so viel ehrlich suchende, der Botschaft Christi aufgeschlossene Männer und Frauen befinden, so ist das nicht zuletzt eine Folge der Engherzigkeit und Rückständigkeit unserer Orthodoxie.
Als die Belastungsprobe kam, versagten aber keineswegs *alle* Nichtorthodoxen. Wer von den Grundtatsachen durchdrungen war – ich umreiße sie mit den Begriffen der Gotteskindschaft, der Sündenvergebung und der dienenden Nächstenliebe – der stand fest. Und der fühlte sich als Gemeindegenosse und Mitstreiter der Kirchlichen Rechtskreise – ganz ohne Rücksicht auf deren zusätzliche Dogmatik. Wußte man doch, daß die Orthodoxen gar nicht um ihrer Dogmen im engeren Sinne willen – etwa wegen der Trinitätslehre, wegen der Lehre vom stellvertretenden Strafleiden, wegen der Jungfrauengeburt oder der fleischlichen Auferstehung – mit der Kulturpolitik des Dritten Reichs in Konflikt geraten waren. Nein, – der Kampf ging und geht um jene Grundtatsachen, in denen sich die echten Christen der ganzen Welt – ich darf wohl sagen: einschließlich der römischen und griechischen Katholiken – einig sind. Was die Bekenntnisfront *tatsächlich* zusammenhält, das sind *nicht* die Bekenntnisse im Wortsinne, *nicht* Apostolikum, Augustana usw., sondern die genannten, aus der Botschaft Jesu ohne weiteres abzulesenden Grundtatsachen.
Die Nichtorthodoxen haben es in dieser Gemeinschaft nicht leicht, aber sie werden nicht ausbrechen, denn bei den ›Deutschen Christen‹ würden sie überhaupt keine Heimstätte finden. Hat man dort auch den ›Christentümern‹ der Orthodoxie eine Absage erteilt, so hat man gleichzeitig das Evangelium durch Aufnahme außerchristlicher Dogmen verdunkelt. Um nur zweierlei zu nennen: evangelisches Leben ist weder mit der Vergottung des Blutes und der Rasse, noch mit der Zerstörung der Gemeinde durch das (aus der profanpolitischen Sphäre stammende) Führerprinzip vereinbar. Wer hier Ja sagen wollte, wäre kein ›freier Christ‹ mehr, sondern überhaupt kein Christ.

Bei allen aus der Juniorpartnerschaft an der Bekenntnisfront erwachsenden Schwierigkeiten haben die Liberalen (ich brauche den Begriff mit Vorbehalt) doch auch inneren Gewinn von ihrer Teilhaberschaft gehabt. Der Sinn für das Wesen der Kirche ist in ihnen entwickelt und gestärkt worden, und gerade diese Stärkung macht es ihnen zur Pflicht, über das Trennende hinwegzusehen und auf *den* Besitz zu bauen, der ihnen mit den dogmengebundenen Brüdern gemeinsam ist...
Ich bitte um Verzeihung, daß ich so weit ausgeholt habe, aber die rechte Stellung zu dem Vorhaben des *Wittenberger Bundes* wird man nur finden, wenn man den geschichtlichen Entwicklungen nachgeht. Ich hoffe, mit meiner gewiß sehr primitiven, holzschnittartigen Darstellung zum mindesten die verbreitete (und von einflußreichen Stellen genährte) Auffassung widerlegt zu haben, das alles sei nur Pastorengezänk. Schon ein Blick auf die Katholische Kirche läßt den Irrtum erkennen: dort gibt es *keine* theologischen Auseinandersetzungen, und doch ist das Verhältnis zum Regime äußerst gespannt!
Im Kirchenkampf des Protestantismus verläuft die entscheidende Frontlinie nicht zwischen Orthodox und Liberal. Wenn viele glauben, es ginge nur um die Gegnerschaft zwischen DC und BK, so liegt das daran, daß der Staat seit Jahren die freie Erörterung der Grundfragen abgeschnitten hat. Tatsächlich sind Staat und Kirche die beiden Antagonisten. Die Evangelische Kirche ringt mit einer Obrigkeit, die *mehr* verlangt, als ›des Kaisers ist‹ (Matth. 22,21). In diesem Ringen *braucht* der Staat nicht mit offenem Visier aufzutreten, weil er Helfer gefunden hat, die seine Ansprüche mit kirchenpolitischen Mitteln verfechten, und die Kirche *kann* um eben dieser Zersetzung ihres Gefüges willen ihre Stimme nicht einheitlich erheben. Soweit die Kirche überhaupt aktionsfähig ist, findet sie in der BK ein Sprachrohr.
Ein *Befriedungsversuch* muß hiernach in erster Linie bei den für die Führung der staatlichen Kulturpolitik verantwortlichen Persönlichkeiten ansetzen. Der Protestantismus weiß sich frei von weltlichen Herrschaftsgelüsten; er hat seine Staatstreue Jahrhunderte hindurch bewährt. Aber er wird sich nie dazu verstehen können, dem Kaiser zu geben, was Gottes ist.
Jeder Befriedungsversuch, der um diesen Grundkonflikt herumginge, wäre zwecklos, ja gefährlich. Er würde die Unhaltbarkeit

des heutigen Zustandes nur vernebeln und die Kräfte zu seiner Beseitigung lähmen. Ausdrücklich widerraten möchte ich dem Gedanken, eine neue Garnitur ›unbelasteter‹, bisher noch nicht hervorgetretener Persönlichkeiten ins Treffen zu führen, wenn man den bisherigen Streitern nicht viel mehr anderes vorwerfen kann, als daß sie keine greifbaren Erfolge erzielt haben. Daß die Unduldsamkeit einiger BK-ler zu überflüssigen Reibungen geführt hat, sei zugegeben. Aber haben jene kampferprobten Männer nicht trotzdem einen Anspruch auf Dankbarkeit und Treue? Und wird das Dritte Reich den neuen Führern, wenn sie es mit ihrer Aufgabe ernst nehmen, nicht auch Kämpfe aufzwingen, die sie in den Augen der urteilslosen Masse bald gleichfalls als belastet erscheinen lassen?...

Nun aber noch etwas *Positives!* Die nächsten Aufgaben liegen einmal in den *Gemeinden*. Man sorge dafür, daß sich dort jeder heimisch fühlt, der dem Evangelium anhängt (vgl. das zu den Grundwahrheiten Gesagte!). Die Kirchentreue der Orthodoxie ist wertvoll, aber ihre Engherzigkeit leistet – ungewollt – den Bestrebungen maßgeblicher Instanzen auf ›Austrocknung‹ der christlichen Kirchen Vorschub. Die anderen Aufgaben liegen bei den führenden kirchlichen Persönlichkeiten. Die Festigkeit und Würde in der Behauptung unverzichtbarer Ansprüche muß von einer unermüdlichen Verbindungs- und Verständigungsarbeit begleitet sein. Sie ersetze, was an öffentlicher Einwirkungsmöglichkeit verloren gegangen ist! Die staatliche Kirchenpolitik wird innerhalb der Bewegung selbst (soweit man überhaupt zu kritischer Wertung in der Lage ist) keineswegs einheitlich beurteilt. Im Nationalsozialismus steckt mehr immanentes Christentum, als seine offiziellen Verlautbarungen es vermuten lassen. Es ist eine Missionsaufgabe eigener Art, dies Glaubensgut zu aktivieren und seinen Trägern bewußt zu machen, daß ein *Fortwirken* des Evangeliums von dem offenen Bekenntnis und von der organisierten Verkündigung abhängig ist. Auch hier gilt es freilich, den Blick für die Grundtatsachen nicht durch das Gerüst der Dogmen zu hemmen.

Mein Brief hat sich unter den Händen zu einer Abhandlung geweitet. Nehmen Sie diese Blätter, verehrte gnädige Frau, als ein Zeichen des Dankes für Ihr Bemühen, in spannungsreicher Zeit und unter den schwierigen Verhältnissen für die Sache des Prote-

stantismus zu wirken. Ich konnte Ihnen keine glänzenden Aspekte aufzeigen, keine schnell zu verwirklichenden Hoffnungen erregen. Aber vielleicht wird Ihnen wie mir das strenge und doch schöne Wort Wilhelms von Oranien etwas geben: pas n'est besoin d'espérer pour entreprendre, ni de réussir pour persévérer![1]
Mit der Bitte, mich Ihrem Gatten und dem Herrn Superintendenten freundlichst zu empfehlen bin ich
Ihr Ihnen aufrichtig ergebener
[Unterschrift]«

---

[1] Es ist nicht nötig zu hoffen, um etwas zu unternehmen, noch Erfolg zu haben, um zu beharren.

Tätigkeit in der
Hollerith-Firma

Nach der Niederschrift des Buches über die Praxis der öffentlichen Verwaltung sah sich Ernst von Harnack nach einer neuen Tätigkeit um: nach einem neuen Lebensinhalt. Eine Verwaltungstätigkeit war ihm versagt, eine schriftstellerische Arbeit hatte nach dem Schock des Verbotes keine Aussicht auf Erfolg. Von vielen Seiten wurde ihm zur Übernahme einer Tätigkeit in der gewerblichen Wirtschaft geraten; doch dazu fehlten spezielle Vorkenntnisse.
Er entschloß sich 1937, auf dem Gebiet der Datenverarbeitung tätig zu werden, weil er dafür von der Verwaltung her einige Voraussetzungen mitbrachte. Ein Einstieg in dieses Gebiet erforderte zunächst einen Beginn an der Basis. Davon handelt sein Sammelbrief vom Herbst 1937. Er zeigt, wie ernst es mein Vater mit seiner beruflichen Neuorientierung nahm:

»Zehlendorf, im September 1937.
Eigenartiges, heimatliches Gefühl: einmal wieder ruhig am Schreibtisch zu sitzen, nichts als Kinderstimmen und Vogelgezwitscher von der stillen Siedlungsstraße her zu vernehmen und das vertraute unrhythmische, dem wechselnden Tempo der Gedankenarbeit folgende Schreibmaschinengeklapper. Dankbarkeit für diese goldenen Herbsttage überwiegt die Unruhe, die leise nagt: ist es wirklich nur eine schöpferische Pause in meiner neuen Arbeit, oder sind meine Tage bei ›Hollerith‹ endgültig gezählt? Wird die Zusage des Direktors, nach einer höher qualifizierten, befriedigenderen Arbeit für mich Ausschau zu halten, bald zum Erfolge führen?
›Dankbarkeit überwiegt‹ – auch für die Zeichen freundlichen Gedenkens, die mich in den letzten Monaten erreichten. Aber nun muß die Dankbarkeit auch Gestalt gewinnen. Erst jetzt fühle ich mich wieder fähig zum Schreiben. Mir ist, als ob ich nach einer langen Fahrt durch den Tunnel wieder das Licht begrüßte. Man-

cher Brief wurde freilich im Kopf geschrieben, manchen meiner Freunde wünschte ich mir als Besucher, um ihn unmittelbar an dem Tageslauf eines Stanzers, Sortierers oder Tabellierers teilnehmen zu lassen...
Mit der Thermosflasche in der Mappe fahre ich zur Firma. Da hängt denn auch wieder meine Arbeitszeitkarte unter den hundert anderen am Eingang, ich ziehe sie heraus, schiebe sie in den Schlitz der Kontrolluhr und stemple mir selbst meinen Arbeitsbeginn darauf: 7 Uhr 54 Minuten. Das ist gerade recht, denn ehe ich meinen Kittel anhabe und weiß, welche Arbeit heute zu erledigen ist, wird es 8 Uhr sein, und die Schicht beginnt an der *Maschine*.
Da bin ich schon mitten im Betriebe und muß doch erst klarstellen, was es mit dem geheimnisvollen ›Hollerith‹ eigentlich auf sich hat. Hollerith ist keine künstliche Chiffre, sondern der Eigenname eines (von Pfälzer Emigranten von 1848 abstammenden) deutschamerikanischen Statistikers und Ingenieurs. Er erfand in den achtziger Jahren Lochkarte und Lochkartenmaschinen, um die Volkszählungsarbeit zu beschleunigen und zu verbessern.
Die einzelne Karte ist gewissermaßen ein kleiner Speicher, dem der Inhalt aber nicht durch das menschliche Auge abgelesen, sondern dem er durch Maschinen *abgefühlt* wird (ähnlich wie der Musikautomat der Notenrolle die Melodie abfühlt). Die erste Abfühlung der (noch ungeordneten) Karten erfolgt durch die Sortiermaschine. Die den Kartenlöchern entnommenen elektromagnetischen Impulse schreiben der einzelnen Karte ihren Weg vor. So können binnen einer Stunde 16000 Karten nach bestimmten Gesichtspunkten (Datum, Kundennummern, Standorten pp.) geordnet werden. Die so geordneten Karten wandern in die Tabelliermaschine, die das Arbeits-Endprodukt durch Abfühlung und Verrechnung des Karteninhalts herstellt. Das sind wahre Wunderwerke der Technik, äußerlich wie ein großes Harmonium gestaltet.
Nie ist mir die Wahrheit des Satzes, daß Quantität in Qualität umschlägt, so klar geworden, wie im Maschinensaal. Es ist etwas Grundverschiedenes, ob man eine Arbeitshandlung eine halbe Stunde, eine, 4 oder 8 Stunden lang vornimmt. Wir haben eine Arbeitszeit von brutto 8½ Stunden. Ich bin wahrhaftig konzentriertes Arbeiten gewöhnt, hätte aber nie gedacht, wie schwer es ist, sich von intensiver geistiger Arbeit im engeren Sinne (d. h. von intensivem Assoziieren und Kombinieren) auf intensive *gleichmä-*

ßige Arbeit umzustellen, ganze Teile des Gehirns gewissermaßen stillzulegen und andere mit der Präzision von Maschinenteilen arbeiten zu lassen. Daß aber auch Beine und Gehirn, Gehirn und Ohren in so enger Verbindung stehen! Tagelang ist mir's, als müßte ich gegen den Lärm um mich her ankämpfen wie ein Wanderer gegen den Sturm. Und hat man erst einmal die nötigen Stunden gestanden, so ist man plötzlich ganz ›Bein‹, und die einfachsten Zahlenreihen beginnen unter diesen ›beinlichen‹ Gefühlen zu verschwimmen. Aber dann weiß man auch, was ›Pause‹ oder gar *Feierabend* bedeutet. Es hat auch Tage gegeben, an denen ich die *böse* Müdigkeit, die Übermüdung kennen lernte. Ist das Arbeitstempo eine Zeitlang überdreht, dann schafft gerade die halbautomatische Tätigkeit einen ganz fatalen Nervenzustand.
6 Wochen habe ich bei der Behörde gearbeitet, unter dem Dach eines ehemaligen Geschäftshauses im ältesten Teile Berlins. Helle, weitläufige, nur mitunter sehr heiße Räume. Während hier die allen gemeinsame Arbeit eine gewisse Verbundenheit der Kameraden schuf, war der Betrieb am Spittelmarkt (wohin ich dann kam) weit unpersönlicher. Dort steht Maschine an Maschine, so daß der Lärm mitunter infernalisch anschwillt.
Arbeit an der Maschine, wie ich sie geleistet habe, ist *angelernte* Arbeit. Man bedarf keiner Lehre, um sie auszuüben, sondern nur einige Fingergeschicklichkeit, etwas technischen Sinn, Wendigkeit im Rechnen und – wie soll ich es ausdrücken? – eine gewisse Fixigkeit im Denken und Zugreifen. Die Mehrzahl der Beschäftigten besteht aus sog. Aushilfskräften, täglich kündbar mit einem Bruttolohn von 4 – höchstens 8 RM. Es sind die typischen ›Stehkragenproletarier‹, die sich hier zusammenfinden. Die Skala der *früheren* Berufe reicht vom Straßenhändler bis zum Oberleutnant. Aber es ist typisch für den technischen Betrieb, daß wiederum die Anforderungen, die an den Inhaber des einzelnen Arbeitsplatzes zu stellen sind, untereinander außerordentlich differieren. Die Grenze nach der gelernten Arbeit hin ist durchaus fließend. Die Gruppe der Festangestellten bildet in bezug auf ihren sozialen Habitus den Übergang zu den kaufmännisch vorgeschulten Herren, die den einzelnen Auftrag vom Kunden hereinholen und seine Ausführung vorbereiten und überwachen. Zwischen allen diesen Männern, denen das Innere der Maschinen stets ein versiegeltes Buch bleibt, bewegt sich die berufsstolze Gruppe der *Monteure*. Sie

haben ihren Rückhalt an der Fabrik in Lichterfelde-Ost, wo die deutschen Hollerithmaschinen gebaut werden.
Jeder Monteur hat die Mechaniker- und Elektrotechnikerlehre hinter sich und außerdem noch theoretische und praktische Spezialausbildung bei Hollerith. Im Arbeitssaal ist er der Arzt, der gerufen wird, wenn eine Maschine irgendwelche Störungen aufweist. Aber man denke nicht, jeder könne sich jeden Monteur holen, falls etwas nicht klappt. Ihnen muß ich eine besondere Anerkennung sagen, den prächtigen jungen Leuten aus Württemberg vor allem, die unsern Maschinenpark bei der Behörde betreuten. Sie waren äußerlich Aristokraten ihres Fachs, hochgewachsene Gestalten in blütenweißen Kitteln, die sich liebevoll wie die Assistenten einer Kinderklinik um ihre Apparate bemühten. Bisweilen sah man ihnen ihre Sorgen und ihre Nervenbelastung geradezu am Gesicht an. Denn auf dem Monteur liegt eben die Hauptverantwortung dafür, daß die Maschinen wirklich funktionieren.
Der Sinn für *Ordnung und Leistung,* richtiger: die *Freude* an beidem; das war der zweite starke Eindruck, den mir meine Arbeitskameraden vermittelten. Gewiß – der Hollerithbetrieb birgt in sich eine Menge von Kontrollmöglichkeiten; mancher Fehler des Arbeiters wird automatisch durch den zweiten entdeckt. Aber es bleiben noch viele unkontrollierbare Vorgänge, bei denen die Firma durchaus auf die Gewissenhaftigkeit ihrer Leute angewiesen ist. Es wäre auch mancherlei Gelegenheit, unkameradschaftlich zu handeln und den *andern* mit den eigenen Fehlern zu belasten. Es muß wohl auch einmal ein schwarzes Schaf aus dem Betriebe entfernt werden. Aber der Durchschnitt – und hier spreche ich mit vollem Bewußtsein vom Durchschnitt – hat geradezu eine Passion dafür, daß es *klappt.* Daß jene, die einmal höher qualifizierte Arbeit geleistet haben, dorthin wieder zurückstreben, ist selbstverständlich. Aber auch sie setzen ihre Ehre darein, tadellose Leistungen zu erbringen. ›Sinn für Ordnung und Leistung‹ – er dominiert. Der politische Sinn – auch der Sinn für die Freiheit – scheint mir wesentlich schwächer entwickelt...
Nehmt diesen Sammelbrief als einseitige Plauderei ohne Ewigkeitswert! Aber das will ich doch noch hinzufügen: mag mir das Schicksal jetzt auch einen neuen Wechsel meiner Arbeit aufzwingen, ich werde drum den Sommer 1937 aus dem Buche meines

Lebens nicht streichen. ›Wie wahr, wie seiend!‹ möchte ich mit Goethe unter so manches Bild setzen, das meine Erinnerung festhält. Ich habe im vorstehenden versucht, zusammenzufassen und Summen zu ziehen.
Und um auch das noch ganz deutlich zu machen: mein Blick ist klarer geworden, verschiedene Illusionen haben sich verflüchtigt, aber meine Ideale haben nicht gelitten, sondern sich befestigt. Wieviel Zähigkeit und Kraft trat mir entgegen in der Überwindung der zermürbenden Umwelteinflüsse! Wieviel Treue im Kleinen, wieviel menschliche Wärme in einer scheinbar ganz entseelten Welt!«

Über die Möglichkeiten einer mechanischen Datenverarbeitung in der Öffentlichen Verwaltung verfaßte Ernst von Harnack eine Denkschrift (»Motorisierte Akten«, Gedanken zur Hollerith-Verwendung in der Öffentlichen Verwaltung). In der Einleitung führt er aus:

»Wandlungen des Verwaltungs-Schriftwerks.
Seit einem Menschenalter ist das Schriftwerk der Verwaltung in einer Wandlung begriffen. Richtlinie, Schema, Formular sind im Vormarsch; die *Zahl* beherrscht das Feld. Der Akteninhalt geht aus festen Bänden in lose Blätterfolgen über und kristallisiert in den Stichworten und Zahlen der Karteien aus. Schließlich verschwinden auch die Stichworte: die Lochkarte als ›Motorisiertes Aktenstück‹ kennt nur noch Ziffern. Zahlen sind es, immer wieder Zahlen, die die Hollerithmaschine der Karte entnimmt und rechnend verarbeitet.
Ist diese Entwicklung notwendig und fördernswert oder soll man sich ihr bewußt entgegenstemmen und zu den alten Methoden zurückkehren? Ist das Hollerithsystem der Verwaltung künstlich aufgepfropft oder dient es ihrer organischen Fortentwicklung? Eine Antwort auf diese Fragen sei im folgenden versucht!

Folgen der Industrialisierung.
Um den Gründen für die Umwälzungen der letzten dreißig Jahre auf die Spur zu kommen, müssen wir zeitlich mindestens um hundert Jahre zurückgreifen. Das erste Drittel des neunzehnten Jahrhunderts bringt den Industrialisierungsprozeß in Gang und

mit ihm die allgemeine Vermehrung der Bevölkerung und ihre Zusammendrängung in Großstädten und Industriebezirken. Intensivierung der Verwaltung ist die Folge. Zunächst rein mengenmäßig: mit der wachsenden Volkszahl wächst die Zahl der Berührungen des einzelnen mit der Verwaltung, wächst die Zahl der Verwaltungsakte.«

Das Frühjahr 1938 brachte das Ende der Hollerith-Tätigkeit. Die in diesen Berufsanfang gesetzten Hoffnungen Ernst von Harnacks erfüllten sich nicht:

»Mittwoch, 13.4.38

Meine liebe Aenne! Wenn man zwischen 2 Zahnbehandlungen steht, eine Erkältung nicht los wird, dafür aber seine *Arbeit* verliert, dann braucht man schon eine ganze Portion Energie und Humor, um solche Schläge zu parieren. Aber: vielleicht kann auch das *geübt* werden, und geht dann von Mal zu Mal besser. – Also: heute erfuhr ich von dem neuen Geschäftsführer der Adrema, mit dem ich bisher sehr gut gearbeitet hatte, daß er sich doch entschlossen habe, die vollkommene Umstellung des Werbematerials durch den Graphiker vornehmen zu lassen, mit dem er von seiner bisherigen Firma her eingearbeitet sei. Ich bekomme mein Geld und die (blasse) Möglichkeit, bei Bedarf einmal wieder geholt zu werden. Darüber, was ich *nun* mache, will ich mir den Kopf heute noch nicht zerbrechen, – Du wirst auch verstehen, daß ich zu einem ausführlichen Brief nicht aufgelegt bin.«

Handelsvertreter der Sommerfelder Tuchfabrik

Was sollte nun nach dem Ende der Hollerith-Tätigkeit werden? Welcher Aufgabe sollte er sich zuwenden? Das war die Frage. Zahlreiche Pläne wurden erwogen, darunter auch ein Wiener Projekt.

Durch seine Hilfsaktionen für in Not geratene Mitbürger war mein Vater auch mit zahlreichen jüdischen Familien in Kontakt gekommen, die einsehen mußten, daß eine Auswanderung die einzige ihnen noch mögliche Lösung ihrer Probleme darstellte. Ein solcher Schritt war aber in allen Fällen mit einer Fülle von komplizierten und entwürdigenden bürokratischen Hindernissen verbunden. Angefangen von der »Reichsfluchtsteuer« über die Schwierigkeiten der Veräußerung von Vermögenswerten bis hin zu den verschiedenartigen Devisen- und Zollbestimmungen war der Weg mit Schwierigkeiten aller Art behindert – abgesehen davon, daß die aufnehmenden Länder nur sehr begrenzte Aufnahme-Quoten hatten und zum Teil hohe finanzielle Forderungen stellten.

Zu den Familien, die mein Vater auf diesem beschwerlichen Wege unterstützte, gehörte der jüdische Großkaufmann Carl Sachs aus Schlesien, dem sich eine Möglichkeit bot, mit seiner Frau in der Schweiz Zuflucht zu finden. Die Abwicklung seiner Vermögensprobleme zog sich lange hin und erforderte von meinem Vater mühevolle Behördengänge und Verhandlungen. In dem Büro, das er sich in der Berliner Innenstadt eingerichtet hatte, hing ein Teil der Gemälde aus dem Besitz von Carl Sachs, die verkauft werden mußten, um die nötigen Barmittel aufzubringen.

In diesem Büro im Hinterhof eines Gebäudekomplexes in der Kronenstraße (Nähe Friedrichstraße und Leipzigerstraße) richtete mein Vater dann auch die Handelsvertretung der TUFIAK ein. Es handelte sich um die Sommerfelder Tuchfabrik, die sein Vetter Justus Delbrück von einem auswandernden jüdischen Bekannten auf dessen Wunsch pro forma in Besitz genommen hatte, um sie so

dem Zugriff des NS-Staates zu entziehen. Die Produkte dieser Fabrik sollten in Berlin abgesetzt werden. Zwar hatte mein Vater keinerlei spezifische Branchenkenntnisse, doch spielte das angesichts der Wirtschaftslage 1938/39 kaum eine Rolle, da wegen der Umstellung der Wirtschaft auf die kommenden Kriegsereignisse Stoffe Mangelware waren und so der Absatz gesichert war, auch wenn der Handelsvertreter keine besonderen Berufskenntnisse hatte.
Mit dem Ausbruch des Krieges kam diese Tätigkeit abrupt zu einem Ende, doch fanden sich neue Aufgaben, die von diesem Büro aus gelöst werden konnten. Vor allem aber diente das Büro als ein unverdächtiger Treffpunkt für die Menschen, die sich im Widerstand trafen.
Ich selbst konnte meinen Vater in seinem Büro besuchen, als ich nach einem halben Jahr Arbeitsdienst und eineinhalb Jahren Militärdienst im Frühjahr 1938 endlich mit dem Medizinstudium beginnen konnte. Als Studienort hatte ich mir Freiburg im Breisgau ausgesucht. Dort besuchte mich mein Vater gegen Ende des Sommersemesters 1938 auf einer Reise in den Süden. Anschließend schrieb er mir am 2. Juli in einem Briefe:

»Ich habe die Freiburger Tage in sehr freundlicher Erinnerung, nicht zuletzt, weil ich Dich, lieber Anno, nach jeder Richtung hin so gut untergebracht fand. Das Ja, das Du nach Abwägung des Für und Wider zu Deinem medizinischen Studium sagtest, erschien mir wohl begründet. Die ›Bandbreite‹ dieser Wissenschaft ist zusammen mit ihren Nachbargebieten so groß, daß Du dort gewiß einen Ansatzpunkt finden wirst, von dem aus Du ohne Verkümmerung lebenswichtiger Anlagen Deine Lebensarbeit findest. Bei der heutigen Spezialisierung und bei den hohen Anforderungen an den Einzelnen ist es sicher nicht leicht, als exakter Wissenschaftler mit den Problemen des geistigen Lebens im engeren Sinne in Fühlung zu bleiben. Aber da habe ich keine Sorge: der wichtigste Motor hierfür, nämlich der persönliche Hunger nach jenen Werten, wird bei Dir nicht so leicht aussetzen. Und wo der vorhanden ist, da genügen meist überraschend kurze Zeitspannen, um den Anschluß wieder zu finden.
Wird aus ›Wien‹ nichts, so habe ich eine ruhige Kette von Erholungstagen vor mir (wie ich's im Grunde brauchte) und die

Aussichten auf die musikalische und sonstige Gemeinsamkeit mit Dir in Zehlendorf. Daß Du mir dort fehlst, wirst Du wissen oder doch ahnen, – vielleicht, weil Du schon recht verständig bist und ich manchmal noch recht unverständig.«

Mein Vater hätte es gern gesehen, wenn ich die Tradition seines Vaters, des Theologen, fortgesetzt hätte – die Tradition, der er selbst nicht gefolgt war. Er spürte aber, daß ich eine konfessionelle Gebundenheit auf mich zu nehmen nicht bereit war. Auch sein Einwand, es komme nur auf die Grundwahrheiten des Christentums an und nicht auf die dogmatischen Schranken, konnte mich nicht von meinen Berufsplänen abbringen. Auch drang mein Vater nicht weiter in mich.
Eine schwere Erschütterung brachte der November 1938. In der Nacht vom 9. zum 10. November nach der Ermordung vom Raths in Paris wurden Juden-Pogrome befohlen: Die Synagogen gingen in Flammen auf und viele Juden wurden mißhandelt.
Am 11. November 1938 schrieb mein Vater an meine Mutter, die sich zu der Zeit in Schlesien bei ihrer Mutter befand:

»Liebe Aenne! Ich wollte Dir und Helmut noch einen fröhlichen Gruß nach Schlesien schicken, aber die Tage sind zu furchtbar. Auch unser Freund Am Lappjagen ist auf das schwerste gefährdet. Der ganze Kurfürstendamm klirrte heute vom Zusammenkehren der Glassplitter. Die Menschen dazwischen still und ernst. Dabei unsere Kolonie und unser Haus friedliche Inseln. Die Kinder ruhig und fleißig.«

Der »Freund Am Lappjagen« war Fritz Schönbeck, ehemals Regierungsrat im Reichsfinanzministerium, Jude und Frontsoldat des Ersten Weltkrieges. Als Freund des Hauses und exzellenter Pianist kam er in der Dunkelheit (damit man ihn nicht unser Haus betreten sah), um mit uns zu musizieren. Fast gegen seinen Willen verließ er mit Frau und zwei Söhnen noch im August 1939 auf Drängen meines Vaters Deutschland, um in England eine neue Heimat zu finden. Seine Verwandten, die in Deutschland geblieben waren, fanden später alle in den Vernichtungslagern ihr Ende...

Der Krieg bricht aus...

Als am 1. September 1939 der Zweite Weltkrieg ausbrach, mußten meine Eltern um ihre beiden Söhne bangen: Helmut war aktiver Soldat, und ich war eine Woche vor Kriegsausbruch wieder einberufen worden. Als Sanitäts-Unteroffizier war ich einem Kriegslazarett zugeordnet, das im Gemeindehaus Dahlem seine vorläufige Unterkunft fand. Dort konnten mich meine Eltern vor meinem Abtransport ins Feld noch besuchen. Wohin würde es gehen? Nach Osten an die Polenfront? Nach Westen zur Verteidigung des Westwalls? Ich war froh, als der Militärtransport die Richtung nach Westen nahm. Um mich brauchten meine Eltern vorläufig nicht zu bangen. Erst 1944 geriet ich in schwere Kämpfe beim Rückzug aus Frankreich...
Helmut hatte meine Eltern benachrichtigt, wann mit seinem Ausmarsch aus Potsdam zu rechnen sei, und so standen sie zu nächtlicher Stunde dort am Straßenrande, als Helmuts Infanterie-Regiment Nr. 5 aus Potsdam auszog, um nach Polen transportiert zu werden. Aus diesem Feldzug kehrte Helmut unverwundet und mit dem Eisernen Kreuz 2. Klasse dekoriert heim.
Über die militärisch-politische Lage, die nunmehr eingetreten war (bisher hatte an der Westfront Ruhe geherrscht), stellte mein Vater in einem Brief vom 4.10.1939 Betrachtungen an:

»Ein Zustand, wie man ihn seit den Kriegen des 18. Jahrhunderts nicht mehr erlebte, ist eingetreten: schlagbereite Heere liegen sich wochen-, ja vielleicht monatelang gegenüber; Erinnerungen an ein ›Winterlager‹ tauchen auf. Von den fünf Hauptmöglichkeiten – Herbstoffensive der Deutschen oder der anderen, Frühjahrsoffensive dito, Frieden – scheint mir leider die letztgenannte Alternative ganz unwahrscheinlich. Auch die für die nächsten Tage zu erwartenden deutsch-italienisch-russischen diplomatischen Aktionen dürften nicht zu diesem Ziele führen. Selbst *wenn* auf englischer Seite unter der Oberfläche Friedensneigungen bestünden, würden

sie durch die Aktivität unserer U-Boots-Waffe niedergehalten werden. So heißt es für uns alle: die Ohren steif halten, sich innerlich für die allerschwersten Proben bereitmachen. Für uns Nichtkämpfer wird es ja vor allem um die passiven Tugenden gehen. Noch kann von echten Entbehrungen nicht die Rede sein.
Mein persönliches Schicksal liegt z. Zt. in den Händen des Heerespersonalamtes. Dorthin ist mein Gesuch um Verwendung durch das Wehrbezirkskommando gesandt worden. Gleichzeitig will mein Bruder Axel versuchen, seinen Amtskollegen v. Rundstedt für mich zu interessieren. Vielleicht kann er seinen Vater, den jetzigen Oberbefehlshaber in Polen, auf mein Gesuch aufmerksam machen. Diese Lösung wäre mir die liebste.«

Mein Vater hatte sich am 13. September – nach einem entsprechenden Aufruf der Wehrmacht – freiwillig zur »Wiederverwendung im Heeresdienst für die Dauer des Kriegszustandes« gemeldet. Dabei hatten ihn politische Überlegungen geleitet. Im Ersten Weltkrieg hatte er als Leutnant vor Verdun gestanden. Sein Antrag wurde aber am 9. Oktober vom Oberkommando des Heeres abgelehnt.
Das Berufsziel meines Bruders Helmut war schon immer die Offizierslaufbahn gewesen. Als er sich hierzu 1937 meldete, wurde er wegen der politischen Einstellung seines Vaters abgelehnt. So trat er als ein einfacher Soldat in ein Potsdamer Regiment ein. Dort bewährte er sich bald in besonderer Weise, so daß von seinen Vorgesetzten der Antrag eingebracht wurde, ihn zum Fahnenjunker, d. h. zum Offiziersanwärter zu ernennen, womit sein Schicksal vorgezeichnet war. Von der Infanterie kam er zur Panzerabwehrwaffe und machte in dieser Position den Frankreichfeldzug 1940 mit, von dem er unverwundet und mit dem Eisernen Kreuz 1. Klasse dekoriert heimkehrte. Am 12. November 1940 (wiederum war eine Kriegspause eingetreten) schrieb ihm mein Vater:

»Als ein *denkender* Offizier bist du mit dem militärisch-politischen Gesamtgeschehen inniger verknüpft als der durchschnittliche Zeitgenosse und mußt den Ernst der uns gestellten Probleme dementsprechend stärker empfinden. Daß wir vor Beginn des zweiten Kriegswinters keine Entscheidung herbeigeführt haben und daß dieser Krieg sich zu einem wirklichen Weltkrieg aus-

wächst – diese beiden Tatsachen beleuchten den ganzen Ernst unserer Lage. Ein ›Luft-Stellungskrieg‹ ist im Gange, der weit hinter die beiderseitigen Fronten greift, und in dem zur Zeit *wir* dem Gegner schwereren Abbruch tun. Aber: werden wir damit England auf die Knie zwingen? Und: werden wir unsere derzeitige Luftüberlegenheit noch lange aufrechterhalten können?
Es fehlt nicht an Stimmen, die einen Ausgleichsfrieden prophezeien. England werde nach einiger Zeit einsehen, daß es uns nicht kleinkriegen könne, und dann werde es mit einigen Verzichten auf beiden Seiten zu Ende gehen. Ich vermag an eine solche Lösung nicht zu glauben. Zwar läßt unser Russenpakt eine erhebliche Wendigkeit der deutschen Politik erkennen, aber für *so* wendig, daß er die Kanalküste und das Generalgouvernement wieder räumt, wird niemand den Führer halten dürfen. Das wären aber Forderungen, die eine *jede* halbwegs normale englische Regierung stellen müßte und würde.«

Im April 1941, als sich große Heeresverbände im Osten zu sammeln begannen, kam mein Bruder noch einmal auf Urlaub nach Hause, und es wurde diskutiert, ob dies nun ein ernsthafter Angriff auf unseren russischen Verbündeten bedeute oder ob es nur ein großes Bluff-Manöver sei, mit dem Politisches durchgesetzt werden solle. Helmut kehrte zu seinem Truppenteil im Osten zurück. Er hatte inzwischen von der Panzer-Abwehr zur Panzertruppe gewechselt.
Am 22. Juni 1941 begann Hitler zur völligen Überraschung des deutschen Volkes und der Welt den Angriff auf die Sowjetunion, von dem er hoffte, daß es wieder ein »Blitzkrieg« sein würde, der aber nach großen Anfangserfolgen vor Moskau und Leningrad zum Stillstand kam.
Bereits am ersten Tag des Rußlandfeldzuges erlitt Helmut eine Verwundung, einen Brustdurchschuß. Nach kaum einmonatiger Lazarettzeit in Ostpreußen war er wieder bei seinem Regiment. Im weiteren Vormarsch wurde er erneut verwundet: ein Querschläger traf seine Schulter. Auch diese Wunde heilte er im Feldlazarett notdürftig aus und kehrte wieder zu seinem Truppenteil zurück.
Mit großer Regelmäßigkeit schrieb Helmut an unsere Eltern. Einige Briefe haben sich erhalten. So schrieb er nach der zweiten Verwundung:

»In Rußland, 23. September 1941

Warum drängt es mich so bald wieder hierher, zur Fronttruppe zurück? Das ist schon längst nicht mehr allein Ehrgeiz und persönliche Ungeduld, das ist das verpflichtende Gefühl, daß man den Kameraden, die im Dreck stecken, helfen muß, daß man einfach dorthin gehört, daß man davon nicht loskommt, weil man sich hier draußen fast heimisch fühlt. Aber auch diese Erklärung ist nicht vollständig. Es kommt noch hinzu der Gedanke, dem Rilke im Cornett so wunderbar Ausdruck verleiht, als der Cornett den Franzosen fragt, warum er hier mitziehe, und dieser antwortet: ›Um wiederzukehren!‹.«

»Rußland, 21. Oktober 1941.

Die vergangenen Monate sind an den alten Kampfbesatzungen nicht spurlos vorübergegangen, wie viele sind im Panzer bereits einmal abgeschossen. Es ist eine wirkliche Kampfkompanie, die mit den schwersten Verlusten im Regiment die meisten Einsätze erfolgreich bestanden hat. Menschlich überwältigend sind die jungen Soldaten, Panzerfahrer und Ladeschützen, die mit ihren 19 Jahren eine Lebensenergie versprühen, unerschüttert trotz bitterer Stunden. Aus den Augen dieser Männer spricht eine unbesiegbare Kraft. Aber sie wären vielleicht etwas Alltägliches, spräche aus ihnen nicht zugleich das Wissen um das höchste Opfer.«

»27. Dezember 1941.

Immer wieder glaubt man, mehr kann der Krieg an Härte nicht bieten, und immer wieder gibt es eine Steigerung. Seit dem 21. Dezember liegen wir hier in erbitterten Abwehrkämpfen, die am Heiligen Abend, am ersten und zweiten Feiertag ihren Höhepunkt erreichten. Mit unvorstellbarer Rücksichtslosigkeit griff der Russe an, völlig unberührt durch alle, auch die größten Verluste. Heute hat er sich endlich totgelaufen. Ein fast unfaßbarer Erfolg, einer solchen Übermacht standzuhalten, bei unserer mangelnden Winterausrüstung, anfangs ohne ausgebaute Stellung und ausreichendes Schanzzeug, mit einer Truppe, die bereits ihr Bestes in sechsmonatigen Angriffskämpfen gegeben hat. Die Nervenkraft, die hier der deutsche Soldat bewies, ist wohl die größte, die in diesem Feldzug von ihm verlangt wurde. Er hat trotz Überflügelung, ständiger russischer Durchbrüche, zeitweilig von den rückwärtigen Verbindungen abgeschnitten, die Stellung gehalten oder im Gegenangriff wieder genommen, jedenfalls ist er keinen Fuß breit gewichen. Ich selber war mit meiner, durch einen Panzerjägerzug und einen schweren Panzerzug verstärkten Kompanie einer Infanteriedivision unterstellt, und war immer da, wo es brannte. Unvergeßlich ist mir der eine Bataillonskommandeur, dessen Bataillon ich heraushauen konnte, indem ich eine russische Bereitstellung zerschlug. Aufatmend rief er immer wieder mir zu: ›Mein schönstes Weihnachtsgeschenk!‹. An den 24.12. habe ich ein besonderes Andenken, einen Teil meines zerbrochenen Antriebskettenrades. Ich war gerade ausgestiegen, als mein Panzer durch einen schweren russischen Panzer gerammt wurde.«

»Rußland, 28. Dezember 1941.

An die Kälte habe ich mich schon einigermaßen gewöhnt, so weit das für einen zivilisierten Mitteleuropäer überhaupt möglich ist. Mittlerweile bin ich auch gut gewappnet. Von der Fürsorge der russischen Führung in bezug auf Ausrüstung der Truppe mit Winterbekleidung können wir bestimmt viel lernen. Seitdem ich einem toten Russen die Filzstiefel ausgezogen habe, fühle ich mich wie neugeboren und habe meine Zehen rechtzeitig vor Schlimmerem bewahrt.

Heute hat man uns den ganzen Tag in Ruhe gelassen. Der Russe hat eingesehen, daß es hier kein Durchkommen gibt. In der Nacht wurde ein Kommissar mit einem Spähtrupp geschnappt, der den Auftrag hatte, die durch unsere Front durchgebrochenen Russen zu sammeln und sich mit ihnen wieder nach rückwärts durchzuschlagen. Ein Freudenfest für die Infanteristen, als sie bemerkten, daß der Russe endlich mit Eingraben beginnt.

Nachher werden wir bei einer Flasche Rotwein die Nachricht feiern, daß ein besonderes Anerkennungsschreiben dieser Division über das Korps für den Einsatz meiner verstärkten Kompanie in den Abwehrkämpfen unterwegs ist. Für manchen war ich die ›letzte Rettung‹. Besonders erfreulich ist es, daß die Kompanie, die mit Verlusten stets Pech hatte, nun mit nur wenigen Verwundeten dieses Mal sehr billig weg kam.«

Ein – für einen Brief aus dem Felde – ungewöhnlich langer Brief erreichte die Eltern Mitte Januar 1942. Darin schien

Helmut Bilanz zu ziehen über das erste Halbjahr des Rußlandkrieges. Er klingt wie ein Abschiedsbrief...

»6. Januar 1942.

Lieber Papa! Daß es schwer ist, sich über unsere Lage ein klares Bild zu verschaffen, kann ich gut verstehen. Meine kurzen, schlaglichtartigen Berichte werden sich auch zusammengenommen zu keinem geschlossenen Bild erhellen. Wenn ich jedoch mehr schreiben würde wie z. B. Verluste, Materialzustand, Ausfälle und Stimmung der Truppe, so wären das Mitteilungen, aus denen man Rückschlüsse auf die Schlagkraft der Truppe ziehen könnte; dies ist in einem Brief natürlich ausgeschlossen. Wirklich abgerundet wird das Bild erst dann sein, wenn der einfache Frontkämpfer dieses Feldzuges auf Urlaub kommt und er die Sprache wiederfindet.

In sechsmonatigem, erbittertem Ringen hat der deutsche Soldat große Siege erfochten. Als er sich dicht vor der endgültigen Entscheidung wähnte, die wegen der Witterung auf das nächste Jahr verschoben werden mußte, und als er glaubte, daß ihm die verdiente Winterruhe zufiele, nachdem er sein Bestes gegeben hatte und auch die Besten geblieben waren, da raffte sich der angeblich völlig geschlagene Gegner zusammen und führte gewaltige Schläge, die nur mit äußerster Anspannung – um mich der Boxersprache zu bedienen – gestoppt werden konnten. Der Boxer, der sich zumindest über den technischen k.o. des Gegners bereits freute, wurde durch diesen selber in die Seile gedrängt. Aus der flüssigen Vorwärtsbewegung zum Stillstand gekommen, mußte der deutsche Soldat von heute auf morgen ohne eine ausgebaute Stellung (Boden ½ Meter gefroren, 40 cm Schnee) und ohne ausreichende Winterausrüstung zur Verteidigung übergehen – gegen einen in erheblicher Überlegenheit angreifenden Gegner.

Seine Erfolge erzielt der Russe zur Zeit dadurch, daß er in der Masse nicht mehr motorisiert ist und durch die Unabhängigkeit vom Kraftfahrzeug bei dieser Witterung über eine größere Beweglichkeit verfügt. Es kommt ihm ferner die hohe persönliche Bedürfnislosigkeit des russischen Soldaten zugute, der in seiner Mischung von Sturheit und Härte eine ungeheure Widerstandskraft besitzt. Durch rücksichtslose Erziehung in den letzten zwanzig Jahren hat er drei wesentliche Dinge gewonnen: 1. Die Initiative der unteren Führung; diese ist in der Lage, auch ohne Befehle der oberen Führung aus eigenem Entschluß den Kampf weiterzuführen. 2. Die Gewöhnung an moderne Kampfmittel, deren Wirkung er im allgemeinen ohne Panik hinnimmt. 3. Abgewöhnung der Flankenempfindlichkeit; auch wenn der Russe umgangen oder sogar im Rücken abgeschnitten ist, pflegt er frontal zu halten. – Von der höheren russischen Führung kann man sagen, daß sie im Vergleich zum Weltkrieg ihre Unbeirrbarkeit gegenüber Verlusten noch gesteigert hat: Masseneinsatz unter ständigem Nachschieben neuer Verbände bis zum Ausbluten stellen keine Seltenheit dar. Der Führung kann man das Kompliment machen, daß sie es fertigbrachte, in kurzer Zeit Armeen aus dem Boden zu stampfen, sie auszurüsten und rechtzeitig in den Kampf zu werfen. Wenn sich der Russe auch in diesem Feldzug stets nur auf seine Stützpunkte zurückzog, so stellt trotzdem die Meisterung seines Nachschubs eine Leistung dar. Ich habe z.B. niemals beobachtet, daß er einen fühlbaren Mangel an Artilleriemunition gehabt hätte.

Eine Stärkung der russischen Kampfkraft trat auch durch die Wiedererweckung des russischen Nationalbewußtseins ein – eine Entwicklung, die durch den Krieg beschleunigt wurde. Der Russe besinnt sich auf seine historische Vergangenheit, so auf Peter den Großen, und spricht vom ›großen nationalen Verteidigungskrieg‹. Aus Beutebefehlen geht hervor, daß er von dem Prinzip der Gleichheit im Heere abgegangen ist. Nach besonderer Bewährung im Kampfe hat der Russe vier Divisionen zu Gardedivisionen gemacht, die besondere Uniformen tragen, besondere Fahnen verliehen bekommen und deren Angehörige erhebliche Gehaltszulagen erhalten.

Die vorhandene Schneemenge beschränkt unseren Einsatz nunmehr auf die Wege; wenn die russischen Panzer auch über einen etwas geringeren Bodendruck verfügen, so werden auch diese bald an die Wege gebunden sein. Da der Schnee auf den Wegen entweder geräumt oder von vornherein festgewalzt wird, können wir vorläufig noch nicht mit einem Dauereinsatz rechnen. Durch ständiges Laufenlassen der Motore – bei Temperaturen ab −20 Grad alle zwei Stunden, für die Fahrer gerade kein Vergnügen – halten wir unsere Fahrzeuge einsatzbereit. Andernfalls würde das Motorenöl einfrieren, weder der Anlasser noch Menschenkraft könnten dann den Motor durchdrehen (es muß dann unter der

Ölwanne Feuer gemacht werden) oder es friert das Getriebeöl ein und ein Schalten ist unmöglich, wenn man nicht ab und zu ein Stück fährt. Trotzdem gibt es noch genug Ärger, wie Kristallbildung im Vergaser, Gefahr des Einfrierens und Platzens der Batterien trotz guten Säuremischungsverhältnisses, Festfrieren der Panzertürme, diese werden dann mit angezündetem Betriebsstoff oder mit Lötlampen aufgetaut. Die Probleme des Einsatzes bei ständigen Temperaturen unter −30 Grad, wenn das Metall anfängt spröde zu werden und Bolzen einfach wegbrechen, diese Sorgen stehen uns noch bevor. Dies als kleiner Einblick in die technischen Schwierigkeiten im Winter.

Daß wir es nicht fertig gebracht haben, die drei großen russischen Industriegebiete in unsere Hand zu bringen, daß es uns nicht, wie erhofft, gelungen ist, Moskau einzuschließen, bedeutet natürlich einen gewissen Verlust. Etwas hat man den Gegner doch unterschätzt, eine derartige Widerstandskraft hätte man ihm aber nach menschlichem Ermessen kaum zutrauen können. Ob man die Witterung und ihre Auswirkungen auf die Operationen voraussehen konnte, ist wieder eine andere Frage.«

»Letzte Zeilen: 13. Januar 1942.

Liebe Mutti! Ein Urlauber von der Infanterie nimmt diesen Brief mit, so hoffe ich, daß er etwas eher als die übrige Post in Deine Hände gelangt. Der angekündigte Einsatz scheint nun zu unserer Freude nicht mehr in Frage zu kommen. Die Freude ist mehr im Sinne der großen Sache, als daß es uns persönlich zu kalt wäre. Wir sind wie der Fels im Meer der Eckpfeiler im mittleren Frontabschnitt.«

»Panzer-Regiment 21 Rgts.Gef.Std., den 23. 1. 1942.

Tages-Befehl

Oberleutnant von *Harnack*, der Chef der 10. Kompanie, ist am 21. 1. 42 als Führer der Nachspitze der 252. Infanterie-Division gefallen, nachdem ihm am Tage zuvor als erstem Offizier des Regiments durch den Führer und Obersten Befehlshaber der Wehrmacht das Ritterkreuz des Eisernen Kreuzes verliehen worden war.

In den Stolz über die Verleihung dieser hohen Auszeichnung

mischt sich die Trauer über den tragischen Verlust dieses tapferen Offiziers.
Oberleutnant von Harnack, der dem Regiment seit dessen Aufstellung angehörte, hat sich in diesem Feldzug sowohl als Führer des Erkunderzuges als auch als Chef der 10. Kompanie in besonderem Maße durch stete Einsatzfreudigkeit, Umsicht und entschlossenes Handeln ausgezeichnet. Zwei Mal schwer verwundet, eilte er, kaum genesen, in echter soldatischer Begeisterung wieder zum Regiment. Seine Kaltblütigkeit und sein mitreißender Schwung haben seine Männer zu zahlreichen Erfolgen geführt. Im besonderen ist der Aufbau der Rusafront im Nordabschnitt des IX. Armeekorps in der zweiten Hälfte des Dezember des vergangenen Jahres seinem persönlichen tapferen Einsatz und dem seiner Kompanie zu verdanken. Die Anerkennung hierfür ist in der Verleihung des Ritterkreuzes zum Eisernen Kreuz zum Ausdruck gekommen.
Das Regiment verliert in Oberleutnant von Harnack einen mit reichen Gaben ausgestatteten, begeisterten Offizier, einen allezeit fröhlichen und tatbereiten Kameraden. Sein Name und seine Taten werden in der Geschichte des Regiments hervorleuchten.
Er wird uns stets das Vorbild eines deutschen Offiziers sein.
gez. *Schmidt*«

Was meine Mutter, was mein Vater bei Erhalt der Todesnachricht empfunden haben, kann ich nur ahnen. Schon einmal hatten sie ein geliebtes Kind durch den Tod verloren, als meine Schwester Irene 1924 im Alter von dreieinhalb Jahren durch einen Verkehrsunfall ihr Leben verlor.
Ich war zu der Zeit in Freiburg im Studium, und am 1. Februar 1942, einem Sonntagabend, schrieb mir mein Vater:

»Unter manchen Zeichen freundlichen Gedenkens hat Dein Brief uns wohl am meisten geholfen, den Schmerz der Gegenwart im Lichte des Erinnerns zu verklären, ein stilles und doch stolzes ›Denn er war unser‹ zu sprechen...
Für die Lage im Hause war es eine Entspannung, daß der Rundfunk gestern abend die Todesnachricht brachte, denn es kamen ständig Glückwünsche, besonders telefonische, denen nun notgedrungen mit der Trauerbotschaft entgegnet werden mußte...

Über Helmuts Tod selbst wissen wir noch nichts Näheres. Ich werde jetzt die Feldpostanschrift seines Divisionskommandeurs ermitteln und diesen um eine Darstellung bitten, da Helmut ja bereits acht Wochen aus dem Verbande seines Regiments ausgeschieden war.

Wir hatten zu viert am Gemeindegottesdienst teilgenommen, in dessen Verlauf Pfarrer Geß in gewohnter eindringlicher Weise des Kriegstodes von Helmut (und dreier anderer jüngerer Kameraden) gedachte. Wir erwägen, in den Tagen von Ilses Einsegnung eine Gedenkstunde für Helmut in der Kirche zu veranstalten, zu der wir seine und unsere Freunde bitten würden. Einige Gedächtnisworte, umrahmt von Musik unseres Collegium musicum.

Die Mutti durchlebt die schweren Tage in bewundernswerter Fassung und Haltung...

Was Du, lieber Anno, durch den Tod Deines Bruders verlierst, das hätte ich wohl gewußt, auch wenn Du es uns nicht in so herzbewegenden Worten geschrieben hättest. Aber auch der Entschlafene wird unseren Lebensweg begleiten, wie es für ihn und Dich schon Irene, die früh Verstorbene, tat.

Der erste aus unserm Geschlecht, der den Namen eines Helden verdient. Und: Heldentum zu beweisen in Krieg und Frieden wird Deine Generation noch viel Gelegenheit haben.«

Die Grabstätten-Denkschrift

Die kaufmännische Tätigkeit für die Tufiak war durch die Kriegsumstände zum Erliegen gekommen. So nahm mein Vater 1941 gern einen Auftrag an, der ihn nach seinen Kenntnissen und Fähigkeiten als Bearbeiter besonders geeignet erscheinen ließ. Albert Speer hatte als »Generalbauinspektor für die Reichshauptstadt« von Hitler schon 1937 den Auftrag erhalten, die künftige Umgestaltung Berlins vorzubereiten. Die im Westen schon vorhandene Ost-West-Achse sollte in gleicher Breite auch in östlicher Richtung weitergeführt werden. Dazu sollte eine Nord-Süd-Achse kommen, an der die gigantischen Prachtbauten der künftigen Reichshauptstadt liegen sollten, allen voran die »Große Halle« mit 250 m Kuppeldurchmesser und 290 m Höhe, in der der Petersdom mehrfach Platz gefunden hätte, und als Gegenpol dazu der Triumphbogen, dessen Höhe auf 120 m festgelegt war. Vorbild für Hitler war Georges E. Haussmann, der in den Jahren 1853-70 mit großen Straßendurchbrüchen der Schöpfer der neuen Boulevards von Paris war. Waren die Champs Elysées mit ihrem 50 Meter hohen Arc de Triomphe 100 Meter breit, so sollte die neue Prachtstraße 200 Meter, jedenfalls aber 120 Meter breit sein. Es bestand der Plan, den Anhalter und den Potsdamer Bahnhof in den Süden des Tempelhofer Feldes zu verlegen; dadurch würden umfangreiche Gleisanlagen im Zentrum der Stadt frei, so daß man von der Siegesallee ausgehend eine Prachtstraße von fünf Kilometern Länge erzielen könnte.
Die Einzelheiten sind bei Albert Speer, »Erinnerungen« (Propyläen Verlag, Berlin 1969) nachzulesen.
Tiefgreifende Eingriffe in die vorhandene Struktur waren geplant, und dabei mußten auch zahlreiche Friedhöfe weichen. Da hier aber eine große Zahl bedeutender Grabstätten lag, mußte an Umbettungen gedacht werden. So lautete entsprechend dem Auftrag Ernst von Harnacks Denkschrift, die bis 1943 entstand:

»Bestand und Erhaltung der bedeutsamen Grabstätten und Friedhöfe in Groß-Berlin Denkschrift, erstattet im Auftrage des Generalbauinspektors für die Reichshauptstadt von Ernst von Harnack, Regierungspräsident a.D.«

Das gesamte Fotomaterial ging bei der Ausbombung des Büros in der Kronenstraße verloren. Ein Exemplar der dreibändigen Denkschrift blieb erhalten. Ich bot es 1965 dem Senat des Landes Berlin an, der durch das Landesarchiv Berlin Fotokopien des Werkes anfertigen ließ.

Ernst von Harnacks Arbeit stützte sich auf die verdienstvollen Untersuchungen von W. Wohlberedt aus den Jahren 1932 bis 1939. Er und zahlreiche weitere Persönlichkeiten und Dienststellen unterstützten Ernst von Harnack bei seiner umfangreichen Erhebung, die 187 Friedhöfe umfaßte. So war unter anderen Generaloberst a.D. Ludwig Beck für die Berufsgruppe »Wehrmacht – Landheer« zuständig, Regierungspräsident a.D. Friedensburg für die Berufsgruppe »Geographie, Kartographie, Kolonialwesen« oder der ehemalige Reichstagsabgeordnete Theodor Heuss für die Gruppe »Führende Frauen, Frauenbewegung« (wobei er sicher von seiner Frau unterstützt wurde, Elly Heuss-Knapp, Ernst von Harnacks Cousine zweiten Grades). Für die Grabstätten der Nationalsozialistischen Bewegung (u.a. Horst Wessel) war die Gauleitung Berlin der NSDAP zuständig ...
Die Arbeit an der Grabstätten-Denkschrift bot Ernst von Harnack eine Fülle von Möglichkeiten, mit zahlreichen Personen in Beziehung zu treten, vor allem aber, um mit Oppositionellen unter unverdächtigen Umständen Kontakt aufzunehmen.
Zunächst mußte definiert werden, welche Grabstätten als bedeutsam zu gelten hätten, welche Persönlichkeiten, die in Berlin ihre letzte Ruhestätte gefunden hatten, als bedeutsam zu bezeichnen seien. Seinen Mitarbeitern gab Ernst von Harnack die nachfolgenden Kriterien 1 bis 4 in die Hand. Danach wurden die Grabstätten eingeteilt:

»*Gruppe 1 – Große Deutsche.* Berühmtheiten im engsten und wahrsten Sinne. Persönlichkeiten, die unmittelbar oder durch

Vermittlung eines deutschen Landes (z. B. Preußens) zum Ruhme, zum Ansehen und Gedeihen Deutschlands und des deutschen Volkes beigetragen haben und deren Namen noch in aller Munde ist.
Beispiele:
Der Heeres-Reorganisator von Scharnhorst
Der Dichter Adalbert von Chamisso
Der Maler Adolph von Menzel
Der Industrielle Werner von Siemens

Gruppe 2 – Hochbedeutende. Persönlichkeiten, deren Name um der überragenden Bedeutung seines Trägers willen denen bekannt wurde und bekannt blieb, die mit dem Leben der Nation – dem politischen, kulturellen und wirtschaftlichen – Schritt zu halten gewöhnt sind.
Beispiele:
Der Generalfeldmarschall von Eichhorn
Der Dichter Arno Holz
Der Maler Peter von Cornelius
Der Industrielle J. F. A. Borsig

Gruppe 3 – Spezialisten und Zeitbedingte. Tiefenwirkung mit geringer Breite – Breitenwirkung mit geringer Tiefe.
Spezialisten: Bedeutende Persönlichkeiten und emsige Naturen (Lehrer, Sammler, Organisatoren), die in ihrem Beruf und Stand anerkannte fachliche Leistungen hervorgebracht haben, ohne daß ihr Name Gemeinbesitz der Nation oder nur der Gebildeten geworden oder geblieben wäre.
Beispiele:
Der Philologe August Boekh
Der Maler Carl Steffeck
Der Botaniker Adolf Engler

Zeitbedingte: Solche, die charakterlich oder leistungsmäßig nicht eigentlich bedeutend waren, deren Werk aber unter ihren Zeitgenossen – etwa dem Lese-, Theater- und Ausstellungspublikum – starkes Interesse fand, stets jedoch in einem über Berlin hinausreichenden Kreise.
Beispiele:
Die Romanschriftstellerin Luise Mühlbach
Der Schauspieler Friedrich Haase
Der Maler Ludwig Passini

Gruppe 4 – ›Berliner‹. Persönlichkeiten, deren Wirken in erster Linie der Stadt Berlin (oder ihren früheren oder heutigen Untergliederungen) und den Berlinern galt. Also die maßgeblichen Persönlichkeiten der Berliner Verwaltung und Selbstverwaltung und solche Männer und Frauen, die im spezifisch Berlinischen Leben (auch im Wirtschaftsleben) eine besondere Rolle gespielt haben. *Hier* möge auch das Kuriositätsinteresse zu seinem Recht kommen!
Beispiele:
Der erste Bürgermeister der Stadt Schöneberg Rudolph Wilde
Der Dichter Chr. Fr. Scherenberg, Mitglied des ›Tunnels über der Spree‹
Der Uhrenbauer Conrad Felsing
Die Eisrieke

Im allgemeinen sind nur solche Männer und Frauen zu berücksichtigen, *deren Existenz und Wirken in einem weiteren Kreise der Mit- oder Nachwelt von Bedeutung und Wert geworden ist.*
Bedeutung: Die Höhe des wahrgenommenen *Postens* ist nicht ausschlaggebend. Auch ein Staatssekretär gehört nur dann hinein, wenn er über die ›Ausfüllung der Stellung‹ hinaus Besonderes geleistet hat. Anderseits wäre ein Ministerialrat, der einen Verwaltungszweig selbständig und originell organisiert hat, unbedingt aufzunehmen. Durchweg zu berücksichtigen sind jedoch die Männer in staatlichen Spitzenstellungen (Minister usw.), denn sie haben schon durch ihre Funktion Bedeutung gewonnen. *Wert:* Diese Forderung schließt ›Berühmtheiten‹ aus, die durch das Kuriositäts- oder Sensationsinteresse erzeugt wurden. Im übrigen ist Berühmtheit als verbreitete Anerkennung *ein* Anhaltspunkt für die Bedeutung, aber nicht Bedingung für die Aufnahme.
Insgesamt werden von 225000 Grabstätten des Stadtkerns 29 der Gruppe der großen Deutschen zugeordnet, 101 den Hochbedeutenden, 431 den Spezialisten und Zeitbedingten und 261 den ›Berlinern‹.«

Zum Problem des Ruhms als Maßstab der Bedeutsamkeit einer Persönlichkeit, zum wachsenden Nachruhm und zum Abklingen der Bedeutung macht Ernst von Harnack auf den Seiten 31 und 33 der Denkschrift einige Bemerkungen, die von allgemeiner Bedeutung sind:

»Wo Werke fortwirken – wo die Verse eines Dichters noch vom Publikum gelesen, die Heilmethoden eines Mediziners noch angewandt, die Kommentare eines Juristen noch in Gerichtsurteilen zitiert werden – da läßt sich die Gegenwartsbedeutung des Autors nach Umfang und Intensität unschwer ermessen. Anders, wenn infolge von Geschmackswandlungen, technischen Umwälzungen und wissenschaftlichen Fortschritten kein unmittelbarer Einfluß mehr stattfindet. Dann beginnt die Zeit, den Schleier der Vergessenheit zu weben, und nur eine ganz besondere Leuchtkraft der Persönlichkeit vermag ihn zu durchdringen. ... Die Denkmalspflege hätte es leichter, wenn die Bedeutungskurve nur *eine* Tendenz aufwiese, nämlich die absinkende. Sie kann aber auch den entgegengesetzten Verlauf nehmen, kann nach dem Tode des unbeachteten, äußerlich wirkungslosen Mannes über steigende Anerkennung zu hohem Ruhme führen. ... Aufs ganze gesehen ist jedoch die Zahl der Bedeutenden, aber zu Lebzeiten ganz Unbeachteten nicht groß. Es gibt weniger ›verkannte Genies‹, als es sich die durch Romane genährte Fantasie vorstellt. Überdies hat sich manche ›Ausgrabung‹ späterhin als rein sensationell oder historisierend erwiesen und ist bald wieder der verdienten Vergessenheit anheimgefallen. – Günstiger im Sinne der Denkmalspflege liegen die Fälle, in denen es sich um eine große, viel beachtete Persönlichkeit handelt, um die es mit ihrem Tode still wird. Die Stille, die da eintritt, ist oft nur eine äußerliche, zeitlich begrenzte. Ist die ›Zone des Schweigens‹ durchschritten, so erstrahlt der Name wieder in altem Glanz, sei es, daß die Tiefenwirkung inzwischen weiterging, sei es, daß die Zeitumstände eine neue Aufnahmebereitschaft für das Werk des Meisters schufen. Leopold von Ranke, der heute wieder in allen Buchläden zu finden ist, möge die eine, J. S. Bach, der zwischendurch ganz Vergessene, möge die andere Möglichkeit illustrieren. – ›Das Echte bleibt der Nachwelt unverloren‹ – auf die Dauer läßt sich wirkliche Bedeutung durch obrigkeitliche Machtsprüche oder durch modische Treibereien ebensowenig unterdrücken, wie sie sich durch solche Mittel ›machen‹ läßt. Einem durch Qualitätsgefühl genährten Verantwortungsbewußtsein kann die Entscheidung im Einzelfall nicht schwer fallen.«

Im Schlußteil der Denkschrift erörtert Ernst von Harnack die verschiedenen Möglichkeiten des künftigen Vorgehens bei der baulichen Umgestaltung der Reichshauptstadt. Sollen die bedeutsamen Gräber zu einem Ehrenfriedhof zusammengelegt werden? Sollen die Gräber einzeln erhalten werden? Wie sind sie zu pflegen? Wie soll man es beim künftigen Ableben bedeutender Persönlichkeiten halten? Dabei behandelt er das Problem der Nähe der Friedhöfe zu den Wohnstätten der Lebenden:

»Dem oberflächlichen Beurteiler könnte es scheinen, als ob Tod und Bestattung sich in der Großstadt unter Formen von idealer Zweckmäßigkeit abspielen. Wie das Leben in den sterilen Räumen des Entbindungsheims begonnen wurde, so endet es im hygienischen Komfort der Klinik. Tritt der Tod aber in der Wohnung ein, so wird die Leiche in aller Stille eingesargt und im Dunkeln abgeholt. Auf unbekannten Wegen gelangt der Sarg zum fernen Krematorium und taucht dort, mit Blumen bedeckt, noch einmal auf, um nach der Feier unter Orgelklang zu versinken. ... Der Absentismus der Toten mag hygienischen und organisatorischen Forderungen entgegenkommen, – vom Standpunkt der Seelen- und Sippenpflege ist er ein Unglück. Die Entrückung der sichtbaren Wahrzeichen des Todes fördert die Entwurzelung des Großstädters, indem sie seine Verbindung zu denen zerstört, die vor ihm gewesen sind. Sein Los ist es, für den Tag zu schaffen, verführt ihn aber auch dazu, in den Tag hinein zu leben. Dem tritt das große Memento entgegen, das ungeschrieben über jedem Gottesacker steht. Es ist ein memento *vivere* nicht minder als ein memento mori. Wer den Ruf nach dem echten und rechten Leben vernommen, wer auf dem Friedhof ein Stück seelischen Heimatbodens gefunden hat, dem wachsen für die Bewältigung seines irdischen Werks Kräfte aus der Tiefe zu.«

Das Schlußwort der Denkschrift lautet:

»›Die Neugestaltung Berlins dient den Lebenden‹ – mit diesen Worten begann die Denkschrift. Taten wir recht daran, den *Toten* eine so umfangreiche Arbeit zu widmen? ... Der Baum der Kultur senkt seine Wurzeln in das Erdreich der Vergangenheit. Wurzellosigkeit läßt sein Laub verdorren, entseelt das Stadtvolk. Der geschäftige Großstädter ist in Gefahr, seine Scheinwerfer nur in die Zukunft zu richten und die zurückgelegten Zeit-Räume im Dunkel versinken zu lassen. Sie wieder zu erhellen ist Aufgabe der

Kulturpflege. Die historischen Stätten sind die Merk-Male, an denen sich der Nachlebende in jenen Räumen zurechtfindet. Erst wo das Dickicht der Vergangenheit durchsichtig und wegsam, wo ihre organische Verknüpfung mit der Gegenwart deutlich wird, kann man von Kultur sprechen.«

Hausmusik

Die Musik spielte im Leben meines Vaters eine ganz bedeutende Rolle. In jüngeren Jahren sang er mit seiner hellen Stimme gern Lieder von Schubert, Schumann, Brahms und Hugo Wolf, von verschiedenen Pianisten am Klavier begleitet. Die Flöte war *sein* Instrument zu einer Zeit, als die Querflöte über den Kreis der Berufsmusiker noch kaum hinausgedrungen war. Musizieren war ihm immer eine gesellige Tätigkeit, und so führte er auch mich in dieses Reich ein.
Die Töne der Hausmusik drangen in den ersten Jahren zu uns herauf, wenn wir zu Bett gingen, und manchmal durften wir wohl auch im Nachthemd noch einmal erscheinen. Dann tauchte eine Klavierlehrerin auf, von der es hieß, ich solle bei ihr Unterricht erhalten. Mit 12 Jahren wechselte ich vom Klavier zum Cellospiel über. Nach einem Dreivierteljahr durfte ich erstmalig mit meinem Vater ein Haydn-Trio spielen (in C-Dur, wo man nicht auf Vorzeichen zu achten braucht), und bald konnte ich sogar bei den Musikabenden – zunächst vertretungsweise – einspringen. Eine neue Welt erschloß sich im Nachschaffen der Werke von Bach, Händel, Haydn und Mozart.
Durch sein Instrument war mein Vater vorwiegend auf die Musik der Bachzeit gewiesen. Die Flöte, die Laien oftmals als ein Requisit romantischer Stimmung gilt, hat im Gegensatz zum warmen Streicherklang etwas Objektives, Kühles. Die Wiener Klassik war in der Kammermusik mehr dem Streichquartett, die Romantik unter den Blasinstrumenten der Klarinette verbunden. Manchmal äußerte mein Vater wohl eine gewisse Sehnsucht nach den mehr subjektiven Gestaltungsmöglichkeiten der Streicher und meinte scherzhaft, in einem neuen Leben werde er sich wohl doch der Geige verschreiben; im Grunde war aber seine Wahl richtiger ausgefallen, als er es selbst eingestehen konnte. Die Klarheit des Flötenklanges entsprach offenbar seinem Wesen mehr als der Streicherklang. Durch großen Fleiß hatte er sein Spiel zu einer

beachtlichen Höhe gesteigert und hielt es auch durch regelmäßiges morgendliches Üben auf dieser Höhe.
Auch im Musizieren suchte mein Vater die Geselligkeit. Auf Reisen führte er sein Instrument immer mit sich, und um ihn sammelte sich in Sommerfrischen oft ein Kreis Musizierfreudiger, mit denen er sang oder musizierte, oder deren Singen er mit der Flöte begleitete. Die eigentlichen Musikabende zu Haus wurden jedesmal zu einer festlichen Begebenheit. Vorher war Musik ausgesucht worden, die für die betreffenden Spieler nicht zu schwer war, und man hatte seinen Part geübt. So waren die Zuhörenden im allgemeinen von verunglückten Aufführungsversuchen verschont, die sonst Hausmusik so oft in Verruf bringen. Es wurde in ständig wechselnder Besetzung gespielt, vom Duo bis zum kleinen Hausorchester, das einen Solisten begleitete. Die verschiedensten Spieler habe ich in unserem Haus erlebt, vom berühmten Musik-Professor bis zum Klassenkameraden. Auch Sängerinnen belebten oft den Abend.
Über die aufgeführten Werke führte mein Vater sorgfältig Buch. Die Aufzeichnungen haben sich zum Teil erhalten, so daß man noch heute den musikalischen Spuren folgen kann.
Meine beiden jüngeren Schwestern spielten Klavier. Als 1940/41 Mozart auf ihrem Programm stand, veranlaßte das eines Tages meinen Vater zu folgenden Zeilen:

»*Mozart im zweiten Kriegswinter.*

Das Thermometer war wieder gefallen,
Der Winter hatte uns arg in den Krallen,
Der Schneesturm pfiff und man dachte verstohlen:
Wie wird's mit den Kohlen, wie wird's mit den Sohlen?
Die Punkte machten uns Kopfzerbrechen,
Man hörte nur noch von Bezugscheinen sprechen.
Es wurde geraunt, es wurde gemunkelt,
Und schließlich zum Haus auch das Herz noch verdunkelt.
Doch eines Abends (oder war es schon Nacht?)
Da kam es ganz anders, als man gedacht.
Da tönte durchs Zimmer ein silberner Laut,
Daß man aufhorcht im Kreise – aufhorcht und aufschaut!
Ein junges Wesen am alten Klavier,
Und ›Mozart‹ steht auf dem Notenpapier.

Aus Klängen formt sich – geschmäht und bewundert –
Die Rokokozeit – das galante Jahrhundert.
In Puderperücken und Spitzengeweben
Erklingt es: Reich mir die Hand mein Leben!
Doch hinter dem Pomp und dem künstlichen Schmerz
Da funkelt ein Geist und da leidet ein Herz.
Was geist-geschaffen, was schmerzgeweiht,
Das läutert die Seele in gärender Zeit.«

Was meinem Vater die Kunst und insbesondere die Musik bedeutete, geht in schöner Weise aus den Erinnerungsblättern hervor, die er zu Weihnachten 1943 an Geschwister und Freunde versandte:

GESTALTEN UND GESTALTER
Ein Kapitel musikalischer Erinnerungen[1]
Geschrieben in Fieberbrunn/Tirol
im Dezember 1943

Außer dem Grisebachschen Hause gab es in meiner frühesten Jugend zwischen Fasanenstraße (wo wir wohnten) und dem Zoologischen Garten nur *ein merkwürdiges,* die Fantasie beflügelndes Gebäude: das Künstlerhaus! Es war ein Zweckbau für Ateliers, aber das durfte man damals noch nicht so deutlich machen. Es mußte ein »Stil« bemüht werden, doch der es tat, hatte sich offenbar in der Welt, in England und Amerika umgesehen. So war eine Ziegelgotik zustandegekommen, die sich mit den breiten, modernen Studiofenstern vertrug. Jedenfalls: wenn ich als Junge in den Hof trat, in dem ein schönes Bronze-Mädchen den Wanderer begrüßte, so erschnupperte ich, daß in diesem Hause etwas Besonderes vor sich gehen müsse.

Ein wahrer Wunderbau erwuchs erst später, wenn ich mich recht erinnere, bald nach der Einweihung der Kaiser-Wilhelm-Gedächtniskirche, das Theater des Westens! Der Erbauer war stolz genug,

---

[1] Der Verfasser bittet um Nachsicht wegen mancher Ungenauigkeiten und Gedächtnistäuschungen, die ihm vermutlich unterlaufen sind. Die dörfliche Abgeschiedenheit verbot die Heranziehung aller literarischen Hilfsmittel, insbesondere des gewohnten Musiklexikons meines väterlichen Freundes Wilhelm *Altmann,* des unfehlbaren »Frank – Altmann«.

seinen Namen gleich dem eines fürstlichen Bauherrn in Goldbuchstaben in das Giebelfeld der Tempelfassade zu setzen. Die Geldgeber des Baues mögen ihn dort bald nicht mehr gern gelesen haben, denn das Theater erwies sich in den ersten Jahrzehnten seines Bestehens als ein gigantischer Fehlschlag. Aber diese Vorgänge berührten meinen damaligen Schülerhorizont noch wenig. Ich hielt mich an das aufregende Äußere des Theaters, das man als eine plastische Illustration zum Faust II hätte ansprechen können. Denn hinter den Tempelsäulen der Fassade ging das mächtige Bühnenhaus gleich in die Zinnen und Türmchen einer mittelalterlichen Burg über, und in der Marmorpracht des benachbarten Theater-Cafés (bitte nicht »Kaffee« schreiben!) wehte die Luft eines prunkvollen Renaissance-Hofes. Es nahte der Tag, da ich auch das Innere kennen lernen sollte. Boieldieu's »Weiße Dame« war für eine Sonnabend-Nachmittags-Vorstellung angekündigt. An wessen Hand ich das Vestibül betrat, weiß ich nicht mehr, es mag um 1900 gewesen sein, ich also 12 Jahre alt. Wohl aber weiß ich, daß ich mich in diesen Innenräumen gleichzeitig heimisch und gehoben fühlte, und das ist auch bei späteren Besuchen so geblieben. Heute ist mir bewußt, daß der Erbauer, *Sehring,* bei allen Wunderlichkeiten der äußeren Gestaltung ein Meister des Innenraums war. Vestibül und Wandelhalle suchen ihresgleichen in Berlin, und auch die Dekoration der Ränge mit einer Art vergoldeter Ananas-Früchte hatte ihren Stil, solange sie auf die – heute verschwundenen – plastischen Gruppen im Proszenium auslief. – Aber nun hatten wir unsere Parkettplätze eingenommen, die Wunderblumen des Kristall-Lüsters verglühten, die wirren Klänge der stimmenden Instrumente verstummten und nach einer beklemmenden Stille setzte die Musik ein. Ich war zunächst vollkommen verblüfft, denn vorn, woher diese Töne kamen, war nur ein vages Schattenspiel zu erkennen. Bald perlte es hier, bald schnarrte es dort und bald wurde alles von einem heldenhaften Geschmetter übertönt, das von rechts hereindrang und nichts neben sich zu dulden schien. Aber dann erhob sich eine Stimme, – weich, voll, stark, beseelt, was weiß ich: war es ein Instrument, ein Fabelwesen von riesenhaften Maßen, ein ganzer Chor summender Frauenstimmen? Daß man den Ursprung dieser Wundertöne nicht ergründen konnte, daß sie aus der ganzen Breite des Theaters zu strömen schienen, warf mich erst recht aus der Verblüffung in die

Verzauberung. Nichts von den Bühnenvorgängen der liebenswürdigen Spieloper, die dann abrollten, hat mich so tief bewegt, wie jene Klänge in der Ouvertüre. Heute bin ich mit dem technischen Ausdruck dafür schnell bei der Hand: es war das erste *Streicher-Unisono* meines Lebens!

Ich hörte damals noch einige weitere Opern, darunter Lortzings »Waffenschmied« und »Wildschütz«. Sie haben sich mir nicht fest eingegraben, vielleicht, weil ich sie mit meiner recht kritischen Mutter besuchte, vielleicht, weil ich bereits aus Eigenem fühlte, daß man in diesem Hause nicht auf den Höhen der Menschheit wandelte. Ich glaube, daß sich damals auch die *großen* Bühnen in einem ziemlich desolaten Zustand befanden. Noch war die Morgenröte nicht angebrochen, die Reinhardt für das Sprechtheater und Gregor für die Oper heraufführten. Aber man war schon der auf die Leinenkulissen gemalten Möbelstücke und der auf Netze montierten Baumblätter überdrüssig, und die vom Rampenlicht angestrahlten Pausbacken und Wonnebusen der Darsteller begannen, ihre unfreiwillige Komik zu offenbaren. Zu Hause haben wir denn auch fleißig »geopert«, d.h. die Opernwelt nach besten Kräften travestiert, und vorerst setzte sich bei mir der Gedanke fest, diese Welt liege tief unter der »wirklichen Musik«, wie sie uns etwa Frau Scherer mit ihren Schubertliedern erschloß.

Das änderte sich mit einem Schlage und an einem einzigen Abend, an dem Abend, an dem ich den Don Giovanni (damals hieß er noch »Don Juan« mit mindestens zwei Nasalen) mit Francesco d'Andrade in der Titelrolle sah, – und hörte, fühlte, schmeckte, – kurz: in einer umfassenden Weise in mich aufnahm, wie das nur ein jungfräulicher Acker, eine unbelichtete Platte, ein unverbrauchtes Gedächtnis vermag. D'Andrade, der große Portugiese, lebte damals in Berlin, hatte aber Differenzen mit der Königlichen Oper gehabt und ließ sich deshalb dazu herab, mit dem wesentlich bescheideneren Ensemble des Theaters des Westens aufzutreten. Sein Name war in aller Munde, und der aufkommende Vierfarbendruck hatte auch sein Bildnis in Gestalt des Slevogt'schen »schwarzen« und »weißen« Don Juan überall hingetragen.

Ich habe stets bezweifelt, daß die sogenannten Bildungserlebnisse blasser und weniger nachhaltig sein müßten als die Ereignisse und Begegnungen, die das Leben selbst mit sich bringt. Bei großen künstlerischen Eindrücken, deren ich teilhaftig wurde, hat das

Gefühl der Einmaligkeit, das Gefühl, ganz persönlich angesprochen zu werden, stets das Bewußtsein des bloßen Mitmachens im Kollektiv übertönt. So ging es mir mit d'Andrade und – wie ich berichten werde – mit Ludwig Wüllner. Sie haben gestaltend in mein Leben eingegriffen, und ich kann diese Offenbarungen nicht geringer werten als sonstige Ereignisse des Lebens.

Das zunächst ganz unbegreifliche Fluidum, das von d'Andrade ausging, entstand durch die vollkommene Einheit von Gestalt, Gebärde und Musik. Gewiß, ein erheblicher Teil seiner Wirkung rührte von der *Schule* her, in der er groß geworden war, von der ungebrochenen Tradition der italienischen Oper. Daß auch ganze Ensembles zu jener höheren Realität aufsteigen können, in der das knapp begleitete Secco-Rezitativ als die natürlichste aller Umgangssprachen erscheint, habe ich später an Gastspielen der Mailänder Scala erfahren. Damals war es für mich – und wohl auch für manche andere – etwas ganz Neues. Denn wir waren gewöhnt, daß die musikalische Linie nach jeder »Nummer« abbrach, worauf die Mitwirkenden mit ihren mißtönenden, gaumigen Sprechstimmen begannen. Bis dann der Dirigent bei irgend einem Stichwort auffuhr, das schlafende Orchester weckte und die Sänger zu neuem Einsatz an die Rampe lockte.

Und dabei sang d'Andrade mitten in einem deutschen Sängerkreise italienisch! Bei ihm wirkten die Rezitative wie ein zierliches Gitterwerk zwischen den Rosenbüschen der Arien. Unvergleichlich, wie er aus dem Geplauder mit Zerline über die leichte Brücke der beiden Oktavenschläge in das »Là ci darem la mano« glitt! Die Namen der Zerlinen am Theater des Westens habe ich vergessen – ich sah d'Andrade dort dreimal! – aber nicht jene Zerline, der er in der denkwürdigen Aufführung bei *Kroll* die Hand reichte. Es war Lola Artôt de Padilla, die Tochter einer bedeutenden Mutter und Trägerin einer großen musikalischen Tradition. Die Mozartsche Musik nimmt den Charakteren des Schauspiels nichts von ihren spezifischen Schwächen und Lastern, verleiht ihnen aber einen Goldgrund, der auch das Edle, Anziehende und Gewinnende in ihnen zum Leuchten bringt. Erst die *Musik* macht aus dem Luderchen Zerline die vom Götterhauch Don Giovannis hinschmelzende Unschuld und aus dem »bestraften Wollüstling« den romanischen Faust, um dessen Rettung sich der Komtur mit vollem Recht bemüht ... Also diese Zerline stand bei Kroll auf den

Brettern und bezauberte den Tölpel Masetto mit ihren süßen Tönen derart, daß ein jeder sich gern an die Stelle des Betrogenen versetzt hätte. Und ihr Gegenbild als Donna Anna war die Kg. Preußische Kammersängerin Lilli Lehmann, vom Ruhme der ersten Schöpfung tragender Wagner-Rollen umwittert, aber damals bereits – sagen wir es offen – eine ältere, nicht nur große sondern auch ziemlich umfängliche Dame. Der erste Auftritt geriet denn auch in die gefährliche Nähe unfreiwilliger Komik: der an sich ungewöhnliche Entschluß der beleidigten Schönen, ihren Verführer eigenhändig zu verhaften, schien diesem zierlichen Ritter gegenüber zum Erfolg führen zu müssen, und man wunderte sich nur, warum Don Giovanni mit einem solchen Drachen angebunden habe. Dazu kam Lilli Lehmanns Stimme mit dem Brio des Auftrittsduetts nicht mehr recht mit, und es gab ein peinliches Umschlagen der Töne. Aber kaum war sie mit ihrem Don Oktavio allein, so offenbarte sich auf das Herrlichste, was an künstlerischer Gestaltungskraft in ihr steckte. Wenn ich vorhin von italienischen Traditionen sprach, so war dies der überzeugendste Erweis *deutschen* musikalischen und darstellerischen Genies. E. T. A. Hoffmanns Hypothese von der Liebe Donna Annas zu Don Giovanni hätte keine bessere Illustration finden können als diesen aus enttäuschter Hoffnung geborenen Aufruf zur Rache. Im Maskenterzett des letzten Aktes strahlte die Stimme noch einmal im alten Glanze auf, – und so klingt sie in mir weiter.
Die erlesene Spielschar, die damals von Hermann Gura zusammengebracht wurde, vermittelte uns noch einen anderen, seltenen Genuß: Verdis »Rigoletto«, wiederum mit d'Andrade in der Titelrolle. Man hätte den spanischen Kavalier in dem buckligen Narren nicht wiedererkannt, bis auch hier unter dem furchtbaren Schicksalsschlage die leichtfertige Gewöhnung zerbrach und eine menschliche Seele sichtbar wurde. »Rigoletto« – der Name ruft mir eine andere, denkwürdige Aufführung vor die Seele: als leicht beschwingter Mulus bin ich auf meinem Stehplatz im Leipziger »Neuen Theater« eingezwängt; der Vorhang hat sich über den Edlen Mantuas gehoben, da rudert sich aus dem Hintergrunde eine prächtige, überragende Gestalt nach vorn. Und nun beginnt sie zu singen! Weich und spritzig fliegen die italienischen Vokabeln heraus und gipfeln in ein paar Tönen, deren Kraft und Süße den ganzen Riesenraum vibrieren läßt. Enrico Caruso! – Ein Stimm-

phänomen, gewiß, aber daß seine Persönlichkeit nun über 36 Jahre in mir fortlebt und die Erinnerung an sein leibhaftiges Auftreten allen Plattenzauber verblassen läßt, das verdanke ich auch hier der Einheit von Gesang, Gestalt und Gebärde.

Caruso hatte an jenem Leipziger Abend einen sehr beachtlichen Partner in dem Bariton *Soomer*. Sein Rigoletto glich dem ungeschlachten Quasimodo in Victor Hugos »Notre Dame«; seine Klage um die verlorene Tochter kam aus Urtiefen und hielt das ganze Theater in atemlosem Bann.

Eine große und schöne männliche Stimme hatte mir ohne alles Drum und Dran, ich möchte sagen: das Urphänomen der Stimme, schon sehr viel früher einen tiefen und erregenden Eindruck gemacht. Es war ein Sommerabend in unserem geliebten *Stams/ Tirol*. In der Bauernstube hielt das schäumende Telfser Bier die Einheimischen in Bewegung und im Herrenstübl Terlaner und Muskateller die städtischen Gäste. Helles Licht fiel durch Tor und Fenster auf die kalkweiße Straße, fröhlicher Lärm drang mit heraus und stieg empor zum Fenster des Zimmers, in dem ich schlief, – oder schlafen sollte. Aber was war das? Welche mächtigen, wundersamen Töne begannen zu erklingen und sich gegen das Stimmengewirr durchzusetzen? Ich wurde förmlich aus dem Bett gesogen, warf meinen Lodenkragen um und schlüpfte barfuß über die ausgetretene Holztreppe in die große Diele. Über die Stufen des Herrenstübls erblickte ich denn auch den Erzeuger jener Zauberklänge. Er sah keineswegs besonders zauberhaft aus, hatte aber doch etwas Gewaltiges, wie er da saß, den Stuhl ein wenig abgerückt und die Tischkante umklammernd, ein kräftiger, rotbackiger Mann, dem die starken Töne völlig mühelos aus dem breiten Brustkasten zu dringen schienen. Schwelgerisch strömte und wogte es in den höchsten Lagen. Daß der Magier Richard Wagner hierbei seine Hand im Spiel hatte, wurde mir erst nach Jahren klar, als mir Fritz Darmstädter auf einer der ersten, jämmerlich quäkenden Grammophonplatten das Preislied aus den Meistersingern vorführte. Der Meister jenes Stamser Abends aber war »der Peter«, Mitglied der Breslauer Oper, der – wie wir dann hörten – nicht zum ersten Male im Herrenstübl pokuliert und gesungen hatte.

Wenn Wagners Werk erst spät in meinen musikalischen Gesichtskreis trat, so hatte das weniger weltanschauliche als technische

Gründe. Mozart und die Spieloper konnte man sich am Klavier vergegenwärtigen, auch im nahen »Theater des Westens« in natura konsumieren. Von Wagner aber drangen zunächst nur die Wesendoncklieder in meine Sphäre. Ludwig Bernhard, damals noch der unbeschwerte Götterliebling, sang »Sag, welch' wunderbare Träume ...«. Wagners Musikdramen dagegen blieben – wie das ganze moderne Opernschaffen – jenen vorbehalten, die Plätze im Königlichen Opernhaus *be*streiten oder *er*streiten konnten. Zu letzteren gehörten in einem heftigen, aber kurzen Wagner-Fieber Werner Freund und ich. Wir *erstanden* uns den »Ring« im wahrsten Sinne des Wortes und rasten an den betreffenden Abenden nach langer Wartezeit gemeinsam die Treppe hinauf, um uns droben im Olymp als erste auf den berühmten Stehplatz-Strick zu legen und die Vorgänge in Walhall durch die Bronze-Arme des riesigen Kronleuchters zu verfolgen. In der Wagner-Kunde blieben wir freilich bescheidene Adepten, die sich in der Oper gelegentlich zuflüsterten: »Schmiedemotiv« oder »Siegfrieds Hornruf«.

Wie gering damals die Tiefenwirkung der Opernmusik war, kann man sich heute, im Zeitalter des Radios, nur schwer vorstellen. Das war im vormärzlichen Berlin anders gewesen; damals hatte es populäre Opern und populäre Darsteller gegeben. In kultivierten Mittelstädten, besonders in den ehemaligen Residenzen, kann man es heute noch erleben, daß *das* Theater mit seinem Leben vor und hinter den Kulissen den wichtigsten Gegenstand des mitbürgerlichen Interesses darstellt. Berlin war zu groß geworden für *ein* Opernhaus, ein zweites daneben wollte lange Zeit nicht florieren, und das Bedürfnis nach bloßem Amüsement wurde durch Revue und Operette gedeckt. Letztere zog mit Léhars »Lustiger Witwe« in die unrentable Pracht des Theaters des Westens ein und rettete es vor dem Ruin. Marie Ottmann und Gustav Matzner begannen eine unheimliche Erfolgsserie.

Wirklich heimisch in der Welt der Oper wurde ich selbst erst viel später, in der Zeit nach dem ersten Weltkriege, da ich als junger Assessor im Kultusministerium wirkte. Auch der dienstliche Einblick in manche unerfreulichen Bühnenhintergründe hat mir die Passion für die Oper nicht rauben können, und mehr als einmal hat mir ein Abend in der verborgenen Proszeniumsloge über die schwere und vielfach undankbare Arbeit jener Jahre hinweggeholfen ...

Während die Opern – den einen Don Giovanni ausgenommen – mehr wie vereinzelte exotische Vögel durch meinen Jugendgarten flatterten, hatte eine andere Gattung musikalischer Lebewesen hier schon sehr früh Heimatrecht und dauernden Aufenthalt: das *Lied*, das Kunstlied, wie die irreführende technische Bezeichnung lautet. Heute will ich des Mannes gedenken, der mir jene Lieder zum Erlebnis und zum innersten, unverlierbaren Besitz gemacht hat. Es war Dr. Ludwig *Wüllner*.
Der erste Abend und das erste Lied sind mir noch in deutlicher Erinnerung. Es war um 1902 im Beethovensaal. Wüllner stand damals im Anfang der vierziger Jahre; er trug noch den rötlichblonden Schnurrbart und sah weder jung noch alt aus. Ich sehe den Hünen mit seiner blonden Mähne wieder vor mir aufragen, so mächtig, daß ich den Kopf im Nacken zurückbiegen mußte. Wüllners Größe wurde noch durch die Zierlichkeit seiner Gefolgsleute unterstrichen: dem behenden holländischen Pianisten Coenrad van Boos, mit rund poliertem Schädel, und einem schönen jungen Italiener, dem das Umblättern der Noten oblag. Der Sänger sah eine Weile mit leerem Auge über die Menge, knuckerte ein paar merkwürdige Töne, um sich seiner Stimme zu versichern, betrachtete kurz den winzigen Textzettel in seinen Händen und warf dann über die rechte Schulter einen Blick des Einverständnisses auf seinen Begleiter. Der apportierte ihn mit der Spannung eines Jagdhundes und griff präludierend in die Tasten. In Kürze ging eine vollkommene Veränderung in Wüllners Haltung und Antlitz vor sich: Tiefes Leid malte sich in seinen Zügen. Und er hob an: »Mühsam komm' ich und beladen ...« (so beginnt wohl jener ergreifende, von Hugo Wolf vertonte Gesang aus dem Spanischen Liederbuch).
Die Liederfolge des Abends ging durch alle Höhen und Tiefen des Gefühls, und der Meister durchschritt sie wie Tamino die Prüfungen des Feuers und des Wassers, das Haupt bald von düsteren Wolken umlagert, bald von verzehrender Glut angestrahlt, bald in olympische Heiterkeit getaucht. Mir machte es kein Kopfzerbrechen, ob hier ein Sänger, ein Schauspieler oder ein Rezitator vor mir stehe. Elemente aus allen drei Bereichen waren in ihm auf das glücklichste gemischt und ausschließlich in den Dienst des Werkes gestellt, dem er mit allen Fasern seines Wesens diente, des Kunstwerks. Daß Wüllner kein Belkantist, kein Schönsänger war, be-

wahrte ihn davor, mit seiner Singstimme so artistisch zu spielen wie er es später gelegentlich mit seiner Sprechstimme tat. Seine nachgelassenen Rezitationsplatten sind unerträglich; hört man z. B. den Schluß des Faust II von ihm und dann von Friedrich Kayßler, so erkennt man die Zeitgebundenheit der Wüllnerschen, vom Meininger Hoftheater herstammenden Sprechweise.
Wüllners geniale, einzigartige Persönlichkeit konnte keine Schule machen. Jede unmittelbare Nachahmung wäre der Lächerlichkeit anheimgefallen. Und doch ist sein Wirken von großem, nachhaltigem Einfluß auf die Kunst des Liedervortrags geworden. Seine vielkritisierte Mimik war ja doch nur der Ausdruck dessen, daß er jedesmal, auch bei dem einfachsten Lied, mit ganzer Seele dabei war. Seit Ludwig Wüllner kann es kein Sänger von Herz und Geschmack mehr wagen, ein Schubertlied zum Anlaß zu nehmen, um dem Publikum den Wohllaut und den Umfang seiner Stimme vorzuführen. Selbst ein Bürger zweier Welten, der musikalischen und der geistigen, hat Wüllner uns wieder die wunderbare, zu Geist und Herz sprechende Doppelnatur des Liedes und der großen Liederzyklen erschlossen und den deutschen Sängern den ihnen gemäßen Weg gewiesen, den Weg des charakteristischen, durchgeistigten Vortrags ...
Dem einen Abend folgte Winter für Winter mancher andere im Beethovensaal und in der Philharmonie. Es waren für mich Festpunkte in den Wirrnissen der Jugendjahre. Die großen Liederkreise zogen an mir vorüber: Beethovens »Ferne Geliebte«, Schuberts Müllerlieder und Winterreise, Schumanns Dichterliebe und Eichendorfflieder, Loewes Gregor auf dem Stein, Brahms' Schöne Magelone. Dazu als Melodramen Schumanns Manfred (bei dem Wüllners kongeniale Schwester Anna die Astarte sprach), Schillings Hexenlied und Botho Siegwards (Graf Eulenburgs) 24. Gesang der Ilias. Es gibt kaum ein bedeutendes Lied, das nicht in Wüllners Auffassung in mir weiterklänge!
Mit dem Beginn meiner Wanderjahre endete der ständige Kontakt zu Wüllner. Erst 1926 sah ich ihn wieder: er stand als Nathan der Weise auf der Bühne des Hannoverschen Schauspielhauses. Immer noch eine imponierende Erscheinung, aber in der Wirkung gehemmt durch allzu große Weichheit und durch die Neigung, jedem – auch dem nebensächlichsten – Wort einen charakteristischen Akzent zu geben. Und dann erlebte ich ihn etwa 10 Jahre

später in Berlin an einem Abend, der in Weihe und Bitterkeit alle Züge eines echten, großen Abschiedes trug. Wüllner, nun selbst ein »wunderlicher Alter«, sang die ganze Winterreise, um Ton und Atem ringend und mit aussetzendem Gedächtnis. Aber »... sind wir selber Götter« – da wetterleuchtete noch einmal Titanenkraft und -trotz. Auf diese Reihe folgte nur noch *ein* Lied, – vielleicht das letzte, das Wüllner überhaupt öffentlich gesungen hat. Es war Schuberts selten gehörter »Totengräber«, die ergreifende Klage des Gealterten, Überalterten: »Ich steh' allein, wer gräbt mich ein?« mit der fiebernden Vision des kommenden Endes ...

Wenn ich mich aber heute Wüllners erinnere, so heißt es »hervor tritt erste Jugendkraft«. Oder richtiger: ich suche ihn in dem zeitlosen Raum der großen und guten Geister, den ich einst an seiner Hand betrat.

VITA BREVIS – ARS LONGA

Heitere Tage – düstere Wolken

Am Pfingstsonntag 1942, am 24. Mai, feierten Ursula und ich in Freiburg unsere Verlobung. Ein fröhlicher Kreis junger Menschen hatte sich zusammengefunden, in dem sich mein Vater sehr wohl fühlte. Wenige Tage später richtete er nach seiner Rückkehr an uns den nachfolgenden Brief:

28. 5. 42
»Meine lieben Kinder!
... Ich sage zum ersten Male: Liebe Kinder zu Euch beiden, froh und glücklich, damit zugleich ein junges Menschenwesen ›im Range einer Tochter‹ zu begrüßen. Dein Profil, liebe Ursula, hat sich mir während der Pfingsttage nun noch viel deutlicher abgezeichnet. Und Dein Entschluß, lieber Anno, ist mir um so verständlicher und willkommener geworden. Ein starkes Vertrauen hat in mir Wurzel gefaßt, daß Ihr recht daran tatet, die gemeinsame Lebensfahrt zu wagen und jene große und dauernde Aufgabe ins Auge zu fassen, als die die Ehe verstanden werden muß.«

Als Termin für die Hochzeit war der 30. Dezember 1942 vorgesehen. Sie fand in Großhansdorf statt. Anders als an sonstigen Festtagen erschien mein Vater gedrückt: eine Schreckensnachricht hatte ihn erreicht. Acht Tage vorher war sein Vetter Arvid Harnack hingerichtet worden. Alle Versuche, sein Schicksal zu wenden, waren vergeblich gewesen.
Arvid war der älteste Sohn des Literaturhistorikers Otto Harnack, des jüngsten Bruders von Adolf Harnack (seit 1914 von Harnack). Arvid Harnack war ein hochbegabter, vielseitig gebildeter und scharfsichtiger Mann, der auf Außenstehende gelegentlich kühl und ironisch-distanziert wirken konnte. Als Student hatte er eine Zeitlang in den Vereinigten Staaten gelebt, und später hatte er auch die Sowjetunion bereist. Sein wissenschaftliches Interesse galt der Arbeiterfrage und sozialen sowie volkswirtschaftlichen Problemen. 1932 hatte er die »Arbeitsgemeinschaft zum Studium der

Planwirtschaft« gegründet, deren Sekretär er wurde. 1933 war er als Beamter ins Reichswirtschaftsministerium eingetreten, wo er als Oberregierungsrat Referent für Amerika war.

In den Vereinigten Staaten hatte Arvid Harnack seine Frau Mildred gefunden, eine imponierende, hochgewachsene Frau. »Ein strahlendes, klares Auge blickte einen an, reiches blondes, schlicht gescheiteltes Haar umrahmte ihre Züge.«[1] Sie war Lektorin für englische und amerikanische Literaturgeschichte an der Berliner Universität sowie Dozentin an der Handelshochschule und der Volkshochschule Berlin. Als Übersetzerin moderner amerikanischer Literatur war sie hoch geschätzt.

Bei einer Begegnung hatte sie mich einmal gefragt, ob mir das Goethe-Gedicht »Wanderers Nachtlied« bekannt sei. Als ich es bejahte, schrieb sie mir ihre Übersetzung ins Englische auf einen Zettel:

At rest	Über allen Gipfeln
Every bough,	Ist Ruh',
Every crest	In allen Wipfeln
Now	Spürest du
Is in stillness deep.	Kaum einen Hauch;
The birds are still.	Die Vögelein schweigen im Walde.
Wait, for you will	Warte nur, balde
Also sleep!	Ruhest du auch!

Daß Arvid Harnack eine Doppelexistenz führte – als Beamter in einem Reichsministerium und als Leiter einer weitverzweigten Widerstandsgruppe – das wußten wir damals nicht. Wir ahnten nach seiner Festnahme nur, daß sein Fall etwas mit dem Vorwurf des Hoch- und Landesverrats zu tun habe. Am 6. September 1942 war Arvid verhaftet worden; die Untersuchungen erfolgten unter strengster Geheimhaltung. Nur sein Bruder Falk Harnack durfte ihn zweimal besuchen, sonst niemand aus der Familie. Auch der Prozeß gegen die 72 Angeklagten fand am 19. Dezember 1942 von der Öffentlichkeit hermetisch abgeschirmt statt. Arvid wurde zum Tode verurteilt, seine Frau zu sechs Jahren Zuchthaus. Für Arvid vermochte der Verteidiger angesichts des

---

[1] Axel v. Harnack: Arvid und Mildred Harnack. »Die Gegenwart« Nr. 26/27

Tatbestandes nichts zu erreichen. Für Mildred hatte der Staatsanwalt zwölf Jahre Zuchthaus beantragt, das Gericht setzte das Strafmaß auf sechs Jahre herab. Bei der Verkündigung des Urteils soll Arvid gestrahlt haben. Seinem Verteidiger erklärte er, daß ihr dadurch das Leben gerettet sei; diese Strafe werde sie ertragen, beziehungsweise werde ihr das Kriegsende die Freiheit bringen.
Schon drei Tage später wurde das Urteil an Arvid durch Erhängen vollstreckt. Pfarrer Poelchau stand ihm zur Seite.[1] Arvid wollte gern – in Erinnerung an seine Kindheit und seinen schon 1914 verstorbenen Vater – eine Weihnachtsfeier haben. So sprach er, vom Pfarrer unterstützt, die Weihnachtsgeschichte nach Lukas. Dann begann er sein Lieblingslied zu sprechen: »Ich bete an die Macht der Liebe –«. Zum Schluß wandten sich seine Gedanken dem Faust zu. Mit Pfarrer Poelchau zusammen sprach er den Prolog im Himmel: »Die Sonne tönt nach alter Weise ...«.
Alle Urteile in dem umfangreichen Prozeß waren von Hitler sofort bestätigt worden, mit Ausnahme der Urteile gegen Mildred Harnack und Gräfin Brockdorff. Auf Weisung des Führerhauptquartiers mußte das gleiche Gericht den Prozeß wieder aufnehmen und ohne erneute Beweisaufnahme ein Todesurteil aussprechen. Am 16. Februar 1943 fand auch Mildred Harnack den Tod. Die letzten Worte, die man von ihr hörte: »Und ich habe Deutschland so geliebt ...«
Nach Kriegsende hob sich der Schleier des Geheimnisses allmählich. Arvid Harnack war der führende Kopf in der Schulze-Boysen/Harnack-Gruppe gewesen, in der sich Offiziere und Arbeiter, Künstler und Studenten, viele Frauen und junge Menschen verschiedener weltanschaulicher Richtungen im Kampf gegen Hitler zusammengefunden hatten. Harro Schulze-Boysen, aus der Familie des Admirals Tirpitz, war Oberleutnant der Luftwaffe.
Von der Gestapo war die Gruppe als die »Rote Kapelle« bezeichnet worden wegen des illegalen Funkverkehrs, den die einzelnen Gruppen untereinander und mit dem Ausland unterhalten hatten. Die Verschwörer waren der Überzeugung, daß als Verhandlungspartner von den Alliierten eine neue Regierung Deutschlands nur nach einem radikalen Systemwechsel akzeptiert werde. Mit Hitler

---

1 Harald Poelchau: Die Ordnung der Bedrängten. Siebenstern Verlag, München, Hamburg 1965

und seinen Leuten werde kein Land verhandeln. Ziel der geheimdienstlichen Tätigkeit Arvids und seiner Gruppe war die Beendigung des sinnlosen Krieges (*vor* Stalingrad!) und die Errichtung eines »nicht-faschistischen und nicht-imperialistischen Systems in Deutschland«.[1] Aus wirtschaftlichen, politischen und sozialen Gründen sei dafür eine »Ostorientierung« geboten.

Arvid Harnack hatte nach seiner Verhaftung seinen Vetter Axel von Harnack mit seiner Vertretung in allen Angelegenheiten beauftragt. Axel schreibt: »Einen letzten wertvollen Dienst hat Arvid Harnack der Familie im Angesicht des Todes geleistet. Er ließ mir durch seinen Verteidiger und den Gefängnispfarrer Dr. Poelchau die Mitteilung zukommen, daß er bei zahlreichen Verhören intensiv nach seinen Beziehungen zu meinem Bruder Ernst gefragt worden sei und riet ihm, sofort ins Ausland zu gehen, wenn auch nur das Geringste gegen ihn vorliege. Diese sehr ernste Nachricht gab ich sogleich weiter. Da mein Bruder in keiner Weise mit dem Prozeß Arvid Harnacks in Verbindung stand, befolgte er die Warnung nicht.«

Mein Vater Ernst von Harnack und mein Schwiegervater Andreas Walther unterschieden sich nach Alter, Beruf und Herkunft. Es war aber erstaunlich, wie rasch sie im Gespräch miteinander Kontakt fanden. Auch Mutter und Schwiegermutter wurden in die harmonische Freiburger Atmosphäre einbezogen und verstanden sich gut.

Andreas Walther, als Theologe ausgebildet und als Historiker habilitiert, hatte sich der Soziologie zugewandt und gehörte zu den Begründern dieses Faches in Deutschland. Da mein Vater nicht nur praktisch tätiger Verwaltungsbeamter gewesen war, sondern sich in seinem Buche auch mit den soziologischen Grundlagen der Öffentlichen Verwaltung auseinandergesetzt hatte, ergaben sich bald lebhafte Gespräche, die auch eine briefliche Fortsetzung erfuhren, wie der nachfolgende Brief zeigt.

Beiden Gesprächspartnern ging es um die Ortsbestimmung einer wissenschaftlich begründeten Soziologie, da beide in der in Deutschland seit 1933 betriebenen Soziologie eine Fehlentwick-

---

1 Egmont Zechlin: Erinnerung an Arvid und Mildred Harnack. Geschichte in Wissenschaft und Unterricht 1982/7, S. 395

lung erblickten; Propaganda war an die Stelle einer wissenschaftlichen Diskussion getreten. Darüber hinaus machte mein Vater auf die Fehlentwicklung auch des Gemeinschaftslebens überhaupt aufmerksam, wie es sich im »Führerstaat« entwickelt hatte.
Im Brief meines Vaters vom 28. 6. 1942 heißt es unter anderem:

»Wie der Leitende Verwaltungsbeamte der heimliche – und manchmal auch der offenbare – König seiner spezialistisch vorgebildeten und tätigen Amtsgenossen ist, so müßte nach Deiner Schau auch der Soziologe, müßte die ganze soziologische Wissenschaft in eine solche Schlüsselstellung hineinwachsen. Rekapituliert man aus Deiner Schrift, mit welcher Vehemenz der Volks- und Gemeinschaftsgedanke seit dem Umbruch proklamiert wurde, und konfrontiert man damit Stellung und heutigen Stand der Forschung und Lehre, so kommt man zu dem Ergebnis: eine derartige Entwicklung hat *nicht* stattgefunden, eine solche Chance ist – wenn sie überhaupt bestand – *nicht* ausgenützt worden.
In unserem kurzen Freiburger Gespräch kamen wir zu dem gleichen negativen Ergebnis. Zur Beantwortung der Frage, *warum* jene Hoffnungen nicht in Erfüllung gegangen sind, reichte die Zeit damals nicht. Laß' mich einige Gedanken dazu niederschreiben, – in der Hoffnung, gelegentlich eine mündliche oder schriftliche Replik von Dir zu erhalten!
Entgegen allen Proklamationen muß der Soziologe, der nach Bindung, Gefüge, organischem Wachstum, stammhafter Gemeinschaft forscht, tatsächlich eine immer stärkere Atomisierung und Verödung seines Arbeitsfeldes feststellen. Versteht man unter *Gliedern* passiv und *aktiv* bewegliche Organe eines Lebewesens (auch eines gesellschaftlichen), so ist bei uns seit 33 ein umfassender *Ent*gliederungsprozeß im Gange. Die zahlreichen befohlenen Neubildungen schaffen lediglich passiv bewegliche Kommandoeinheiten. Ihre Mitglieder dürfen ja nicht einmal selbst ›zu vieren abzählen‹ – sehr charakteristisch, daß meine Kinder gelegentlich nach Hause kamen und berichteten: wir gehören von morgen ab nicht mehr zu Schaft 4, sondern zu 6. Es ist ja nicht nur – wie Du S. 43 sagst – die weltanschauliche Theorie ›als Diskussion zu Ende‹, sondern eine *jede* Diskussion ist abgeschnitten, und damit *jedes* echte Gemeinschaftsleben aus den sogenannten Organisationen geschwunden. Denn das entzündet sich doch erst an Aussprache

und Ausgleich. Also: das Studiengebiet der Soziologie verfällt fortschreitender Aushagerung. Damit brauchten freilich die Soziologen nicht gleich arbeitslos zu werden. Es wäre für den Diener der Wahrheit eine unvergleichliche, wirklich ›gemeinnützige‹ Aufgabe, die Dinge zu analysieren wie sie wirklich sind, propagandistische Kulissen zu beseitigen und die Rudimente vergangener wie die Ansätze kommender echter Gemeinschaftsbildungen ins Licht zu heben. Ich glaube, lieber Andreas, wir werden auch darin einig sein, daß ein literarischer Versuch in dieser Richtung auf Selbstmordneigungen des Verfassers schließen lassen würde.
Vielleicht war ich durch meine politische Vergangenheit stärker gegen die Illusion gefeit, die Machtergreifung könne einen neuen Frühling der Wissenschaft, ein Risorgimento der Universitäten heraufführen. So hätte es kommen können, wenn das neue deutsche Wesen wirklich ›vom Leben am Grunde‹ her aufgebrochen wäre (S. 14). Wohl hat man an ursprüngliche Instinkte angeknüpft, aber vielfach an solche, über deren Erweckung wir keineswegs stolz sein sollten. Andere, wertvollere, wurden eingeschläfert oder gewaltsam betäubt. Zu ihnen gehört der instinktive Drang nach Wahrheit und Klarheit. Ohne ihn wird die Soziologie – wie jede andere Wissenschaft – zur voraussetzungsvollen Apologetin der herrschenden Mächte oder zur subalternen Fotografin unbedeutender Wirklichkeiten herabsinken ...
Was bleibt, ist die Möglichkeit, der jungen Generation in mündlicher Tradition weiterzugeben, was zum charakterlichen und sachlichen Rüstzeug der Wissenschaft gehört. Das ist trotz aller Beschränkungen der äußeren Wirkung nicht gering zu erachten, und ich beneide Dich doch ein wenig darum. Du wirst aus meinem Buche ersehen, daß mir die Weiterleitung des ›Verwaltungs-Erbgutes‹ ein ernstes Anliegen ist. So ist mir denn auch das Abgeschnittensein vom Nachwuchs ein nie verwundener Schmerz ...«

Bergbau-Werbung

Im Oktober 1943 übernahm mein Vater eine Tätigkeit bei der Firma Brose & Seng, die in Berlin angesiedelt war, wegen der Bombenangriffe aber eine Außenstelle in Fieberbrunn bei Kitzbühel in Tirol eingerichtet hatte. Am 25. September 1943 schreibt mein Vater aus Frankenstein in Schlesien, wo er sich im Hause meiner Großmutter mütterlicherseits erholt hatte, an die Familie:

»... Im Interesse meiner neuen Arbeit habe ich von hier aus 2 mehrtägige Reisen unternommen. Die erste führte mich in das westpreußische Landstädtchen Rosenberg, den Heimatort des Herrn Hanns W. *Brose*, dem ich mich zunächst für 6 Monate als ›Verwaltungschef‹ seiner Unternehmungen verpflichtet habe. Ein behäbiger Mann von 43 Jahren mit mächtigem Korpus und imposantem Schädel, entfernt Aribert Wäscher gleichend. Er ist der Sohn des Rosenberger Zeitungsbesitzers und hat es als Werbeberater führender Markenartikelfirmen (Lingner-Dresden, Asbach-Uralt, Knäcke, Weck-Öflingen usw.) zu etwas gebracht. Seit Kriegsbeginn hat er sein Interesse im wesentlichen auf ein Unternehmen der *gemeinnützigen* Werbung konzentriert: auf die Verbreitung von Interesse und Sympathie für die deutsche Bergwirtschaft, vornehmlich den Kohlenbergbau. Fernziel ist die Leistungssteigerung im Wege der Gewinnung guten und zahlreichen Nachwuchses für den Beruf des Bergmanns. Diesem Ziel will man auf verschiedenen Wegen näher kommen, zu deren Erreichung verschiedene Gesellschaften im Aufbau sind. Die z. Zt. wichtigste firmiert als ›Brose & Seng GmbH‹. Deren zweiter Teilhaber Seng ist aber vor einigen Monaten gestorben. Ich kannte ihn aus der Vorweltkriegszeit aus dem Kreise Arnhold/Raemisch und erneuerte die Bekanntschaft in Zehlendorf. Er war ein eleganter und dabei sehr bedeutender Badener, der sich gleichfalls auf die Werbeberatung nach amerikanischem Vorbild spezialisiert hatte.

Ich lieferte ihm gelegentlich Texte für die Versicherungswerbung. Nun ist die Witwe, eine sehr feine Russin, nur noch Kapitalteilhaberin, während Brose die Gesellschaft allein führt. ›Brose & Seng‹ arbeiten im Auftrage der Wirtschaftsgruppe Bergbau mit namhaften Mitteln, die von dieser gestellt werden, an der Vorbereitung eines umfassenden Inseraten-Werbefeldzugs, der gestartet werden soll, wenn man einmal wieder Anzeigen loslassen kann, und der sich dann aber auch über fünf Jahre erstrecken soll!! Ich habe noch nie eine so sorgfältige Tischkasten-Arbeit gesehen wie diese. Ein Dutzend der besten Fachleute ist daran beteiligt: für die Bergwissenschaft Friedensburg, für die Texte der Dichter Alfons Paquet, für die äußere Gestalt der erste Graphiker der (leider verflossenen) Frankfurter Ztg. *Fuß*. Schon jetzt liegt eine lange Serie fesselnder Inserate vor; richtiger: Sketchs oder kleine Essays, die den Leser allmählich und auf angenehme Weise mit dem unbekannten Lande ›Bergbau‹ vertraut machen sollen. Hier wie auf den anderen Arbeitsfeldern – Film, Buchverlag, Zeitschrift, Zeitungskorrespondenz, Betriebsbearbeitung, Wanderausstellung, Spielzeugherstellung (Gesellschaftsspiele) – wird mit der indirekten Methode gearbeitet. Alles ist darauf abgestellt, zunächst einmal eine wohltemperierte Atmosphäre für den Bergbau zu schaffen.«

Ein Ortswechsel bereitete während des Krieges besondere Schwierigkeiten. Davon kündet der folgende Brief, in dem mein Vater seinen Nachbarn bittet, die Luftschutzaufgaben in bezug auf sein Haus zu regeln:

»Brose & Seng GmbH Fieberbrunn bei Kitzbühel (Tirol), Haus Bergkranz, 6. 10. 1943

Sehr verehrter Herr Gerlach!
Sie werden beobachtet haben, daß ich mich seit längerem im Fischtal nicht mehr habe blicken lassen. Im Interesse meines luftschutzmäßigen Ansehens bitte ich Sie, Ihnen einen kleinen Bericht über meine Situation erstatten zu dürfen. Nach einer gewissen Wartezeit, die ich im Hause meiner Schwiegermutter in Schlesien verbrachte, bin ich dem Rufe der oben bezeichneten Firma gefolgt und arbeite jetzt hier in Tirol. Die ›Brose & Seng GmbH‹ bereitet im Auftrage der Wirtschaftsgruppe Bergbau einen umfassenden Feldzug zur Gewinnung von Nachwuchs für den

deutschen Bergbau vor. Das Unternehmen mußte seine Berliner Zentrale wegen Total-Bombenschadens verlegen und hat nach mühevoller Suche hier in einer Pension ein Unterkommen gefunden. Wir sind von dem Herrn Minister für Bewaffnung und Munition als kriegswichtig anerkannt worden; unsere Mitarbeiter erhalten als ›Bergwirtschaftsberater‹ ministerielle Ausweise.
Die Unterbringung der GmbH in dem Tiroler Dorf mit unzureichenden Bahn- und Telefonverbindungen ist nur provisorisch. Deshalb kann auch ich als ständiger Vertreter des Geschäftsführers nicht auf die Dauer nach Fieberbrunn übersiedeln. Andrerseits bin ich in Erfüllung der mir auferlegten kriegswichtigen Verpflichtungen nicht in der Lage, mich bei Luftgefahr an dem Schutz unseres Zehlendorfer Wohnhauses zu beteiligen. Da mir nicht gegenwärtig ist, welcher Dienststelle ich eine diesbezügliche Meldung zu erstatten hätte, möchte ich Sie bitten, verehrter Herr Gerlach, diese meine Mitteilung an die zuständige Instanz weiterzuleiten...
Ich fühle mich durch die Schönheit meiner Umgebung und durch die Bombenfreiheit der Nächte vor den Berlinern sehr bevorzugt, wenn auch diese Zerreißung der Familie recht bitter ist. – Möchten Sie von Philipp immer gute Nachrichten haben! – In nachbarlicher Verbundenheit grüße ich Sie und die Ihren als Ihr Ihnen
aufrichtig ergebener
Harnack
Regierungspräsident a. D.«

In der Zusammenarbeit mit der Firma Brose gab es einige Komplikationen. Darüber schreibt mein Vater:

»z. Zt. Müncheberg/Mark, Berghof, 7. 4. 44 (Karfreitag).
Liebe Geschwister!
Der Rundbrief, den mir Änne vorgestern hier übergab, enthielt eine bittere Nachlese von den Berliner Unglückstagen im Februar, die mir den Wert meines Tiroler Quartiers wieder recht deutlich vor Augen führte. Auch dort ist es freilich nicht ohne Unruhe abgegangen. Mein Sechs-Monats-Engagement bei der Brose & Seng-GmbH ist nicht verlängert, sondern in ein freies Mitarbeiter-Verhältnis umgewandelt worden. Ich war von vornherein nicht sehr glücklich angesetzt, und meine Krankheit trug dazu bei, die Differenz zwischen ›Soll‹ und ›Ist‹ zu vertiefen. Jetzt kann ich mich

auf eine Reihe von Objekten konzentrieren, deren Bearbeitung meiner Vorbildung und Befähigung entspricht. Es handelt sich vornehmlich um einen Teil der durch den Tod von Alfons *Paquet* freigewordenen Aufgaben. Ich habe eine Reihe von Anzeigen-Texten bergbaulichen Inhalts zu verfassen, kleine Essays, für die das Rohmaterial von Fachkräften beigebracht worden ist, ein Material, das allerdings der Ergänzung bedarf. Es werden jeweils 2½ Maschinenseiten verlangt, z.B. über ›Luther und Bergbau‹, ›Hardenberg/Novalis als Bergmann‹, dito Frh. v. Stein und Th. Körner. Aber auch ›Die frühe Eisenbereitung‹. Da heißt es denn ›Wie mach' ichs nur, daß alles neu, doch mit Bedeutung auch gefällig sei?‹. Ich gehe dafür auf einige Wochen nach Heidelberg (Kettengasse 11 ›Stadt Düsseldorf‹), wenngleich die dortige Bibliothek – wie ich inzwischen hörte – gleichfalls im Abbau begriffen ist. Aber ich entgehe so doch den Fluten des Fieberbrunner Tauwetters. Als ich dort am vergangenen Montag abfuhr, hatte tags zuvor der Föhn eingesetzt. Zum Glück war nachts alles wieder zusammengefroren, so daß ich mich morgens um 3 Uhr bei Mondschein, mit Köfferchen und Rucksack auf dem Rodelschlitten einigermaßen bewegen konnte. Kurz nach 8 war ich bereits in München.«

Alarme und Luftangriffe prägten das Leben jener Jahre. Am 29. November 1943 schreibt mein Vater an meine Mutter:

»Ich atmete erleichtert auf, als ich am Freitag Nachmittag Dein Blitztelegramm erhielt ›Alle Verwandten gesund fahren Müncheberg‹. Inzwischen hat der Freitag *Abend* nochmals einen schweren Angriff auf Berlin gebracht. Hoffentlich hast Du auch den überstanden und bist inzwischen glücklich wieder in Müncheberg gelandet. Und hoffentlich wirst Du dieses Asyl so bald nicht wieder verlassen. Ich möchte glauben, daß auch erhebliche Schattenseiten, wie sie M. mit sich bringen mag, die Schrecken und Gefahren eines Aufenthalts in Groß-Berlin für die nächsten Monate nicht zu übertreffen vermögen. Es liegt doch äußerst nahe, daß unsere Gegner, die im Land- und Seekriege nur langsam und mit mancherlei Rückschlägen vorwärtskommen, die ›Festung Deutschland‹ unter vollem Einsatz ihres überlegenen Luftpotentials von *innen* her sturmreif zu machen suchen. Hierbei erscheint ihnen der Versuch einer Desorganisation der feindlichen Hauptstadt ein aussichtsreiches und relativ billiges Mittel. Dabei erstreckt sich die Absicht auf eine Kombination technischer und seelischer Störungen. Berlin soll als Organisationsmittelpunkt und Wohnplatz lahmgelegt werden. Was ein Ausfall Berlins für das Leben und Funktionieren der deutschen Kriegs- und Zivilwirtschaft bedeuten würde, läßt sich vorerst überhaupt nur ahnen. Den Rückgang der Lebensmöglichkeiten können wir nach den Exempeln von Hamburg, Hannover, Barmen usw. ungefähr ermessen. Ich muß meine früher geäußerte Ansicht wiederholen: der gegenwärtigen (und sich ständig verschlechternden) Notexistenz in Berlin und den unmittelbar drohenden Gefahren darf sich nur aussetzen, wer dort eine Funktion hat, die schlechterdings von niemandem anderen wahrgenommen werden kann, und die unbedingt wahrgenommen werden *muß*. Hierzu kann ich die Betreuung unseres Hauses nicht zählen, so nahe mir es ginge, wenn ein Totalverlust einträte. Du weißt, wie ich an meinen Büchern, Noten und Bildern hänge, wie sehr ich überhaupt an einer Basis hänge, auf der man alle guten Geister der Wissenschaft und Kunst und einer gehobenen Gemeinschaft pflegen kann. Aber die Pflicht zu leben steht über all' dem, zumal wenn man im nächsten Kreise Menschen hat, deren Betreuung – wenn auch aus der Ferne – man schlechterdings keinem anderen anvertrauen kann (um obigen Ausdruck zu wiederholen) ...«

Im Geschwister-Rundbrief vom 5. 3. 1944 schreibt Ernst von Harnack:

»Axels Haus zerstört, Zahns endgültig ausgebombt und dazu Giselas Misere in Traunkirchen ...
Nur ein Wort zu den Paradoxien, die sich aufdrängen! Die Neue Ära begann mit dem hohen Liede der Familie; jeglichem Nomadentum galt schärfste Absage. Aber gleichzeitig begann die organisierte Zersetzung des Familienzusammenhanges durch die Beschlagnahme und Dislozierung der jungen Generation. Im Kriege wurde ›Trennung‹ auch das Los der Älteren. Unter der Parole ›Verlagern und Ausweichen‹ (nach einer Notiz der DAZ gegenwärtig die deutschen Modewörter) wurden nun auch die Ehen getrennt, die Säuglinge und Greise verfrachtet, kurz: die Familien scheinbar völlig atomisiert. Freilich und gottlob *nur* scheinbar.

Denn die äußere Zerstörung des Familienzusammenhangs ist zur großartigsten Bewährungsprobe seiner Festigkeit geworden, und er wird – so darf man hoffen – aus dieser Probe ebenso gestärkt hervorgehen, wie das Christentum aus seinen Martyrien. Auch das Nomadentum, das Leben aus Koffer und Kiste, konnte dieser überörtlichen unio mystica dort, wo sie einmal *bestanden* hatte, keinen ernstlichen Schaden zufügen. Das soll auch für unseren kleinen Kreis gelten, und so will ich hier wiederholen, was ich kürzlich an Karl schrieb: wir wollen, was uns an Seelen-, Leibes- und Wirtschaftskraft geblieben ist, daran setzen, um das Wasser aus dem Sippenschiff wieder herauszupumpen, auch wenn der Weg zum ruhigen Hafen noch dicht vernebelt ist!
Angesichts der Größe des geschwisterlichen Unglücks wollen mir die eigenen Erlebnisse allzu unbedeutend, die Kümmernisse nicht der Rede wert erscheinen. Aber recht betrachtet bleibt es doch etwas Großes, daß ich nach der Fieberattacke des Januar so schnell wieder zu Kräften gekommen bin, und ich bin dafür zu tiefem Dank verpflichtet. Die Kurve ging zunächst sehr langsam aufwärts: noch 14 Tage nach dem Aufstehen fühlte ich mich auf der Straße unsicher wie ein Greis. Auch in Fieberbrunn strengten mich die vereisten und verschneiten Büro-Wege (jedesmal 20 Minuten) zunächst noch unverhältnismäßig an. Aber ich konnte doch bereits am 13. 2. auf die Reise nach Frankfurt/Heidelberg gehen, und was sie an Mehrbelastung brachte (2 Nächte improvisiert auf der Bahn, davon eine im Seitengang auf dem Köfferchen, 7 Alarme in 5 Städten!), das habe ich hier bald wieder ausgeglichen. Von den traurigen Eindrücken dieser Fahrt – den Zerstörungen in Mannheim, Frankfurt und Heidelberg – laßt mich schweigen. Frankfurt, die heitere, geschäftige Stadt, fand ich unmittelbar nach den schweren Tagesangriffen vollkommen verstört. Und wir hielten die Stadt bereits 1923 beim Ruhreinbruch für tödlich getroffen! – Dafür brachte die Reise aber auch schöne Begegnungen und Wiederbegegnungen.«

Zu den Arbeiten, die Ernst von Harnack für die Firma Brose ausführte, gehört z.B. die Serie »Die Großen Deutschen und der Bergbau«. Eine der Abhandlungen widmete Ernst von Harnack dem Freiherrn vom Stein in seiner Bedeutung für den Bergbau in Deutschland.

Unter dem Titel »Der Berg tut seine Wunder kund« verfaßte er das Drehbuch für einen abendfüllenden Spielfilm. Der Film setzte es sich zum Ziel, die Urproduktion »Bergbau« nebst ihren Trägern, den Bergleuten, von ihren Anfängen in grauer Vorzeit bis zur Gegenwart ins öffentliche Bewußtsein zu rücken. Im vierten Bild des Films erklingt

>*Die Ballade von der Kohle*

In der heil'gen Nächte Reigen
Bricht Natur das große Schweigen.
Die in harter Müh' geschritten,
Die in stiller Qual gelitten,
Hund im Winkel, Pferd im Stalle
Alle Sprecher, Kläger alle.

Aber auch, was seit Äonen
Felsbeschwert im Dunkel ruht,
In der Erde tiefsten Zonen
Spürt der Rauhnacht Geisterglut.
In der Kohle Grabesnacht
Ist die Werdekraft erwacht.

Gärung bringt sie, wühlt und ringt,
Bis der schwere Glast zerspringt.
Unter Gneisen, unter Quarzen,
Quillt's von Pollen, schwillt's von Harzen.
Kraftvoll aus der Erde Schoß
Reißt sich Stamm und Krone los.
Wieder wogt in Urgestalt
Nadelgrün der *erste Wald!*«

Der Film sollte nach Beendigung des Krieges gedreht werden. Die Arbeit daran beschäftigte Ernst von Harnack bis in die letzten Lebenswochen noch im Gefängnis.

In den Briefen aus den Jahren 1942 bis 1945 ist regelmäßig von Fliegeralarmen, Bombenangriffen und Menschenverlusten die Rede.
Im Brief vom 15. 2. 1944 meiner Mutter an meinen Vater heißt es:

»Eben hatten wir einen schweren Fliegerangriff
Fortsetzung d. 17.
Vorgestern kam ich doch nicht zum Weiterschreiben, ich war zu müde.
Der Angriff am 15. war der für unsere Siedlung schwerste. Wir sind alle unverletzt geblieben u. haben auch Glück mit dem Haus gehabt. Zwar sind fast alle Ziegel lose, die Hälfte der Scheiben entzwei u. einige Fensterrahmen sitzen nur lose. Zahns waren so nett u. hatten die Innenfenster in den Keller gestellt, so haben wir jetzt warme, helle Zimmer, nur das Treppenhaus und Hauseingang sind dunkel. Eine Brandbombe war in unseren Garten gefallen u. durfte dort ungestört brennen, eine Stabbombe, die nicht gezündet hat, liegt noch auf unserem Dach, wie ich heute beim Ziegellegen sah. Ich konnte noch nicht dahin gelangen. Bei Steggewentz (andere Seite des Doppelhauses) fiel eine Brandbombe ins Bett des Gastzimmers, konnte aber bald gelöscht werden. Bei Chikelius (Nachbarn im Fischtal) brannte mehrere Stunden die Garage, wir halfen alle beim Löschen. Zu den großen Bränden Fischtal 1 u. Wilskistraße, wo auch zwei Sprengbomben heruntergekommen waren, kam bald die Feuerwehr; es war ein Glück für unsere Siedlung, daß außer unserer Ecke in Zehlendorf nichts passiert war u. es lief auch Wasser. So konnte die Feuerwehr mit langen Schläuchen spritzen, sonst wäre die ganze lange Reihe niedergebrannt. Mit den einzeln stehenden Häusern mußten die Leute selbst versuchen fertig zu werden, was ihnen aber wohl selten gelang. Auf der anderen Seite des Fischtals brannten mehrere Häuser, auch das von Pottiers. Dahlem und Halensee haben sehr schwer gelitten. Zahns Haus ist leider vollständig ausgebrannt. Sie tragen den schweren Verlust mit vorbildlicher Haltung. ... Heute schläft noch Frau Lemke bei uns, die auch ausgebombt ist. Leider gab es in unserer Siedlung mehrere Tote.
Morgen will ich die schlimmsten Schäden des Dachs zu Ende ausbessern u. dann fahre ich mit Elli nach Müncheberg. Elli hat sehr fleißig Scherben u. Kalk gefegt ...«

Mit großer innerer Bewegung nahm mein Vater Ursels Nachricht auf, daß sie ein Kind erwarte:

»z. Zt. Müncheberg/Mark, Berghof, 7. 4. 44
Meine liebe Ursel! Dein lieber Brief vom 29. 3. kam unmittelbar vor meiner Abreise an und ich drahtete Dir ›Herzlich erfreut über Deinen Brief grüßt Dich mit doppelter Liebe Dein getreuer Harnack-Vater‹.
(Verzeih die geschäftsmäßig klingende Wiederholung, aber Telegramme gehen heutzutage allzuoft verloren oder werden verstümmelt).
Nun ist hier die ruhige Stunde gekommen, in der ich Dir in volleren Akkorden antworten kann. Die Nachricht von Deiner schönen Hoffnung hat mich umso mehr erfreut, als sie mich vollkommen überrascht hat. Es ist etwas Großes in dem Gedanken, nicht mehr nur Nachkomme, Ausläufer zu sein, sondern ein lebendes Glied in der Kette, die sich aus der Vergangenheit in die Zukunft spannt. Wer sich durch unbekanntes Land vorarbeitet und einen reißenden Fluß überschreiten muß, der wirft einen Stein an einer Schnur hinüber, und aus der Schnur wird schließlich eine Brücke, und alle Habe folgt dem ersten Boten nach. So wird auch dies junge werdende Leben Euch den Weg in das Land der neuen Zeit weisen, die jetzt noch in ungewissem Dämmerlicht vor uns allen liegt. Daß Ihr diesen Wurf getan, diese Fahrt gewagt habt, gibt mir auch die Gewißheit, daß Ihr sie bestehen werdet. Nehmt beide meinen herzlichen Dank, daß Ihr mich schon jetzt an Eurer freudigen Erwartung teilnehmen ließet! Der Gedanke daran wird mir ein freundlicher Begleiter auf meinem einsamer gewordenen Wege sein ...«

Ein unlösbarer innerer Konflikt lastete in jenen Jahren auf uns: einmal den Sieg des nationalsozialistischen Reiches nicht wünschen zu können und zum andern, um die Menschen an der Front bangen zu müssen. Das trat in besonderer Schärfe hervor, als der Krieg in sein letztes Stadium eintrat – als die Invasion in der Normandie begann:

»Fieberbrunn/Tirol, Metzgerwirt, Freitag 9. 6. 44
Meine liebe Ursel!
Am Tage, nachdem ich Dir meinen Besserungswunsch geschickt hatte, kam die Nachricht vom Beginn der Invasion. Seitdem sind meine Gedanken, ich kann wohl sagen stündlich, bei Anno und Dir. Ein Widerstreit der Gefühle bewegt mich: es liegt einmal etwas Entspannendes in dem Gedanken, daß der Zeiger der Geschichte sichtbar weitergerückt ist und sich der Entscheidung nähert. Aber dann tauchen wieder die durch die Berichterstattung genährten Bilder von der Hölle auf, die dort entfesselt ist. Wenn ich recht unterrichtet bin, liegt Annos bisheriger Standort nicht im unmittelbaren Landungsbereich; seine Formation dürfte deshalb nicht sofort in Mitleidenschaft gezogen worden sein. Aber ihr Einsatz kann kaum lange auf sich warten lassen, und unter dem Luftbombardement der gesamten französischen Küste wird sie ohnehin leiden. Während ich dieses schreibe, ziehen Hunderte silberglänzender Feindflugzeuge über unser stilles Tal dahin und demonstrieren nur allzu deutlich, daß unsere Gegner sich nicht auf *einen* Kriegsschauplatz zu beschränken brauchen.
Bei aller schweren Sorge um das Leben Deines lieben Mannes, unseres geliebten Sohnes, bleibt das Bewußtsein wach, daß er seinen Mann stehen wird und daß seine Fähigkeit zum Helfen und Heilen nun ihre größte Bewährungsprobe erlebt. Daß er nicht töten muß, sondern retten darf, entspricht seiner Grundanlage, und die Möglichkeit zur Aktivierung einer ihm so ganz gemäßen Fähigkeit wird ihm auch – darauf vertraue ich, über die schwere Nervenbelastung der ständigen Gefährdung und der qualvollen Eindrücke hinweghelfen.«

Im Widerstand

Von der Atmosphäre, die in Ernst von Harnacks Büro in der Kronenstraße herrschte, zeugt ein Bericht, der 1956 in der Zeitschrift »Écrits de PARIS, Revue des questions actuelles« erschien. Er stammt von Yves Lecoq aus Belgien, der 1941 mit seiner Frau meinen Vater mehrfach besuchte. Seine Frau war die Tochter des bedeutenden Sozialisten Henri de Man, des früheren belgischen Ministers. Mit ihm war Ernst vor 1933 zusammengetroffen. Einige Passagen – aus dem Französischen übersetzt – sollen hier folgen:

»Begegnung mit einem Verschwörer

... Ein großer Raum in der ersten Etage. Durch hohe Fenster sah man auf einen Innenhof. Das trübe Licht eines Novembernachmittags machte den Raum noch düsterer. Eine Art von Künstler-Atelier, dessen Mobiliar etwas von der doppelten Bedeutung des Raums und von der aktuellen Situation dessen verriet, der uns empfing. Eine Zimmerecke wurde von einem großen Flügel eingenommen, gute Bilder schmückten die Wände. ... Ein angrenzendes, sehr kleines Zimmer von der Größe eines Alkovens vereinigte die teuersten Andenken des Bewohners dieser Räume: ein Husaren-Emblem des Regimentes, in dem er gedient hatte, ein Kupferstich Félicien Rops' – eines Künstlers, den dieser Mann von Geschmack – ganz 19. Jahrhundert – besonders schätzte, und eine Kohlezeichnung, ein hervorragendes Portrait in natürlicher Größe eines seiner Söhne, damals Offizier in einem Panzerregiment an der Front in Rußland: ein Kopf von seltener Schönheit, männlich und aufrecht, ein deutscher Soldat von der Art – so konnte man sich vorstellen – wie ihn Ernst Jünger liebte ...
Vom Beginn unserer Unterhaltungen an war es klar, daß sich Ernst von Harnack in keiner Weise einer Täuschung hingab bezüglich unserer Empfindungen dem derzeitigen politischen Regime Deutschlands gegenüber; er sprach ganz offen mit uns darüber, ohne dabei die Vorsicht außer acht zu lassen.

Gefragt nach den Gefahren der heimlichen Arbeit gab er uns eine Antwort, die der Pikanterie nicht entbehrte und darum wert ist überliefert zu werden. Ich fragte ihn, ob nicht die Gestapo, deren ›Bekanntschaft‹ wir in Belgien zu machen begannen, für jede illegale Aktion ein unübersteigbares Hindernis sei. Ernst von Harnack antwortete mit Humor: ›Seitdem die deutsche Wehrmacht einen guten Teil Europas besetzt hält, sind SIE von hier abgezogen und man läßt uns schließlich in Frieden.‹

In diesem Jahre 1941 hatte sich offensichtlich der politische Druck, der wie ein Schraubstock seit 1933 in Deutschland wirksam war, gelockert. Die militärischen Siege des Reiches mußten den nationalsozialistischen Machthabern wie ein ausreichend wirksames Gegenmittel erscheinen gegenüber möglichen politischen Komplottgelüsten.

Aber Ernst von Harnack sah weiter als die Machthaber. Ich entsinne mich zweier politischer Überlegungen, die einen geschärften Realitätssinn offenbarten und zugleich ein Verständnis für die Entwicklung Deutschlands seit 1933.

Vor allem, so sagte er, muß die Beseitigung des Regimes mit einem Schlage vor sich gehen, so ›wie man einen Reißverschluß öffnet‹, und alle Vorarbeiten müssen dann abgeschlossen sein, damit es nicht zu einer Auflösung der Nation kommt. Darum ist diese langsame Minierarbeit so wichtig. Die Opposition muß ihr Spinnennetz durch das gesamte Räderwerk des Regimes spinnen und zur gleichen Zeit versuchen, die Verbindung mit dem Ausland herzustellen. Man spürte, daß von Harnack – ganz militanter Sozialist, der er war – in bezug auf die Wirksamkeit einer Erhebung der ›Massen‹ skeptisch war, der Massen, die gegen die ›Tyrannei‹ des Regimes revoltierten! Er war skeptisch bezüglich der Möglichkeit einer Machtübernahme durch Barrikadenkämpfer.

Die zweite seiner Überlegungen war nicht weniger entschieden: ›Man kann nicht einfach zum System der Vor-Hitler-Zeit zurückkehren. 1919 haben wir den Freiheiten einen zu großen Raum gewährt, zur Zeit ist das Maß an Autorität zu groß. Es wird darauf ankommen, eine mittlere Linie zu finden.‹ Von seiten eines Politikers, der seit rund sieben Jahren von der Macht ausgeschlossen ist, schien mir diese Art, auch das Positive der gegnerischen Position anzuerkennen, sehr viel vernünftiger als die gelegentlich anzutreffende Mentalität von Emigranten, die aus Ressentiment ausschließlich in der Vergangenheit leben.«

Von Beginn der Naziherrschaft an führte mein Vater ungezählte politische Gespräche. Vielfältige menschliche Beziehungen boten ihm dazu die Gelegenheit. Wann diese Gespräche in konkrete Widerstands- und Umsturzpläne übergingen, kann ich nicht sagen, da uns mein Vater – in berechtigter Sorge – nicht zu Mitwissern machen wollte. Sicher bin ich nur, daß sich mein Vater zur Zeit der Sudetenkrise im Herbst 1938 bedroht fühlte und deshalb mit mir zusammen eine Reise nach Rügen unternahm, um einer Gefährdung in Berlin zu entgehen.

Innerhalb der Verschwörung gegen Hitler, die sich zu dieser Zeit gebildet hatte, war eine Reihe von Persönlichkeiten einander durch Verwandtschaft und Freundschaft verbunden. In Berlin-Grunewald in der Kunz-Buntschuh-Straße hatten die Harnacks und die Delbrücks nebeneinander ihre Häuser. Adolf von Harnack, der Theologe, und der Historiker Hans Delbrück hatten die Schwestern Amalie und Lina Thiersch geheiratet, Töchter des Leipziger Chirurgen Carl Thiersch. Die Väter Adolf und Hans waren eng befreundet, und auch zwischen den Kindern beider Familien bestanden herzliche Freundschaften. So war zum Beispiel Ernst von Harnack mit seinem Vetter Justus Delbrück befreundet, der unter Hans von Dohnanyi im Amt von Admiral Canaris zu den Verschwörern gehörte.

In der Wangenheimstraße, nicht weit von Harnacks und Delbrücks wohnte die Familie Bonhoeffer. Der Psychiater Karl Bonhoeffer hatte acht Kinder. Sein Sohn Klaus Bonhoeffer heiratete Emmi Delbrück, Ernst von Harnacks Cousine. Als Chefsyndikus Leiter der Rechtsabteilung der Deutschen Lufthansa hatte Klaus Bonhoeffer weitreichende Verbindungen, die er zu konspirativen Zwecken nutzen konnte. Sein Bruder, der bedeutende Theologe Dietrich Bonhoeffer, gehörte zu den führenden Persönlichkeiten des kirchlichen Widerstandes und war in die Umsturzpläne eingeweiht.

Von den Töchtern Karl Bonhoeffers war Christine Bonhoeffer mit Hans von Dohnanyi verheiratet, einem der maßgeblichen Männer innerhalb der Verschwörung mit weitreichenden Verbindungen sowohl zum militärischen wie zum zivilen Sektor der Verschwö-

rung. Als persönlicher Referent des Reichsjustizministers Dr. Franz Gürtner hatte er in den Anfangsjahren des Dritten Reiches Einblick in zahlreiche Verbrechen und Skandale führender Nationalsozialisten gewonnen. 1938 wurde er als Reichsgerichtsrat nach Leipzig versetzt und kurz vor Ausbruch des Krieges als Sonderführer im Range eines Majors ins Oberkommando der Wehrmacht berufen. Dort leitete er im Amt Ausland/Abwehr unter Admiral Canaris das Referat Politik. In dieses Amt holte er als seinen engsten Mitarbeiter Justus Delbrück.
Ursula Bonhoeffer heiratete Dr. Rüdiger Schleicher, der als Ministerialrat im Reichsluftfahrtministerium tätig war und ebenfalls zu den Verschwörern gehörte.
In der Nachbarschaft im Grunewald hatte auch der Physiker Max Planck sein Haus. Er stand mit Adolf von Harnack beruflich und freundschaftlich in Beziehung. Sein Sohn Dr. Erwin Planck, ehemals unter Brüning Staatssekretär in der Reichskanzlei, war jetzt Direktor einer Eisengroßhandlung und gehörte zum Kreis der Verschwörer.
Die Freunde und Verwandten waren miteinander nicht nur menschlich verbunden, sondern hatten zum großen Teil auch gleiche musische Interessen. So spielte Ernst von Harnack Flöte, Rüdiger Schleicher Violine, Klaus Bonhoeffer Cello und Dietrich Bonhoeffer Klavier, und man traf sich, um in wechselnder Besetzung miteinander zu musizieren (siehe Seite 145). Zugleich boten solche Abende willkommene Gelegenheiten zu politischen Gesprächen unter unverdächtigen Umständen. Als das Schicksal 1944 Ernst von Harnack, Klaus Bonhoeffer und Rüdiger Schleicher in das gleiche Gefängnis in der Lehrter Straße führte, war es Rüdiger Schleicher gestattet, seine Geige in der Zelle zu behalten. Von dort drang in die Nachbarzelle, in der sich mein Vater befand, und zu den anderen Gefangenen so mancher Klang.
Die Verschwörer wußten, daß ein Umsturz nur vom Militär eingeleitet werden konnte, daß aber die Gestaltung der politischen Verhältnisse nach dem Umsturz Sache des zivilen Sektors der Verschwörung sein würde. Als Hitler im Mai 1938 den Spitzen von Armee, Staat und Partei seinen Plan darlegte, die Tschechoslowakei zu beseitigen, wurde es einigen der führenden Militärs klar, daß das mehr als einen begrenzten Krieg bedeuten würde und zum Untergang des Deutschen Reiches führen mußte. Im Juli

1938 übergab Ludwig Beck, der Chef des Generalstabes, dem Oberbefehlshaber des Heeres von Brauchitsch eine Denkschrift, die zu einer einheitlichen Stellungnahme der Generäle gegen die Kriegspläne Hitlers führen sollte. Darin heißt es unter anderem:

»Es stehen hier letzte Entscheidungen für den Bestand der Nation auf dem Spiel: die Geschichte wird diese Führer (der Wehrmachtsteile) mit einer Blutschuld belasten, wenn sie nicht nach ihrem fachlichen und staatspolitischen Wissen und Gewissen handeln. Ihr soldatischer Gehorsam hat dort eine Grenze, wo ihr Wissen, ihr Gewissen und ihre Verantwortung die Ausführung eines Befehles verbietet ...
Es ist ein Mangel an Größe und an Erkenntnis der Aufgabe, wenn ein Soldat höchster Stellung in solchen Zeiten seine Pflichten und Aufgaben nur in dem begrenzten Rahmen seiner militärischen Aufträge sieht, ohne sich der höchsten Verantwortung vor dem gesamten Volke bewußt zu werden.
Außergewöhnliche Zeiten verlangen außergewöhnliche Handlungen!«[1]

Es gelang nicht, eine einheitliche Willensbildung der Generäle herbeizuführen und damit Hitler von seinen Kriegsvorbereitungen abzubringen. Im August 1938 reichte Generaloberst Beck seinen Rücktritt ein.
Im Winter 1938/39 fanden im Büro meines Vaters in der Kronenstraße zahlreiche politische Zusammenkünfte statt. Unter den Männern des zivilen Widerstands war ohne Zweifel Julius Leber die dominierende Gestalt. Jeder, der ihm begegnete, war von ihm aufs tiefste beeindruckt. Ich entsinne mich eines Musikabends in meinem Elternhaus Am Fischtal, an dem er als zuhörender Gast teilnahm. Im anschließenden Gespräch im geselligen Kreise kam er auf die Gestalt des Don Quixote zu sprechen und entwickelte eine Charakteristik dieser Romanfigur, die sich von der üblichen Bewertung dieser Romanfigur des Cervantes deutlich abhob. Er schilderte Don Quixote als einen Mann, der in einer veränderten Welt *seine* Konzeption der Welt allen Widerständen zum Trotz aufrecht erhält ... und scheitert.
An eine weitere Begegnung mit Julius Leber entsinne ich mich,

---

1 H. Krausnick, in: Die Vollmacht des Gewissens. 1956

Ernst von Harnack 1928

In den Jahren des Krieges
hatte sich das Aussehen
meines Vaters deutlich verändert.

Ernst von Harnack 1932

Ernst von Harnack 1944

diesmal in seinem Siedlungshaus in unserer Zehlendorfer Nachbarschaft. Mein Vater und ich standen mit ihm vor einer großen Landkarte Rußlands, die er an der Wand angebracht hatte. Sie zeigte die augenblicklichen Positionen der deutschen und sowjetischen Armeen an. Die bange Frage, die diskutiert wurde, war: »Wie sind diese deutschen Armeen zurückzubringen?«
Otto John[1] berichtet, Stauffenberg habe ihn 1943 gefragt, wen er unter den Politikern in der Verschwörung für den Bedeutendsten halte. Er habe ihm darauf, ohne überlegen zu müssen, den Namen Julius Leber genannt. In der Rückschau schreibt er: »Leber ist die stärkste Persönlichkeit unter den Politikern, die ich näher kennengelernt habe, von hohem geistigen Rang, vital, trotz der vier oder fünf Jahre, die er vor dem Krieg unter besonders übler Behandlung im KZ war. Er ist kein doktrinärer Antimilitarist wie die Linken Sozialisten. In den 20er Jahren ist er als Reichstagsabgeordneter der SPD gegen die gesamte Linke für den Bau des Panzerkreuzers A aufgetreten, was damals viel Aufsehen erregt hat. Zu einer Geburtstagsfeier von Ernst von Harnack hat er einmal spontan vor einem kleinen Kreis unserer Freunde eine Rede gehalten, eine druckreife Rede – es war eine vollendete politische Analyse unserer Lage im ersten oder zweiten Kriegswinter.«
Mein Vater war 1929 Regierungspräsident in Merseburg geworden. 1930 wurde Carl Friedrich Goerdeler Oberbürgermeister von Leipzig. Aus dieser Zeit stammt die Verbindung zwischen den beiden Verwaltungsfachleuten und Politikern, die jetzt wieder aufgenommen wurde und die meinem Vater zu den zahlreichen Politikern aus dem bürgerlichen Lager Kontakt verschaffte, zu denen der unermüdliche Goerdeler Verbindung aufnahm.
Von Ernst von Harnack wurde im Kreise der Verschwörer die Anregung gegeben (O. John), die illegalen Führer der zerschlagenen Arbeiterorganisationen einzuweihen und hinzuzuziehen. Der Kapp-Putsch, sagte er, sei seinerzeit am Generalstreik gescheitert. Wenn die Generale sich mit den Führern der Arbeiterschaft gegen Hitler verständigen und zusammentun würden, müßte der Staatsstreich gelingen. So brachte er die Verbindung zwischen Klaus Bonhoeffer und Julius Leber zustande.
Im Hinterhaus der Kronenstraße trafen dann auch Klaus Bonhoef-

---

1 Otto John: »Falsch und zu spät«. Herbig, München und Berlin 1984

fer und Dr. Goerdeler zum ersten Mal zusammen, und von dort liefen die Fäden zu Wilhelm Leuschner, dem Führer der illegalen sozialistischen Gewerkschaften. Beziehungen gab es auch zu Jakob Kaiser, dem Kopf der ehemaligen Christlichen Gewerkschaften, zu Max Habermann, dem ehemaligen Vorsitzenden des Deutschen Handlungsgehilfen-Verbandes, zu Rechtsanwalt Dr. Josef Wirmer, zu Hermann Maaß, bis 1933 Geschäftsführer des Reichsausschusses der deutschen Jugendverbände, zu Gustav Noske und vielen anderen.

Das Zusammenwirken der Verschwörer war der unterschiedlichen politischen Herkunft entsprechend nicht immer spannungsfrei. Goerdeler hielt für die Einsetzung einer provisorischen Reichsregierung eine Ministerliste bereit, in die Leuschner und seine Freunde keinen Einblick bekamen. Sie wurden skeptisch, weil sie befürchteten, von den Konservativen in der Verschwörung überspielt zu werden. Sie ließen Beck durch Ernst von Harnack sagen, daß sie sich in ihrer Handlungsfreiheit wieder völlig ungebunden fühlten, wenn sie nicht in alle Planungen für die politische Neuordnung nach dem Umsturz und in die letzten staatspolitischen Absichten und Ziele eingeweiht würden.

Otto John schildert, daß Ernst von Harnack durch sein mutiges Eintreten bei der Gestapo für politisch und religiös Verfolgte sowohl bei Sozialisten als auch bei Gewerkschaften in hohem Ansehen stand. Deshalb habe Generaloberst Beck Ernst von Harnack gebeten, Leuschner und seine durch Goerdeler verärgerten Freunde zu versöhnen. »Das gelang seinem bewundernswerten Verhandlungsgeschick durch einen von ihm selbst erdachten Plan, den Beck billigte. Danach sollte Leuschner mit Errichtung des Ausnahmezustandes als Reichskommissar die Deutsche Arbeitsfront mit sämtlichen Unterorganisationen und ihrem sehr beträchtlichen Vermögen unterstellt werden, bis durch Wiederherstellung der Koalitionsfreiheit und freie Wahlen wieder freie Gewerkschaften gebildet werden könnten. Damit wurde Leuschner von Beck eine politische Vollmacht zugesichert, mit der er das hätte verwirklichen können, was er selbst so leidenschaftlich erstrebte: die Wiedererrichtung eines ›Allgemeinen Deutschen Gewerkschaftsbundes‹ als eigenständige politische Organisation im Staat, um die wirtschaftlichen und kulturellen Interessen der Arbeiterschaft durchzusetzen.«

Dr. Otto John war im November 1937 in die Hauptverwaltung der Deutschen Lufthansa eingetreten und gehörte als Syndikus zur Abteilung von Dr. Klaus Bonhoeffer. Im März 1939 stieß er zum engeren Kreis der Verschwörer. Durch seine Auslandsreisen, während des Krieges als Sonderbeauftragter des Oberkommandos des Heeres, konnte er in Madrid u.a. mit Colonel William Hohenthal in Verbindung treten, der an der Botschaft der USA in Madrid als Militärattaché arbeitete. Diese Verbindung pflegte er später im Auftrage von Stauffenberg, nachdem er mit ihm bekannt geworden war.

Über Otto John liefen auch Fäden zu Prinz Louis Ferdinand, der Chef des Hauses Hohenzollern geworden war. Als verkehrspolitischer Berater der Lufthansa war er bis 1938 tätig gewesen. Durch Otto John wurde er in die Verschwörung eingeweiht, und auch mit meinem Vater stand er in Verbindung, so daß es auch zu gemeinsamem Musizieren kam. Wie sein berühmter Vorfahre war er ausübender Musiker: Pianist und Komponist. Von seinem USA-Aufenthalt her war er mit Präsident Roosevelt persönlich bekannt. 1942 kam eine Verbindung zu Goerdeler zustande. In einem Brief, den er Otto John übergab, hatte er geschrieben: »Wenn ich gerufen werde, bin ich bereit.«

Der Versuch, auch den Panzergeneral Guderian für die Ziele der Verschwörer zu gewinnen, mißlang. Ernst von Harnack suchte ihn 1943 auf, als der General aus dem aktiven Dienst entfernt war und unter Hausarrest stand. Wenn er Hitler auch kritisch gegenüberstand – zum aktiven Widerstand fand er sich nicht bereit.

Der Umsturzversuch vom 20. Juli 1944 scheiterte, und das Unglück brach über die Verschwörer herein. Schon 1943 waren Hans von Dohnanyi und Dietrich Bonhoeffer verhaftet worden, am 5. Juli 1944 war Julius Leber als Opfer eines Spitzels, der in die höchste Führung der illegalen KPD Eingang gefunden hatte, festgenommen worden. In den auf den 20. Juli folgenden Wochen wurden fast alle Verschwörer verhaftet und später umgebracht. Nur Otto John konnte sich nach Spanien absetzen. Justus Delbrück überlebte die Haft, wurde dann aber nach der Besetzung Berlins von den Sowjets verhaftet und kam in der Internierung um.

Am 2. Februar 1945 – einen Tag nach dem Urteil gegen meinen

Vater – wurde Klaus Bonhoeffer zusammen mit seinem Schwager Rüdiger Schleicher vom Volksgerichtshof zum Tode verurteilt. Abschiedsbriefe richtete er an die Eltern, seine Frau und die Kinder. Im Brief vom 31. März 1945 an seine Eltern heißt es:[1]

»Die Hoffnung, daß wie durch ein Wunder die Familie ganz unversehrt aus dem großen allgemeinen Unglück hervorgeht, wage ich fast nicht auszusprechen. Es geht ja längst wie eine Naturkatastrophe über die Menschen hinweg und die Natur ist verschwenderisch. Ich glaube aber, daß das Ungewitter über unserem Hause bald vorübergeht. Die Verfolgungen werden ein Ende haben und den Überlebenden wird es sein wie den Träumenden ...
Ich will ja nicht nur leben, sondern mich einmal erst eigentlich auswirken. Da dies nun wohl durch meinen Tod geschehen soll, habe ich mich auch mit ihm befreundet. Bei diesem Ritt zwischen Tod und Teufel ist der Tod ja ein edler Genosse. Der Teufel paßt sich den Zeiten an und hat wohl auch den Kavaliersdegen getragen. So hat ihn dann die Aufklärung idealisiert. Das Mittelalter, das auch von seinem Gestank erzählte, hat ihn besser gekannt.
Es ist jedenfalls eine sehr viel klarere Aufgabe zu sterben als in verworrenen Zeiten zu leben, weshalb seit je die glücklich gepriesen wurden, denen der Tod als Aufgabe bestimmt war.«

In der Nacht vom 22. zum 23. April 1945 wurden Klaus Bonhoeffer und sein Schwager mit anderen Häftlingen aus dem Gefängnis geführt und in einem Trümmergelände von SS-Leuten erschossen.

---

1 Gollwitzer, H., Kuhn, K., Schneider, R.: Du hast mich heimgesucht bei Nacht. Chr. Kaiser, München 1954

Die Verhaftung

Mein Vater brach in Fieberbrunn/Tirol am 20. Juli auf, um in Berlin nach der Bombenzerstörung seines Büros in der Kronenstraße seine Entschädigungsansprüche anzumelden. Wann er die Nachricht vom Attentat auf Hitler und vom Mißlingen des Umsturzes erhielt und welche Wege er danach beschritt, das läßt sich im einzelnen nicht mehr rekonstruieren. Jedenfalls traf er nach Zwischenaufenthalten in Innsbruck und Nürnberg am 23. Juli in Berlin ein. Am Morgen des 27. Juli reiste er wieder nach Fieberbrunn ab. Später kehrte er nach Berlin zurück und erhielt in der Zehlendorfer Wohnung den Telefonanruf eines Mannes, der sich als Fieberbrunner Sommergast ausgab. Er zeigte sich erstaunt, Ernst von Harnack am Telefonapparat zu treffen. Da in Fieberbrunn nach ihm gefahndet worden sei, habe er angenommen, daß Harnack inzwischen festgenommen worden sei.
Am 14. September fragte Ernst von Harnack – angeblich von Zehlendorf aus – bei Rechtsanwalt Kellner in Innsbruck brieflich an, ob er ermitteln könne, ob etwas Ernstliches gegen ihn vorliege. Aus Thüringen richtete er einen Tag später den folgenden Brief an seine Schwiegertochter:

»Meine liebe Ursel! Einige Tage bei guten Freunden mitten im Thüringer Wald geben mir die Ruhe, einmal wieder mit einem *Briefe* Deiner zu gedenken. Die *ungeschriebenen* Gedanken sind inzwischen täglich zu Dir gewandert, auch in den Wochen ernster Gefahr und schweren Leides. Die Gefahr scheint beseitigt, aber die Last des Leides ist nicht geringer geworden, und nur die Aussicht, daß des schlimmsten Jammers bald ein Ende sein wird, macht sie erträglich ...
Ich wohne hier bei einem älteren Ehepaar, das uns von unserer Merseburger Zeit her befreundet ist, feingestimmten, herzlichen Menschen, mit denen ich in mancher *Meinung* differiere, in den *Gesinnungen* aber harmoniere, und das ist die Hauptsache... Etwa

vom 20. 9. ab werde ich über unsere Zehlendorfer Anschrift zu erreichen sein.«

Bei dem Ehepaar handelt es sich meines Wissens um Weikers in Saalfeld. Danach besuchte er Ricarda Huch in Jena (siehe Seite 16). Von dort fuhr er zu seiner Schwester Annie Frucht-von Harnack nach Leipzig, die am 19. September die letzte Begegnung mit ihm hatte. An seine Tochter, meine Halbschwester Annemarie Schwichtenberg in Bebra (siehe Seite 196) richtete er die Anfrage: »Ich bin frei von ansteckenden Krankheiten. Kannst Du mich für einige Zeit aufnehmen?«
Offenbar war sich Ernst von Harnack nicht klar, in welchem Grade er gefährdet war. Daß er nicht aktiv am Geschehen des 20. Juli 1944 beteiligt war, beruhigte ihn möglicherweise. Daß er aber mit so vielen der Verschwörer in Verbindung gestanden hatte, mußte ihm eine Warnung sein. Ferdinand Friedensburg (siehe Seite 237), mit dem er sich im Grunewald traf, wußte, daß Harnack gesucht wurde, es gelang ihm aber nicht, ihn von der Notwendigkeit des »Untertauchens« zu überzeugen, um so sein Leben zu retten. Allein eine Mitwisserschaft bedeutete ja den sicheren Tod, und man konnte nicht wissen, ob einer der bereits Verhafteten unter der Folter seinen Namen genannt hatte. Möglicherweise unterschätzte mein Vater die Gefahr. Auch einige seiner Freunde wurden erst Ende September/Anfang Oktober verhaftet, als die Gestapo den ganzen Umfang der Verschwörung erkannt hatte.
Die Nacht vom 28./29. September verbrachte mein Vater in der Wohnung seines Berliner Freundes Pfarrer Arthur Rackwitz, der ihm von den Religiösen Sozialisten her bekannt war. Am 29. September wurde mein Vater verhaftet. Auch Pfarrer Rackwitz wurde festgenommen und ins Konzentrationslager Dachau eingeliefert, das er überlebte (siehe Seite 233).

Im Gefängnis
Lehrter Straße

Über die erste Zeit der Haft wissen wir nichts Näheres, auch schriftliche Nachrichten aus dieser Zeit gibt es nicht. Umso wertvoller sind uns die Erinnerungen, die Herr Theo Baensch 1948 zum 60. Geburtstag für Ernst von Harnacks Familie und Freunde niederschrieb.

Die Erinnerungen
des Kalfaktors Theo Baensch

»Als nach den Ereignissen vom 20. Juli 1944 das Sonder-Gefängnis der Gestapo in der Prinz-Albrecht-Straße für die Unterbringung der rasch anwachsenden Anzahl von Gefangenen nicht mehr ausreichte, hatte die Gestapo für ihre Zwecke auch noch zwei Flügel mit etwa zweihundertvierzig Einzelzellen in dem Gefängnis in der Lehrter Straße 3 herrichten lassen. Ich gehörte zu dieser Zeit, nachdem ich mehrere Wochen zuvor eine Zuchthausstrafe beendet hatte, ebenfalls, als Schutzhäftling, zu den Insassen der Prinz-Albrecht-Straße und sollte von hier aus zur Arbeitsleistung in das Konzentrationslager Sachsenhausen abgegeben werden. Arbeitskräfte wurden aber auch für die Einrichtung der neuen Gefängnisabteilung benötigt. Ich wurde deshalb von der Gestapo zusammen mit einem kriminellen Gefangenen, einem Manne übelsten Charakters, in die Lehrter Straße kommandiert.
Der Bedarf an Gefängnisarbeitern oder ›Kalfaktoren‹, wie sie in der Gefängnissprache genannt werden, war aber damit noch nicht gedeckt, und es erfolgten weitere Kommandierungen. Vom September bis zur Auflösung des Gefängnisses in der letzten Aprilwoche 1945 wurde der Arbeitsdienst in den beiden Gefängnisflügeln, die der Gestapo unterstanden, von fünf Bibelforschern, die eigens zu diesem Zweck aus Sachsenhausen angefordert waren, und mir und einem anderen politischen Zuchthausgefangenen versehen. Zu unserer Entlastung hatte uns das Gefängniskommando überdies drei wegen ihrer jüdischen Abstammung in Sonderhaft gehal-

tene Gefangene – Teilnehmer der am 20. Juli zur Entladung gekommenen Widerstandsbewegung auch sie – beigegeben, was, in wenig scharfsinniger Beurteilung der Verhältnisse, für diese als eine Hafterschwerung und als weitere Demütigung gedacht war. Der kriminelle Kalfaktor war nach mehreren Wochen unheilvollen Wirkens verschwunden. Unsere tägliche Arbeit bestand vornehmlich in der Entleerung der Zellenkübel, der Reinigung der Treppen und Gänge und in der Essensverteilung.

Der Wachtdienst wurde zunächst, bis in die Weihnachtszeit hinein, von blutjungen, volksdeutschen SS-Angehörigen versehen, bei denen man offenbar erwarten konnte, daß sie gefährlichen Beeinflussungsversuchen unzugänglich blieben. Es waren unter ihnen nahezu sämtliche südost- und osteuropäische Länder vertreten. Eine beträchtliche Anzahl von ihnen war nicht einmal in ausreichendem Maße der deutschen Sprache mächtig. Oft genug hörten wir, daß sie sich untereinander in den fremden Sprachen ihrer Heimatländer unterhielten. Späterhin wurde der größte Teil dieser Leute, die vorher im Partisanenkampf Verwendung gefunden hatten, von älteren Beamten aus dem Zollgrenzdienst, die auf Befehl zur SS übergeführt worden waren, abgelöst.

Als Ernst von Harnack im September 1944 zu uns kam, erhielt er eine Zelle am Anfang des Ganges im Erdgeschoß. Die andere äußerste Zelle seiner Station war von einem der vorerwähnten Hilfskalfaktoren, dem ehemaligen Berliner Bürgermeister Dr. Elsas besetzt, für dessen spätere Aburteilung und Hinrichtung sich die Nazis nicht einmal der Mühe eines formellen Verfahrens unterzogen hatten. Ich kann nicht sagen, daß es mich besonders überrascht hatte, als Ernst von Harnack sich mir bei einer der nächsten Essensausgaben mit seinem Namen vorstellte. Er hatte sich zu dieser Zeit einen Schnurrbart stehen lassen, der die Ähnlichkeit seiner Züge mit denen seines Vaters, die mir aus Bildern in den illustrierten Zeitungen und Fotografien vertraut geworden waren, besonders hervortreten ließ. Ich machte ihn, als wir bald darauf ins Gespräch kamen, hierauf aufmerksam und fügte hinzu, um einen vielleicht auch jetzt noch vorhandenen Verdacht gegen mich zu beseitigen, daß ich aus früheren Freundschaften mit Studenten und Schülern des Vaters manches von dem Zuschnitt des Lebens in dem elterlichen Hause in Halensee wußte. So konnte ich ihm zum Beispiel von dem im Garten des Hauses üblich gewesenen Kugelspiel, der geschätzten Belustigung aller Freunde des Hauses, etwas erzählen. Auf dieser zufälligen Grundlage entstand zwischen uns beiden sehr schnell ein herzliches Vertrauensverhältnis. Obwohl die Station, in der er lag, nicht zu meinem Arbeitsrevier gehörte – ich hätte ihn eigentlich nur während der kurzen Augenblicke der allgemeinen Essensausgabe sehen dürfen – fand sich doch nahezu täglich die Möglichkeit zu kurzen Zellenbesuchen. Den Vorwand hierzu lieferte meist der schadhaft gewordene Verdunklungsvorhang, mit dessen Reparatur beschäftigt zu sein ich notfalls vorgab.

Wenn man in dieser ersten Zeit zu ihm in die Zelle trat, sah man ihn in tiefe Gedanken versunken. Damals waren ihm Bücher, Schreibmaterial und sonstige Zerstreuungsmöglichkeiten noch verboten. Zum Lesen und Schreiben hätte er freilich tagsüber, solange das elektrische Licht noch nicht brannte, kaum Gelegenheit gehabt, weil von außen durch das hinter einem Mauervorsprung gelegene Fenster nur ein trübes Licht in die Zelle drang. Sein Kopf verlangte aber auch jetzt nach ständiger angestrengter geistiger Arbeit. Erst bei einer späteren Gelegenheit erwähnte er, daß er in dieser Zeit der scheinbaren Untätigkeit, als Erholung von der geistigen Beschäftigung mit der gegen ihn geführten Untersuchung, eine als Filmwerk gestaltete Dichtung vollendet hatte, die in verschiedenen historischen Bildern die Entwicklung des deutschen Bergbaues beschrieb. Als das Werk fertig im Manuskript vorlag, gab er es mir zur Einsicht. Ich bin heute noch von seiner reichen Folge farbiger Szenen und der schönen, gebundenen und ungebundenen, und immer dem Gegenstande angemessenen Sprache, in der es abgefaßt war, entzückt.

Eines Morgens überraschte er mich mit der Mitteilung, daß er sich entschlossen hätte, die entwürdigende Prozedur des Untersuchungsverfahrens durch eine längere, für die Gestapo bestimmte Niederschrift abzukürzen, die er die vergangene Nacht hindurch, nachdem ihm eigens zu diesem Zweck Papier und Feder zur Verfügung gestellt worden wären, angefertigt habe. Hierin fände sich ein freimütiges Bekenntnis zu seinen Anschauungen und eine ungeschminkte Darstellung seines politischen Wirkens nach der nationalsozialistischen Machtübernahme. Die Mitteilung bestürzte mich, und ich versuchte, ihm begreiflich zu machen, daß die Nationalsozialisten einen solchen Bekennermut nicht verdienten.

Außerdem hätte er damit, nach meinem Empfinden, ein Todesurteil unausweichlich gemacht. Harnack hörte mich ruhig an, schob aber all diese Einwendungen mit der Bemerkung zurück, daß Männer wie er, mit seiner politischen Vergangenheit, die überdies einen besonderen Namen mit ungewöhnlich verdienstvoller Tradition zu vertreten hätten, in einer solchen Situation anderen moralischen Gesetzen unterlägen. ›Ich habe auch für meinen Vater Zeugnis abzulegen‹, so sagte er. ›Und dann steht auch die unerschrockene Haltung meines Vetters und seiner ebenso tapferen Frau, die den gleichen Weg zu gehen hatten, als Beispiel vor meinen Augen. Ich habe nicht das Recht, mich in meinem Entschluß durch Rücksichten auf meine zurückbleibenden Angehörigen beirren zu lassen.‹
Die nervenaufreibenden Vernehmungen in den Büros der Gestapo waren mit dieser Erklärung zum Abschluß gekommen. Ernst von Harnack erhielt die nach Beendigung der Voruntersuchungen in der Regel üblichen Hafterleichterungen, und nun begann seine Zelle sich zusehends in eine Werkstatt zu verwandeln. Das Weihnachtsfest näherte sich. Vor unseren staunenden Augen entstand, mit Abfällen aus schwarzem Verdunkelungspapier als Rohmaterial, eine ganze Reihe von merkwürdig ausdrucksvollen Silhouettenbildern, die sich im Laufe der Wochen zu mehreren Weihnachtskrippen zusammenfügten.«

Zu der Krippe, die er für die Familie anfertigte, gehören einige Krippenfiguren, von denen die folgenden Abbildungen Proben zeigen: Erschütternd die gebeugte Gestalt des Bettlers, der sich dem Stall von Bethlehem nähert (Abbildung S. 187).

»Das nahende Weihnachtsfest war für ihn nicht nur eine Gelegenheit, der Lieben zu Hause in besonderer Herzlichkeit zu gedenken, sondern ebenso ein willkommener Anlaß, einige der Mitgefangenen, darunter auch uns Kalfaktoren, mit einem Geschenk zu erfreuen. Ernst von Harnack hatte sich zu diesem Zweck eine sehr geistvoll ersonnene Lotterie ausgedacht, in der alles, was dazu gehörte, die Lose, der Behälter, in dem sich die Lose befanden, und die Verpackung der Geschenke eine besondere künstlerische Note erhielt. Jeder von uns wurde hierbei in seiner Eigenart mit einem Sinnbild angesprochen. Bei den SS-Offizieren war mit einer Paketzuwendung erreicht worden, daß er am Heiligen Abend die

Krippenfigur Bettler

Figuren für eine Weihnachtskrippe, mit einem Nagel aus Resten von Verdunkelungspapier geritzt; der Gebrauch einer Schere war verboten.

Krippenfigur Hirte

Krippenfigur: einer der Heiligen Drei Könige

Erlaubnis erhielt, in die Kalfaktorenzelle zu kommen. Dieses Beisammensein, bei dem unsere Bescherung erfolgte, empfanden wir auch selbst als eine Vergünstigung. Ernst von Harnack erzählte, wie in seiner Kindheit der Weihnachtsabend bei seinen Eltern abgelaufen war. Er las uns die Weihnachtsgeschichte aus den Evangelien vor und würzte nachher die Unterhaltung mit Anekdoten aus der ihm so vertraut gewesenen Welt der Professoren und Pastoren, wie man sie aus solchem Anlaß zu Hause erzählt haben mochte. Damit schuf er sich die gewünschte Atmosphäre, die ihm wohl auch das Verweilen in der Vorstellungswelt dieser früheren, schöneren Jahre erleichtern sollte. Der Silvesterabend verlief ähnlich. Unsere Feier erhielt ihre Weihe durch die Worte eines ihm aus solchem Anlaß altvertrauten Kirchenliedes und eines Psalmes. Er regte auch an, daß wir uns dieselben Fragen zur Beantwortung vorzulegen versuchten, mit denen man sich früher in seinem Elternhaus zum Abschluß des alten Jahres beschäftigt hätte: ›Welches war im vergangenen Jahr Dein schönstes Erlebnis?‹ ›Welches Deine wertvollste Begegnung?‹ ›An welches Buch erinnerst Du Dich mit besonderer Freude?‹ und ›Was wünschst Du Dir vom nächsten Jahr?‹ Und aus seinen Erinnerungen kam ihm die Silvesterfeier des Jahres 1913 in den Sinn, bei der er, wie er uns nicht ohne Beschämung berichtete, in unüberlegtem Scherz und zum Entsetzen der elterlichen Familie für das kommende Jahr 1914 einen ebenso ungeheuerlichen wie merkwürdig ahnungsvollen Wunsch geäußert hatte.«

Briefe aus der Haft

Drei Wochen nach der Verhaftung meines Vaters schrieb mir meine Mutter über meine Feldpostnummer. Wieder vermutete sie, daß es sich nur um »Mißverständnisse« handeln könne. Ob sie das aber wirklich glaubte, ist zu bezweifeln. Wahrscheinlicher ist, daß sie das – der Briefzensur wegen – nur vortäuschte. Ihr drohte Haft für den Fall der Mitwisserschaft oder Sippenhaft für den Fall, daß anders ein Geständnis ihres Mannes nicht zu erreichen wäre.

»Zehlendorf, d. 19. 10. 44
Mein lieber Anno,
Du hast so schwere Tage verlebt u. ich hätte Dich so gern mit unseren Sorgen verschont, um Dich nicht noch mehr zu belasten. Aber ich muß es Dir jetzt wohl doch sagen, daß Papa verhaftet wurde. Morgen sind es schon 3 Wochen. Papa hat nichts Unrechtes getan u. seine Verhaftung wird sich sicher als Mißverständnis herausstellen – aber bei der jetzigen Überlastung der Behörden kann es noch eine Weile dauern, bis Papa wieder frei ist.
Papa war 1 Jahr von Berlin weg u. hat still gearbeitet u. sich von allem zurückgezogen. Nun brannte sein Büro aus u. er fuhr nach Berlin, um den Schaden anzumelden. Unglücklicherweise war die Reise gleich nach dem furchtbaren Attentat. Während Papa noch in Berlin war, fragte die Polizei in Fieberbrunn nach ihm. Papa erfuhr das leider u. überängstliche Freunde rieten ihm, sich zu verstecken. Vielleicht war das in den ersten aufgeregten Tagen richtig. Aber nachdem die Verhaftungswelle vorüber u. alles wieder ruhig war, riet ich Papa, wieder nach Fieberbrunn zu fahren. Das wollte er keinesfalls. Aber wenigstens konnten wir ihn überreden, nicht ins Ausland zu fliehen. Er wurde immer nervöser, brachte dann nicht mehr die Geduld auf, sich zu verstecken u. kam öfters zu uns ins Fischtal. Dann reiste er zu Freunden nach Thüringen, ich war sehr erleichtert. Aber nach knapp einer Woche kam er schon wieder. Der Beamte, welcher mich verhörte vor der

Haussuchung, sagte: ›Gegen Ihren Mann lag nicht das Geringste vor, er sollte nur über einige Mitglieder der früheren SPD Auskunft geben. Aber er hat sich in letzter Zeit so auffällig benommen – wir haben ihn eine ganze Weile beobachtet – u. so sind wir zu der Überzeugung gekommen, daß er keine reine Weste hat.‹ – Ich versuchte zu erklären, aber es half nichts.
Wenigstens konnte ich noch am selben Tage erfahren, wo Papa ist u. ihm gleich Sachen bringen. Ich gehe 2 mal in der Woche hin u. bringe ihm Lebensmittel u. Wäsche, einmal geht Tante Agnes hin. Im selben Gebäude ist auch Justus Delbrück und sein Schwager Klaus Bonhoeffer. Justus soll gesagt haben, nach dem anstrengenden Dienst, welchen er vorher hatte, wäre es direkt eine Erholung gewesen, sich endlich gründlich ausschlafen zu können. Vielleicht kommt auch Papa jetzt etwas zur Ruhe, sein Zustand vorher war beängstigend. – Deine Briefe konnte ich abgeben, sie wurden Papa vorgelesen, u. er freute sich sehr. Die Beamten dort sind meist freundlich u. dieses Haft-Gefängnis gilt als günstig. Papa wurde noch *nicht* vernommen u. es sind nun morgen doch schon 3 Wochen her. Wir tun alles, Papa Erleichterungen zu verschaffen u. ihn bald frei zu bekommen. Wenn Du mal Urlaub bekommst, wäre es schön, wenn Du nach Berlin kämst. Frontsoldaten erreichen mehr. Ich will mich auch an die Betreuungsstelle für Ritterkreuzträger wenden.
Ursel habe ich nichts geschrieben u. sie soll es möglichst nicht erfahren, damit sie sich ganz auf ihr Kind freuen kann nach der sehr anstrengenden Examenszeit. ... Hoffentlich können wir uns bald einmal sehen in glücklicheren Zeiten. – Herzlich denkt an Dich und grüßt Dich
Deine Mutti.«

Die Niederschrift meines Vaters, die Theo Baensch erwähnt (Seite 185), muß um den 21. Oktober beendet worden sein. Jetzt traten Hafterleichterungen ein, da ein »Geständnis« vorlag. Auch die Gefahr, daß eine Sippenhaft verhängt werden könnte, schien vorüber. Der erste Brief meines Vaters an meine Mutter lautet:

»28. Oktober 1944

Meine liebe Aenne!
Ich möchte diesen Brief mit der beruhigenden Erklärung beginnen, daß Dir, den Kindern oder sonstigen Verwandten durch meine Inhaftierung usw. *keinerlei* Gefahren drohen. Ich schreibe Dir erst heute einen richtigen Brief, weil ich erst seit etwa einer Woche einigermaßen klar über mein Schicksal sehe, seitdem aber mit verantwortungsreichen Niederschriften für die Behörde vollauf beschäftigt war. Es steht ernst um mich, aber es ging um Großes, und ich bin nicht aus Leichtsinn in meine jetzige Lage geraten. Die äußeren Umstände meines Lebens sind tragbar – einschließlich der Alarme in der verschlossenen Zelle. Sie sind ein *Nichts* im Vergleich zu den *seelischen* Belastungen und Anfechtungen. Sie zu tragen und zu überwinden ist ein schweres, schweres Werk, dessen Leistung alle Kräfte der Seele, des Charakters und des Geistes erfordert. Gott hat mir bislang die Kräfte geschenkt, und Ihr, meine Lieben, habt sie mir durch Eure Wünsche und Fürbitten, Eure Gänge und Gaben gestärkt. Nun nehmt mir noch eine große Last vom Herzen, indem Ihr mir versichert, daß Ihr Euch nicht um mich sorgt mit jener zermürbenden Sorge, die Jesus Christus uns für immer hat nehmen wollen. Agnes' wunderbarer Aufsatz hat mir für diese Zusammenhänge recht die Augen geöffnet. Ihr habt alle schwer zu tragen, und die kommenden Zeiten werden neue Prüfungen bringen. Da wäre es mein Herzenswunsch, daß der Gedanke an mich nicht zur Verdunklung Eures Lebens beiträgt, sondern daß von meiner stillen Zelle ein Strom der Beruhigung und der Kraft ausgeht, auf Euch und alle, die mir nahestehen. Nicht, daß ich die Welt schon überwunden hätte. Dieser große Abschluß wird noch manche bittere Arbeit und manche Geduld kosten. Auch mag es wohl sein, daß mir der Todesengel, der mich schon oft streifte, auch diesmal noch Zeit gibt. Aber es wäre töricht und unmännlich, alle Hoffnungen auf den Eintritt irdischer Wunder zu setzen. Das Wunder der Gnade ist es, dem ich zustrebe. Ich habe schon einen Strahl von ihm verspürt – sonst könnte ich diesen Brief nicht schreiben – und hoffe zu Gott, daß mich seine Gnade über alles Bangen um mein äußeres Schicksal hinwegtragen wird. Apokalyptische Zeiten wie diese mit ihren ständigen Gefährdungen und Verlusten lassen den Wert des Lebens gering erscheinen, den der Seele aber hell aufleuchten.

Wir wollen uns seelisch in einer Sphäre vereinen, in der es keine eisernen Gitter und Tore gibt.
So lasse ich denn diesen Brief als Nr. 1 hinausgehen und will ihm weitere folgen lassen. Sollte ich mich zeitweise auf die kurzen Paketgrüße beschränken, so beunruhigt Euch bitte nicht. Wo ein solcher Umdenkungs- und -fühlungsprozeß im Gange ist, da gehört ein besonders guter Tag dazu, daß man seine Gedanken geordnet zu Papier bringen kann. Und dabei habe ich es, der ich dem ganz leben kann, immer noch leichter als Ihr, die Ihr den vielfältigen Beanspruchungen der Kriegszeit gerecht werden müßt ...
Was ich heute an Besonderem zur Sprache bringen möchte, ist die Gestaltung meiner Beziehungen zu Anno und Ursel. Meine Freiheitsbeschränkung wird andauern, deshalb läßt sich die Tatsache den Kindern nicht auf die Dauer verheimlichen, so unerwünscht es ist, den Frontsoldaten und die Wöchnerin damit zu belasten. Besser auch, sie erfahren davon durch uns, als durch Dritte (was bei Ursel besonders leicht sein könnte). Einen persönlichen Glückwunsch von mir zu Rainer-Annos Geburt müssen sie einmal bekommen, sonst wird ihnen die Situation ganz rätselhaft und beunruhigend sein. Ich habe nun die beiden anliegenden Briefchen an A. u. U. geschrieben und schicke sie zunächst Dir, da ich nicht weiß, ob und welche Schritte Du bereits in dieser Richtung getan hast. Bitte entscheide Du, ob die Briefe weiter gehen sollen; ich erkläre mich im voraus mit allem einverstanden, was Du tust. Glaubst Du, den Kindern (oder einem von ihnen) die Kenntnis der vollen Wahrheit zumuten zu können, so schicke ihnen bitte Abschrift des ersten Absatzes dieses meines Briefes. Schicke eine solche Abschrift bitte auf jeden Fall eingeschrieben an meine geliebte Patentochter Annemarie in Bebra und sage ihr dazu, sie möge, bevor sie an mich schreibt, einen Brief von mir abwarten, der ihr in den nächsten Tagen zugehen wird.
Herr Sturmführer Weber, der Elisabet bereits freundlich beraten hat, hatte die Güte, Sprecherlaubnis für mich in Aussicht zu stellen. Ich werde sie für Elisabet erbitten, denn ich habe das Gefühl, daß ein Wiedersehen zwischen Dir und mir eine zu große Strapaze für uns Beide wäre. Auch habe ich, wie ich merke, in letzter Zeit etwas nahe ›am Wasser‹ gebaut, darum könnte Dir eine solche Begegnung einen ganz falschen Eindruck von meiner See-

lenstärke vermitteln. Ich gedenke mit Elisabet hauptsächlich Geschäftliches zu besprechen. Vertraue ihr dann bitte alle Deine Fragen an.
Grüße und küsse die Töchter! Um ihren Seelenfrieden ist mir besonders zu tun. Ich möchte sie von Herzen gern vor Verstörung und Verbitterung bewahren. Sage ihnen, daß es hier sehr geordnet zugeht (ich werde davon noch schreiben), und daß es ein Erlebnis war, sie gelegentlich so ganz nah zu wissen. An vielen kleinen Freundlichkeiten habe ich ihre Liebe abgelesen. Ilse gilt mein Glückauf für den Arbeitsdienst – möge sie nicht in zu große Entfernung entführt werden! ...«

Am gleichen Tage richtete Ernst von Harnack einen Brief auch an seine Schwiegertochter. Bei allem Schweren, das ihm widerfuhr, war der Gedanke, daß eine neue Generation der Familie in Erscheinung getreten war, beglückend.

»den 28. X. 44
Rainer-Anno 1 Woche alt!
Meine liebste Ursel! Ich bin im Schreiben etwas behindert, sonst hätte ich Dir schon längst *selbst* meine innigsten Wünsche zur Geburt Eures Sohnes, meines ersten Enkelkindes, zum Ausdruck gebracht. ›Das war ein Klang, der das Herz erfreut.‹ Die Kunde vom Hervorbrechen dieses jungen Reises in einer Zeit, da so viel Leben unvollendet dahinsinkt. ... Ich bin dem Allmächtigsten aufs tiefste dankbar dafür, daß Deine letzten Monate und die Geburt selbst nicht durch Luftangriffe oder durch ein Vorrücken der Westfront gefährdet wurden. Die seelisch/geistige Belastung, unter der Du standest, war schon schwer genug. Du ahntest ja wohl, wie schwer Anno sich mit seiner Truppe durchkämpfen mußte. Mit großer Bewegung habe ich seinen ersten, ausführlichen Bericht darüber (vom 2. X.) gelesen. Tiefste Dankbarkeit erfüllt mich für seine Bewährung und Bewahrung. ... Das Bravourstück Deines Examens hat mich geradezu begeistert; es steckt halt doch etwas drin in den Professorenkindern! ... Ich grüße Dich mit allen, die Dir nahe waren und Dich freundlich betreuten. Sei mit Rainer-Anno auf das herzlichste geküßt von Deinem getreuen Papa.«

Nun begann ein Austausch von kurzen Mitteilungen, die in vorgeschriebener Form aus der Zelle 255 kamen oder dorthin gelangten.

Mein Vater glaubte, anfangs noch nicht die Kraft zu einem Wiedersehen mit meiner Mutter zu haben. Er beantragte daher eine Sprecherlaubnis für seine Schwester Elisabet, die schon zahlreiche Behördengänge für ihn gemacht hatte und die er mit weiteren Schritten beauftragen wollte.

Die ganze Familie war bemüht, meinem Vater den Gefängnisaufenthalt so erträglich wie möglich zu machen. Dazu gehörte die Beschaffung zusätzlicher Nahrungsmittel, von Wäsche und Schreibmaterial oder von Material, mit dem die bei Bombenangriffen zerbrochenen Fensterscheiben repariert werden sollten.

»8. 11. 44

Meine liebe Aenne!

... In diesem ›Zeitalter der Trennungen‹, das wir durchleben, hält wohl nur jene Verbindung stand, von der ich in meinem ersten Briefe schrieb: die Verbindung im Höchsten und Letzten. Deine Liebe und Treue verspüre ich immer wieder, aus den kurzen Grüßen sowohl wie aus der Sorgfalt und Erfindungsgabe, mit der Du mich betreust. Agnes erinnert in ihrem schönen Aufsatz ja tröstlich an Christi Wort ›Euer himmlischer Vater weiß, daß ihr deß' alles bedürfet‹. Aber Du hast mich ja so reich bedacht, weit über das hinaus, was ich im engeren Sinne ›bedarf‹! ...«

Am 10. November schrieb mein Vater an seine Tochter, meine Halbschwester, Annemarie Schwichtenberg nach Bebra, wo ihr Mann Werner Schwichtenberg Bürgermeister war. Der Ehe entstammen zwei Kinder, Irene und Jürgen Schwichtenberg.

»Mein liebes Kind!

Du wirst inzwischen schon erfahren haben, wie es um mich steht. Ich glaube, ich habe Dir noch nie Kummer gemacht, darum ist mir der Gedanke ungewohnt und hart, daß ich Deine Sorgen vermehren soll.

Die Abwesenheit Werners, die Luftgefahr, es ist schon so vieles, was auf Dir liegt. Du darfst Dich auf keinen Fall niederdrücken lassen, schon um der lieben Kinder willen nicht, die doch eine

freudige, zuversichtliche Mutter brauchen. Und was mich angeht, so darfst Du zuversichtlich sein! Nicht im äußerlichen Sinne, sondern darin, daß ich das Leben *meistere,* das mir auferlegt ist, – ganz gleich, was den Abschluß der gegenwärtigen Periode bildet. Das persönliche Glück ist in einem Zeitalter des Massenunglücks ja wirklich nicht mehr so wichtig, zumal für uns Ältere, die wir noch eine Portion Vor-Weltkriegs-Prosperity mitbekommen haben und vielleicht gar nicht mehr die Elastizität besitzen, um uns den Verhältnissen nach diesem Krieg anzupassen. Die *Aufgabe,* die uns bleibt, ist, daß wir eine würdige Haltung bewahren und dabei noch so viel Liebe in diese dunkle Welt ausstrahlen, wie irgend möglich ist. Und die *Gnade,* die uns wird, ist, daß wir selbst noch Liebe empfangen – Liebe aus der Höhe und Liebe von denen, die uns nahestehen ...
Ja, um den Faden wieder aufzunehmen – ich empfange viel Freundlichkeit von den Meinen, die die Möglichkeit, mich mit zusätzlicher Nahrung zu versehen, rührend und opferbereit wahrnehmen. So bleibe ich gesund an Seele und Leib ... Abends aber, wenn es in dem großen, geräuschvollen Hause allmählich still wird, wandere ich ins Märchen- und Weihnachtsland. Ich ritze allerlei Krippenfiguren als Schattenrisse aus Resten von Verdunklungspapier, und zwar mit einem Nagel. Diese primitive Technik zwingt mich zu großer Vereinfachung, was der Eindringlichkeit meiner kleinen Arbeiten nur zugute kommt.
Eine kleine Serie ist schon nach Zehlendorf gegangen. Für *Bebra* soll es nun etwas ganz Besonderes werden, und so setzte ich mich schon vor Wochen daran, den Querschnitt eines Tiroler Bauernhauses zu entwerfen, das den ganzen Christnachtsvorgang aufnehmen kann. Die Zeichnung (auf 4 Blättern) ist freilich so fein geworden, daß mein Nagel hierfür nicht ausreicht. Vielleicht bekomme ich meine kleine Schere bewilligt. [Abb. Seite 201]
Viel liebende Gedanken habe ich hineinverwoben. Dem Umfang nach ist es wohl das Größte, was ich bisher geschaffen habe, und vielleicht auch mein Bestes. Meine alte Liebe zur Architektur kam dabei auch zu ihrem Recht ...
Ich bedaure von Herzen, daß aus meinem Besuch in Bebra nichts geworden ist. Hätte mich so gern an der schönen Entwicklung der Kinder erfreut, von der Du schriebst, und wieder mit Dir musiziert.

Wenn es Dir ums Herz danach ist, so schreib' mir mal. Ev. gibst Du den Brief wegen der bekannten Kleinstadtverhältnisse in einem Nachbarort auf oder schickst ihn zunächst an meine Schwester. Du weißt, daß ich an *allem* teilnehme, was Dich und die Deinen angeht. In welcher Funktion mag Werner jetzt wirken? Küsse die Kinder, jedes einzeln von mir, sei selbst geküßt, mein liebes Kind, von Deinem getreuen [Unterschrift]«

Alle Familienmitglieder erhielten nun einzeln Briefe von meinem Vater. So schrieb er an meine Schwester Renate, um ihr für ihre Hilfe zu danken. Ein leiser Ton der Sorge schwang mit:

»Berlin, Sonntag den 12. XI. 44
Meine liebe Tochter Renate!
Du hast so viel treue Wege für mich gemacht und ich habe Deine liebe Anwesenheit so oft durch die Mauern hindurch verspürt, daß Du nun auch einen besonderen Gruß und Dank haben sollst! Es ist mir tröstlich, gerade heute die Gemeinschaft mit Dir zu suchen, denn die gestern bekanntgewordene Beschränkung in der Versorgung der Häftlinge (nur noch *einmal* wöchentlich, u. zwar donnerstags) hatte mich zunächst doch etwas traurig gemacht. Aber wie ich nun an Dich denke und mir sage, daß ja auch eine lange Reise unsere Verbundenheit nicht gefährden könnte, da wird's mir schon wieder besser. Ja, wenn ich an Dich denke! Ich muß Dir gestehen, liebe Tochter, daß es mir mit Euch Kindern geht wie dem Vater in Lessings Ring-Erzählung: jedem Einzelnen möchte ich ins Ohr flüstern: Du bist mein Lieblingskind. Denn ein jeder von Euch – die teuren Entschlafenen eingerechnet – hat Eigenschaften und Gaben, die es vor den anderen auszeichnen und nur *ihm* gehören. Christus hat uns für Gottes Kinder erklärt, und so dürfen wir denn auch ohne Lästerung vom Göttlichen im Menschen sprechen. Es kann im Einzelnen so tief vergraben liegen, daß wir es nur zu ahnen vermögen. Aber anderen ward die große Gabe, es auszustrahlen, so daß ihre Nächsten es als Licht und Wärme empfinden. ... Zu ihnen zählst *Du*, meine liebe Renate. Wie die große Musik durch Dich hindurchgeht und uns zum Herzen spricht, in der Aufwallung reiner Mit-Freude und tiefen Mit-Leidens – als ein Gottes-Kind stehst Du mir vor der Seele! Freilich sind mir auch die Gefahren bewußt, die der hinter ge-

brechlicher, durchscheinender Hülle brennenden Flamme drohen. Es brauchen nicht gleich die Stürme der großen Welt zu sein. Schon die Zugluft, Kühle und Unruhe des alltäglichen Lebens kann sie zum Flackern bringen und verdunkeln. Darum ist es mein herzlichstes Anliegen, Deine charakterlichen Kräfte möchten sich so festigen, daß Du die Dir verliehenen schönen Gaben der Seele wahren und auf Deine Mitmenschen auswirken kannst. Halte Dich an das große Vorbild, das Dir Deine liebe Mutter bietet, wie sie bei allen körperlichen Beschwerden und bei allem Leid das tägliche Leben in Treue und Beständigkeit meistert und dabei noch so vielen anderen Gutes tut! Meine eigene Unruhe und Ungeduld hat mich Dir gegenüber nicht immer das Rechte treffen lassen – vielleicht lag's auch daran, daß wir beide im Temperament einander zu *ähnlich* sind. So möchte ich nur hoffen, daß manches Gute und Edle, das ich von meinen Vorfahren überkommen habe, Dir ohne alle besondere Belastung in Fleisch und Blut übergegangen ist...«

Der Brief meines Vaters an mich lautet:

»29. 11. 1944

Mein lieber Sohn!

Wie die Mutti mir schrieb, weißt Du, in welcher Lage ich mich befinde.

Als der Historiker Lord Acton einmal gefragt wurde, womit sich die Geschichtswissenschaft beschäftige, antwortete er: mit den Dingen, für die die Menschen sich totschlagen lassen oder andere totschlagen. Herkunft, Beruf und Neigung, kurz: das *Schicksal* hat mich in eine solche historische Auseinandersetzung hineingeraten lassen, und es wäre müßig, darüber zu lamentieren. Was mir auferlegt ist, will ich mit Würde tragen. Das letzte Urteil überlasse ich der Geschichte, meine Seele aber befehle ich der Gnade des himmlischen Vaters.

Was mich anfangs schwer bedrückte, war der Gedanke an den Kummer, die Aufregungen und Nachteile, die ich über die mir nahe Stehenden bringe. Die selbstlose, liebevolle und opferbereite Haltung der Meinen, voran die der Mutti, hat mir diese Last erleichtert. Daß die böse Nachricht schließlich auch zu Dir ins Feld dringen mußte, ist mir besonders schmerzlich. Denn ich war stets darauf bedacht, Dir fernzuhalten, was Deinen guten Mut und Deine innere Sicherheit beeinträchtigen könnte, – wie mir als altem Soldaten die Geschlossenheit des Heeresgefüges von jeher ein Anliegen war. So kann ich Dich nur bitten, mir nicht gram zu sein, daß ich Dir zu allem, was Du als Truppenarzt zu leisten und durchzumachen hast, noch dieses Leid zufüge. ... Mein Tag ist dergestalt ausgefüllt, daß ich erst ›nach Feierabend‹ lese. ... Daß es trotzdem keine Idylle ist, wirst Du mir glauben – schon wegen der Luftalarme in der abgeschlossenen, stockdunklen Zelle (während die Zelle sonst gerade des Nachts hell erleuchtet ist). Aber es ist nicht zuletzt das Bewußtsein, daß so viele Millionen Menschen z. Zt. unter noch viel härteren Bedingungen leben, das einem über vieles hinweghilft ...«

An seine Tochter Annemarie schrieb Ernst von Harnack am 5. Dezember 1944:

»Mein liebes Kind!
Glücklich ist die unmittelbare Verbindung zwischen uns beiden hergestellt – ich bekam Deinen lieben Brief vom 20. am 30. 11. – allerherzlichsten Dank! Wie freue ich mich, daß Du erholsame Tage mit Werner haben konntest und daß Dein Spürsinn selbst *dort* Musikfreunde entdeckt hat! Ja, ich hätte mich gern wieder einmal bei Dir umgesehen und mich mit den braven Schulkindern abgegeben. Aber das wird – das muß ich Dir offen sagen – so bald nicht sein. In den nächsten Wochen wird Anklage vor dem Volksgerichtshof gegen mich erhoben werden. Wenn mir auch – worauf ich zu Gott hoffe – das *Aller*schwerste erspart bleiben wird, so wird es doch eine lange und harte Abwesenheit geben. Liebe und Treue und Opfermut aller, die mir nahestehen, helfen mir zu tragen, was mir auferlegt ist. ... Jetzt kann ich mir es dadurch leichter machen, daß ich mit meinen Handfertigkeiten *selbst* noch ein wenig Geber spiele. Mittwoch oder Donnerstag wird nun das ›Krippenhaus‹ für Dich herausgehen. Es sind 4 rechteckige, mit Buntpapier hinterklebte Schattenrisse, die so zusammengehören, wie es die beifolgende Skizze zeigt [zu Abb. Seite 201]. Malerischer und anheimelnder wäre es gewesen, die *Figuren* bunt und den Hintergrund schwarz zu halten – aber meine Gestaltungskunst reicht halt nur für die Konturen; ich bin und bleibe ein ›Schwarz-

Ernst von Harnack:
Tiroler Weihnachtskrippe,
aus Verdunkelungspapier
ausgeschnitten

künstler‹. Schon dabei wollte ich manchmal verzagen, zumal ich merkte, daß ich weder in Engels-Gewändern, noch -Frisuren und -Flügeln recht firm bin. Und manches Geläufige ist wieder für den Schattenriß unbrauchbar! Z.B. wirkt ein langgelocktes Haupt ganz unförmig. So haben denn die frommen Maler von Giotto bis Fritz von Uhde bei meinen Engeln Pate gestanden, und von letzterem, dem Moderneren, haben sie wohl am meisten mitbekommen. Am meisten Kopfzerbrechen haben mir – mangels gewohnter Anschauung – Öchslein und Esel gemacht, und ich bin froh, daß man sie wenigstens als solche erkennen kann. Eine Schwäche der Silhouette ist es auch, daß man alles in einer Ebene darstellen muß. Sonst hätte ich das Getier perspektivisch in den Hintergrund gerückt, anstatt die junge Tirolerin ihre Blumen gerade dem *Esel* reichen zu lassen! Aber darüber werden die Kinder hoffentlich hinwegsehen. ... Kurz bevor ich hier landete, erhielt ich übrigens Deinen lieben Brief v. 26. 10., für den ich Dir nachträglich noch danken möchte.
Die Grüße Werners und Deiner verehrten Schwiegereltern habe ich als Fürbitte empfunden.
Grüße die lieben Kinder, sei mit ihnen auf das herzlichste geküßt von Deinem getreuen [Unterschrift]
›Wärst Du bei mir ...‹.«
(Das bezieht sich auf das Lied »Bist du bei mir ...« von Johann Sebastian Bach, das Annemarie am Totensonntag 1944 in der Kirche zu Bebra gesungen hatte)

Im Dezember erreichte Ernst von Harnack ein Brief von Ricarda Huch. An einen politischen Gefangenen zu schreiben bedeutete in dieser Zeit ein Wagnis, da sich der Schreiber verdächtig machen konnte. Furcht aber war Ricarda Huch fremd. Sie sammelte damals – 80 Jahre alt! – Material, um die Persönlichkeiten des Widerstands gegen Hitler einmal schildern zu können. Aus ihrem Beitrag über Ernst von Harnack wurde auf Seite 13 zitiert. Sie schreibt am 8. 12. 1944:

»Jena, 8. 12. 1944
Lieber Herr von Harnack, die Nachricht, daß Sie im Gefängnis sind, hat mich erschreckt; das kann doch nur ein unglückliches Mißverständnis sein, das sich hoffentlich bald klären wird. Ich

würde Ihnen so gern Bücher schicken; aber ich denke mir, daß Ihre Schwestern für alles sorgen werden, was möglich ist, um Ihnen die Haft zu erleichtern. Es ist jetzt gewiß sechs Jahre her, daß ich zuletzt in Berlin war.
Als wir noch dort wohnten – das fällt mir eben ein, als ich an Berlin dachte, – luden mich Ihre Eltern einmal zu einer Abendgesellschaft ein. An dem bestimmten Abend fuhr ich in Gala heraus zu der Straße mit dem komischen Namen – Kunz-Buntschuh-Str. glaube ich –. Im Hause war alles ganz still, nicht festlich erleuchtet. Werde ich nicht erwartet? fragte ich das Mädchen. Ich weiß nicht, sagte sie, die Herrschaften sind bei Tisch. Es ergab sich, daß die Gesellschaft erst in 8 Tagen war, ich hatte mich im Datum geirrt. Ich aß dann mit Ihren Eltern zu Abend, und es war besonders hübsch und behaglich. Lang lang ist's her. Eigentlich nicht so lange an Zeit, aber es ist so viel geschehen inzwischen, daß es schon lange scheint.
Wie froh wäre ich, wenn Sie mir bald schreiben könnten, daß sich diese Verwickelung oder wie ich es nennen soll, glücklich gelöst hat. Mit herzlichen Grüßen von den Meinigen
Ihre Ricarda Huch«

An seine Schwester Annie Frucht schrieb Ernst von Harnack, als sie vor einer Katechetenprüfung stand:

»Berlin-Moabit, den 7. Dezember 1944
... Bei Deiner Prüfung legst Du gewiß Ehre ein – geprüft wird unsere Generation schon recht lange und härter, als wir es uns träumen ließen ›als die Tage heiter glänzten‹. *Meine* Prüfung meistere ich, indem ich den – nicht geringen – Spielraum, der dem Untersuchungsgefangenen überlassen ist, bis zum Rande ausfülle mit Film-Gestaltung, Bastelarbeit zu Weihnachten für hiesige praktische Zwecke, Schreiben und Lesen, ja Studieren. Aber alles ohne Krampf, so daß ich doch immer einmal ruhig die Augen erheben und ohne Grauen der Zukunft entgegenblicken kann. Zwischen dem Leben draußen und mir liegt infolge der Langsamkeit der Verbindungen eine Art von Isolierschicht, mit der ich mich aber abgefunden habe ...«

Das letzte Wiedersehen

Es war mir gelungen, Urlaub von der Front zu bekommen. Mein Divisionsarzt war verständnisvoll, als ich ihm den Grund meines Urlaubsgesuches auseinandersetzte. Unsere Division war in den Rückzugskämpfen in Frankreich, Belgien und den Niederlanden fast völlig aufgerieben worden, und die Wiederaufstellung vollzog sich nur sehr schleppend. So war ich abkömmlich. Am 13. Dezember war ich in Berlin.
Mit meiner Mutter fuhr ich ins Hauptquartier der Gestapo in der Prinz-Albrecht-Straße. Es herrschte dort eine gepflegte Atmosphäre und ein höflicher Umgangston. Wenn man nicht wußte, was in den rückwärtigen Räumen und in den Kellern vor sich ging, konnte man den Eindruck einer ganz normalen Dienststelle haben. Wir wurden vom Kriminalrat Lange empfangen, der einen verbindlichen Eindruck machte. Während ich ihm so am Schreibtisch gegenüber saß, ging es mir durch den Kopf, daß es mir ein leichtes wäre, meine Pistole zu ziehen und ihn zu erschießen. Ich wehrte den Gedanken ab, denn was wäre damit gewonnen? Meinem Vater wäre nicht geholfen – im Gegenteil –, und ich würde mein Leben verlieren. Wir schilderten, welche Last auf meinem Vater gelegen habe, wie er unter dem Tod seines Sohnes, des Ritterkreuzträgers, gelitten habe; ich selbst trug an meiner Uniform das Eiserne Kreuz erster und zweiter Klasse ... Er hörte sich alles freundlich an ... Jedenfalls bekamen wir sofort Sprecherlaubnis für meinen Vater, was sonst nicht immer so glatt ging.
In ganz zuvorkommender Weise fuhr uns von dort Sturmbannführer Weber persönlich mit dem Auto zum Gefängnis Lehrter Straße. Im Eingangsflur des Gefängnisses wurden verschiedene Namen aufgerufen von Angehörigen, die den Gefangenen Essen oder Briefe abliefern wollten. Zwar wußte ich, welche Kreise am Attentat vom 20. Juli beteiligt waren, doch die Fülle der aus der deutschen Geschichte bedeutsamen Familiennamen überraschte mich doch. Das konnte keine verwerfliche Sache sein, der sich Männer dieser Herkunft verschworen hatten.

Als mein Vater ins Besuchszimmer hereingeführt wurde, war ich zunächst erschreckt. Er hatte sich einen Bart stehen lassen und sah elend aus, erschien mir fast fremd. Das Gespräch hatte etwas gewollt Beiläufiges. Über die eigentliche Sache durfte ja nicht gesprochen werden, und der Gefängnisbeamte führte die Aufsicht. Es war aber offensichtlich, daß man es nicht so streng nahm, auch durfte die Unterredung viel länger dauern als üblich. Als sich der Beamte einmal wegwandte, flüsterte mir mein Vater zu: »Ich werde als Mitwisser, nicht als Mittäter angeklagt. Ich hoffe auf eine Zuchthausstrafe, keine Todesstrafe.« Ob er dabei gegen besseres Wissen uns beruhigen wollte? Die Worte, die zwischen meinem Vater und meiner Mutter gewechselt wurden und deren Zeuge ich wurde, bewegten mich tief. Wir nahmen Abschied. Ich wußte, daß ich meinen Vater zum letzten Mal gesehen hatte ...

In den folgenden Stunden und Tagen besuchten wir den Vertreter des Oberreichsanwaltes, um die Möglichkeiten einer Begnadigung zu erkunden und suchten weitere Dienststellen auf, um das Gnadengesuch der Familie für den Fall eines Todesurteils vorzubereiten. Dann reiste ich aus Berlin wieder ab.

Nach Abschluß der Voruntersuchung wurde Ernst von Harnack der Haftbefehl vom 20. Dezember zugestellt, der in der gegebenen Situation nur noch eine Formsache sein konnte.

»Der Ermittlungsrichter   Berlin, den 20. Dezember 1944
des Volksgerichtshofs

Haftbefehl
Gesch.-Nr. O J 59/44 gRs
238/44
556

Der am 15. Juli 1888 in Marburg geborene ehemalige Regierungspräsident a. D. und Handelsvertreter Ernst von *Harnack* aus Berlin-Zehlendorf
ist zur Untersuchungshaft zu bringen.
Er ist dringend verdächtig, es unternommen zu haben, mit Gewalt die Verfassung des Reiches zu ändern und den Führer seiner verfassungsmäßigen Gewalt zu berauben und damit zugleich im

Inland während eines Krieges gegen das Reich der feindlichen Macht Vorschub zu leisten.
Verbrechen nach §§ 80 Abs. 2, 81, 91b StGB.
Von Harnack hat in den Jahren nach Ausbruch des Krieges in wiederholten Gesprächen mit den ehemaligen sozialdemokratischen Funktionären Wilhelm Leuschner und Dr. Leber und dem früheren Oberbürgermeister Dr. Goerdeler erfahren, daß von diesen Kreisen in Verbindung mit höheren Offizieren ein Regierungswechsel zur Ermöglichung von Friedensverhandlungen mit den Westmächten betrieben wurde, der nötigenfalls unter Gewaltanwendung gegen den Führer durchgesetzt werden sollte. Obwohl von Harnack sich über den hochverräterischen Charakter dieser Pläne und die damit verbundene Feindbegünstigung im klaren war, erklärte er sich in Billigung dieser Bestrebungen im März 1944 gegenüber Dr. Leber zur Mitarbeit bereit.
Die Untersuchungshaft wird verhängt wegen Fluchtverdachts, weil ein Verbrechen den Gegenstand der Untersuchung bildet.
Gegen diesen Haftbefehl kann Beschwerde erhoben werden, die besonderer Zulassung bedarf.
gez.: Dr. Ehrlich, LGDir.«

Wie es mein Vater – trotz aller Bedrückungen – verstand, aus Weihnachten für sich und seine Leidensgenossen ein Weihnachts*fest* zu machen, schildert der Kalfaktor Theo Baensch (Seite 186).
Ernst selbst berichtet darüber an meine Mutter und uns alle in seinem Brief vom ersten Weihnachtstage:

»Berlin, den 25. Dezember 1944,
1. Weihnachtsfeiertag

Aus vollem Herzen danke ich Dir und den Töchtern und den weiteren freundlichen Gebern für die schönen Weihnachtstage, die Ihr mir bereitet habt und noch bereitet. Eure Sendungen von Mittwoch und Donnerstag haben dazu beigetragen, daß ich wie mit Adlersflügeln über die seelischen Klippen dieser erinnerungsreichen Zeit hinweggetragen wurde. Nicht zuletzt, weil ich meinen Mithäftlingen mit den 23 Gewinnen aus 23 Losen meiner ›Moabiter Weihnachtslotterie‹ eine wirkliche Freude bereiten konnte. Euere Brieflein, Briefpapier, die schön gemalten Karten

der Töchter und einiges, was ich aufgespart hatte, lag säuberlich verpackt und mit getuschten Nummern versehen auf meinem Tablett (hergestellt aus Aktendeckeln, Pappe und Goldpapier), bedeckt mit der weißen Spitzendecke und einem ›Ziehungsplan‹, der den durch ein Zellenfenster scheinenden Weihnachtsstern als Emblem trug. Nachmittags putzte ich mein Edeltännchen, für dessen ›Erstehung‹ ich R. nicht genug danken kann, verfertigte ihm noch einen guten Spitzenstern und befestigte Eueren Adventsengel daran. Der kleine Arbeitstisch daneben, dessen ich mich seit einiger Zeit erfreue, wurde mit der blütenweißen Papierdecke zum Gabentisch. Kuchenschachteln und Stollen gruppierten sich um die vertraute Schnitzkrippe. Und Bücher! ... die immer herzerfreuenden Mozartbriefe, den betulichen, gemütsvollen Timmermanns und die Gedanken zur Kunst von Carus, dem hochbedeutenden Berliner Arzt, Maler und Schriftsteller der Romantik, von dem ich schon immer etwas lesen wollte. Abends hatte ich nun was Gutes, Leichtes gegessen, dann die Kerzen entzündet und nur die Wandlampe hinter A's vollendeter Transparent-Krippe brennen lassen. Es war schön, vielleicht zu schön, denn als ich die Familienbilder betrachten wollte, die ich Deiner Güte verdanke, kam mir immer etwas in die Augen, was sie trübte ...
Da krachte die Zellentür auf (Klopfen ist hier nicht üblich), und es erschien der Kommandant des Gefängnisses, ein ritterlicher Mann, schüttelte mir die Hand und sagte, er habe sich über meine Betreuungsarbeit gefreut und wolle mich mal kennenlernen. ›Theo‹, den wackersten der Kalfaktoren, hatte er mit meinem Lotterie-Tablett gleich mitgebracht, und nun erhielt ich die Erlaubnis, die Verlosung in einer Zelle des Souterrains, wo 5 Kalfaktoren liegen, selbst vorzunehmen. Da blieb ich nun ausgiebig und werde diesen Abend ebensowenig vergessen, wie den Weihnachtsabend vor einem Menschenalter, im dunklen Zug von der Westfront nach Luxemburg, und den vor einem Jahr auf der Orgelempore der Fieberbrunner Kirche. ›Schicksale gebündelt‹ taten sich da auf, und ich mußte an Papas derbes, aber wahres Wort denken: ›Der Mensch ist ein zähes Luder!‹ Und wieviel anständige Gesinnung, wieviel Herzenskultur hatte auch diese Schicksale überdauert!
So wurde ich über meine eigenen Sorgen und Nöte hinweggetragen, und als ich wieder in der Zelle war, da konnte ich jene Bilder

mit ungetrübten Augen vor mir ausbreiten und die Zeiten wieder erwecken, in denen sie entstanden waren. Dank stieg in mir auf und überstrahlte jede Anwandlung der Wehmut ...
(Fortsetzung abends) Ich habe einen stillen, friedlichen Feiertag hinter mir. Erfreulicherweise hatten wir bei dem klaren Winterwetter ›Spaziergang‹, wobei es sogar wechselseitige Feiertagswünsche per distance gab. Vormittags überraschte mich noch eine 3. inhaltsreiche Sendung, überbracht durch die Azalie. Welche Freude, wieder etwas Blühendes in der Zelle zu haben! Hoffe, sie gut durchzubringen. Vielleicht gelingt's mir, die Kippfensterfläche, die jetzt mit Pappe gedeckt ist, wieder zu verglasen. Das würde auch den Blumen zugute kommen, denn es handelt sich um 50 Proz. meiner Fensteröffnung überhaupt. Es kommt noch hinzu, daß die Pappe nicht dicht zu kriegen ist, so daß ständig kalte Luft einströmt. Und da ›Kohlenklau‹ hier nicht geduldet wird, ist es richtig kalt bei mir. Ich habe gestern abend immer wieder zu Euch hinübergedacht – und auch nach Bebra, wo Annemarie den (wie ich hier von einem Kassler SD-Mann hörte) sehr schweren Angriff auf Bebra mit den ihren glücklich überstanden hat.
In herzlicher Verbundenheit
Dein Ernst«

Die Haftbedingungen

Um allen Belastungen der Haft gewachsen zu sein, unterwarf sich Ernst von Harnack einer strengen Selbstdisziplin. Der Kalender, den er von Anfang an führte, blieb uns erhalten. Wir können ihm die wichtigen Daten seiner Haft entnehmen:
Am Tage seiner Einlieferung:
»29. September: 21^h Verhör
19. Oktober: 12–16^h 1. Vernehmung durch Kriminalrat Lange zur Person[1]
24. Oktober: 2. Vernehmung zur Person, zu Rackwitz
26. Oktober: 3. Vernehmung zur Person, zu Leuschner
27. Oktober: 4. Vernehmung zur Person, zu Leuschner
31. Oktober: 5. Vernehmung zur Person, zu Goerdeler, Dohnanyi
23. November: Abschließende Vernehmung«

In den Kalender trug Ernst von Harnack außer den Besonderheiten des Tages sein Arbeits- und Leseprogramm ein. In dem am 1. Januar neu beginnenden Kalender umfaßt jedes Blatt vier Tage. Die letzten Eintragungen betreffen Sonntag, den 4. März ...
Die täglichen Eintragungen *beginnen* z. B. mit: »Zelle gescheuert«, »Schränkchen desinfiziert (Wanzen)«. – »Morgenandacht mit Losungen der Brüdergemeinde«. »Morgenandacht: Perikopen mit griechischem Text«.

---

1 Zu den Verhören wurde Ernst von Harnack jeweils zur Prinz-Albrecht-Straße gebracht. Rudolf Pechel schreibt 1947 (Deutscher Widerstand, E. Rentsch Verlag Zürich): »Ich habe ihn im Gestapo-Gefängnis in der Lehrter Straße manches Mal gesprochen und bin mit ihm Hand an Hand gefesselt zum Verhör in die Prinz-Albrecht-Straße gebracht worden und empfand lebhaft, wie unerreichbar dieser Mann für die Untermenschen des Reichssicherheitshauptamtes war.«

An *schriftstellerischen* Arbeiten werden genannt Teil 2 und 3 des Manuskripts für den Bergbau-Film im Auftrage von Brose.
Handwerkliche Tätigkeiten betreffen Fototaschen, Bilderrahmen, künstlerisch gestaltete Kästen usw.
Die *Lektüre* besteht in:
Ina Seidel: Wunschkind (»ergriffen«)
R. Schneider: Vaterunser
Shakespeare: Heinrich VI., Heinrich VIII., Richard III.
Kautzsch: Altes Testament
Goethe: Faust II; Langewiesche: Wolfs; Korn: In der Stille; und als letztes: Dante: Divina Comedia.

Die *Umstände in der Zelle* werden immer wieder geschildert: »Zelle sehr kalt«, »Zelle ungeheizt«, »Zelle eiskalt«. Immer wieder Tages- und Nacht-Alarme mit niedergehenden Bomben näher oder ferner. Am 3. Februar: »Mittags der schwerste Luftangriff seit meinem Hiersein, Haus schwankt stark (Präs. Roland Freisler, der der Verhandlung gegen mich am 1. II. präsidierte, kommt durch Bombe um)«. Die Hof-Gänge werden notiert. Am 4. II.: »Wir entleeren die Kübel in eine im Hof gegrabene Grube – Wiedersehen m. Klaus + Rüdiger,[1] jetzt meinen Nachbarn. Rüdiger geigt, u. a. Bach ›Erbarme dich‹ + ›Thema regium‹.«

Gesundheitlich hat Ernst vor allem durch starke rezidivierende Leibschmerzen viel zu leiden. Magenpastillen aus dem Revier u. a. helfen wenig. Langwierige Zahnbehandlungen beginnen am 6. Januar: »Zahnklinik Invalidenstr. mit Graf York. Angenehme Atmosphäre. Wurzel entfernt (dauert lange)«.
Die ankommende und die abgehende Post wird erwähnt, sowie die *Besuche:* Am 27. Februar »Sprecherlaubnis Aenne und Agnes, viel erledigt. Erleichterung der Fesselung wird vom Justiz-Ministerium geprüft«. Dies ist der letzte Besuch ...
Die *Kriegslage* läßt erkennen, wie die Front näher rückt. Ist von daher Hoffnung möglich?
»Warschau geräumt«
»Oppeln gefallen«
»Russen in Guben«
»Amerikanische Offensive an der Roer beginnt«

[1] Klaus Bonhoeffer und Rüdiger Schleicher

»Engländer in Xanthen«
und die letzte Eintragung politischer Art:
»Köln im Heeresbericht«.

Der Termin für die Verhandlung vor dem Volksgerichtshof war auf den 20. Januar festgelegt worden. Zum Pflichtverteidiger wurde Justizrat Dr. Hercher bestimmt. Darüber schreibt Ernst von Harnack an meine Mutter

»Berlin, 14. Januar 45
Ich wollte gerade meine Sachen ausbreiten – da kam Alarm. Jetzt ist er (in unserer Gegend) glücklich vorübergegangen, und ich kann meine Gedanken auf diesen Brief und auf Dich konzentrieren. Nicht leichten Herzens! Denn durch Dr. Hercher weiß ich, daß Du über den ernsten Aspekt unterrichtet bist, unter dem mein Termin am Sonnabend, den 20. 1. stehen wird. Ich habe heute Herrn Kriminalrat Lange schriftlich gebeten, Dich und die Töchter vorher sprechen zu dürfen. Mein Haupt-Anliegen ist dabei, Euch jede Angst um mich und jede Verbitterung zu nehmen. Dr. H's. Eröffnungen waren nach gewissen Erfahrungen der letzten Zeit keine Überraschung für mich. Ich habe nun innerlich wieder die Position bezogen, die ich Euch in meinem ersten Brief vom Oktober dargestellt habe, und aus der ich mich auch nie ganz entfernt hatte. Ich weiß mich eins mit Euch in Gott und sehe allem Kommenden im Vertrauen auf seine gnädige Führung in gesammelter Ruhe entgegen. Womit ich seit Tagen ringe, sind nicht bange Zukunftsgedanken, sondern der körperliche Schmerz. Heute hat mich nun der hier mitpraktizierende Berliner Zivilarzt, ein freundlicher Mann, untersucht. Er meinte, es sei eine allgemeine ›Itis‹ des Magen/Darmtrakts infolge der für mich unbekömmlichen Nahrung. Ich kann das kaum glauben, denn meine Kost war dank Euerer Gaben stets abwechslungsreich, und meine Beschwerden fingen vor Weihnachten ganz spontan an ... Wenn die Zelle nur nicht so kalt wäre! Den Vormittag liege ich deshalb schon meistens ... Am 20. 1. muß ich unbedingt auf der Höhe sein – in jeder Beziehung ... z. Zt. muß ich mir jeden Brief wegen der ewigen Leibschmerzen geradezu abringen; ich schreibe deshalb, – ganz gegen meine Absicht und Gewohnheit – sehr wenig ... Wenn nur die verfluchten Schmerzen nachließen!

Und doch, und dennoch: Dank und Freude überwiegen immer wieder. Lies einmal ›Hussens Kerker‹ von C. F. Meyer! Solcher Seelenhaltung steuere ich zu. Gott geb seinen Segen drein! Sei mit den Töchtern herzlich umarmt und gegrüßt ...«

Hussens Kerker

Es geht mit mir zu Ende,
Mein Sach und Spruch ist schon
Hoch über Menschenhände
Gerückt vor Gottes Thron,
Schon schwebt auf einer Wolke,
Umringt von seinem Volke,
Entgegen mir des Menschen Sohn.

Den Kerker will ich preisen,
Der Kerker, der ist gut!
Das Fensterkreuz von Eisen
Blickt auf die frische Flut,
Und zwischen seinen Stäben
Seh ich ein Segel schweben,
Darob im Blau die Firne ruht.

Wie nah die Flut ich fühle,
Als läg ich drein versenkt,
Mit wundersamer Kühle
Wird mir der Leib getränkt –
Auch seh ich eine Traube
Mit einem roten Laube,
Die tief herab ins Fenster hängt.

Es ist die Zeit zu feiern!
Es kommt die große Ruh!
Dort lenkt ein Zug von Reihern
Dem ew'gen Lenze zu,
Sie wissen Pfad und Stege,
Sie kennen ihre Wege –
Was, meine Seele, fürchtest du?

Der Brief an seine Tochter Annemarie vom 24. Januar lautet:

»24. Januar 45
Meine liebe Annemarie!
Ich bin wieder einmal in Deiner Schuld, aber die Verhältnisse waren stärker als ich. Zuletzt hemmten mich allerlei körperliche Beschwerden, die aber jetzt behoben oder doch in Behandlung sind. In der Universitäts-Zahnklinik werden meine Zähne betreut, die begannen mich scharenweise zu verlassen, was wieder auf Magen, Kopf usw. zurückwirkte.
Du hast mir mit dem selbstgeschriebenen Büchlein eine *große* Freude gemacht. Manche vertrauten Verse kann ich mir nun wieder vergegenwärtigen; ich bin ja leider kein großer Auswendigkönner. Sag auch den Kindern meinen Dank für ihre lieben Wünsche! Ihr habt Anfang Dezember Schweres durchgemacht, und ich bin glücklich, daß Ihr bewahrt geblieben seid. Der Ausfall der Schule ist ärgerlich, gibt Dir aber die Möglichkeit, Irene und Jürgen die religiösen Werte näher zu bringen, als Du es sonst wohl könntest. Ich kann es jetzt ermessen, welcher Schatz ein in der Jugend überkommener Besitz an religiösem Gedankengut ist. Die *Musik* wird – wie für Dich – die rechte Brücke sein. Laß die beiden ruhig auch etwas lernen – Lieder wie ›Früh am Morgen Jesus gehet‹, ›Der Mond ist aufgegangen‹, ›Nun ruhen alle Wälder‹, ›Harre meine Seele‹ werden sie schon verstehen. Bete mit ihnen; bei den großen Anliegen, die wir alle haben, werden die Worte sich von selbst einstellen. Bereite Dich ein wenig darauf vor, den beiden das Leben und Wirken Jesu im Zusammenhang zu erzählen. Das Büchlein von Dickens, das ich Dir gab, wird Dir dabei ein guter Helfer sein ... *Mein* ferneres Schicksal wird sich wohl im Laufe des Februar entscheiden. Gottlob finde ich immer wieder die Kraft zu produktiver Arbeit. – Voller Sorgen gehen die Gedanken nach dem Osten, der Jugend-Heimat meiner Frau, dem Schauplatz meiner ersten Berufsjahre.
Aber auch Deiner gedenk ich immer wieder in herzlicher Liebe, hoffe von Euch allen bald einmal wieder zu hören. Alles Gute für Jürgens 7. Geburtstag! Sei mit ihm und Irene gegrüßt und geküßt von Deinem getreuen [Unterschrift]«

Ohne Angabe von Gründen wurde der Termin für die Verhandlung am 20. Januar gestrichen. Als neuer Termin wurde Donnerstag, der 1. Februar, anberaumt. Die Kalendereintragungen für die Tage vom 29. 1. bis zum 1. 2. lauten:

<u>Mo 29</u> Tasche Aenne beendet (japan. Stil m.
Forsythien-Zweig nach d. *Natur*)
2. Besuch RA Justr. Dr. Hercher: *Termin* auf *Donnerstag, 1. II. 11.00 verlegt*, Lage sonst unverändert
Kl. Andacht
13.30 Zahn-Klinik, 3 Wurzeln oben rechts (Schneidz.)
entfernt (leicht!). *Ea*
Rosenbg. setzt mir i. d. Zelle neue Scheiben ein.
Empfange wichtige Medikamente: Allional, Abasin, Gelonida
gel: Heinrich VIII. beendet, Romeo u. Julia angef.
Langer Alarm, Einschläge unangenehm nah

<u>Di 30</u> Karten an Annie + Axel
Extraktionswunde *ohne* Beschwerden
Scheiben i. d. Zelle endlich v. Kalf. Rosenberg eingesetzt.
abds. Tasche f. Ursel beendet: rosa Umschl. m. Gold + silb. Blättern, innen Fam.-Wappen + Monogramm
gel. Romeo + Julia
Schneider »Vaterunser«

<u>Mi 31</u> Brief an Agnes (abds.)

Hof-Gang, allgem. Teilnahme
Zahnklinik fällt aus unbek. Grunde aus
Sndg. Aenne: Stärken f. Donnerstag!
2 kl. Gedichte als Begleitg. d. Fototaschen f. Aenne + Ursel gemacht.
Anklageschr. + Ladg. f. Donnerstag 15.30 zugestellt
2 Noktal, gut geschl.

Februar Briefe an Ae. + Eva
        (abds)

Do 1   Silberrose f. »Vaterunser« v. Schneider
(durch Elisab.) geschnitten
1 Allional, 2 Pervitin
        Aenne + Elisab. i. d. Portierloge Bellevuestr., Eva hier
        Gaben v. beiden Ren. hier
11.00 Term. Volksgericht: Vors. Präs. Freisler, Vertr. d. Oberreichsanw. Hartzmann, 1 Berufsr., 3 Laienbeis. Beginn ca 11.45, Verhandlg. ca 3/4 Std., Beratg ca 1/4 Std. Urteil: Todesstr. Ehrverl. a. Lebensz./Todesart nicht verkündet, auch nicht Verm.-Einziehg
        Vorber. z. Hochverrat,
        Feindbegünstigg
In Moab. neue, sehr viel hellere + wärmere Zelle Nr. 494 i. 3. Stock. Willy + Theo helfen b. Umzug. *aber:* ständige Handfesseln.
        2 Noktal, erträgl
        geschl.
Briefw. Schiller/Goethe angef.

Freisler und der
Volksgerichtshof[1]

Durch das Gesetz zur Änderung von Vorschriften des Strafrechts und des Strafverfahrens vom 24. 4. 1934 wurde dem *Reichsgericht* die erst- und letztinstanzliche Entscheidung in Strafsachen entzogen und auf den gleichzeitig als Sondergericht errichteten Volksgerichtshof übertragen.
Dessen späterer Präsident (1936–1942) und Reichsjustizminister, *Dr. Thierack,* bezeichnete ihn als »scharfes Instrument« bei der Bekämpfung der schwersten Verbrechen, die ein auf dem »Treuegedanken aufgebautes völkisches Staatswesen« überhaupt kenne. Der am Volksgerichtshof amtierende Oberreichsanwalt Parrisius erklärte mit zynischer Offenheit: »Ziel des Volksgerichtshofes ist es nicht, Recht zu sprechen, sondern die Gegner des Nationalsozialismus zu vernichten.«
Zunächst war der Volksgerichtshof nur zur Aburteilung von Hoch- und Landesverratssachen sowie Angriffen gegen den Reichspräsidenten und einigen hochpolitischen Verbrechen vorgesehen. Der Zuständigkeitskatalog wurde jedoch im Laufe der Zeit erheblich erweitert. Insbesondere war er befaßt mit der Aburteilung der sog. Wehrmittelbeschädigung, unterlassener Verbrechensanzeige, Wirtschaftssabotage, Spionage und nicht zuletzt der Wehrkraftzersetzung. Gegen seine Entscheidung gab es kein Rechtsmittel. Immer, wenn vom Volksgerichtshof die Rede ist, denkt man zwangsläufig an *Freisler.*
Wenn dieser auch erst 1942 dessen Präsident wurde, so nahm er bereits ab 1934 als damaliger Staatssekretär Einfluß auf ihn, sei es durch zahlreiche Publikationen oder aber bei der Mitarbeit an Gesetzesinitiativen. Es war sein Werk, daß der als Sondergericht errichtete Volksgerichtshof 1936 als ordentliches Gericht im Gerichtsverfassungsgesetz und in der Strafprozeßordnung anerkannt wurde.

1 nach Rechtsanwalt Joachim Fuhrmann/Essen 1984

Auffallend ist, daß die Anzahl der Todesurteile ab 1942 sprunghaft in die Höhe schnellte. Während im Jahr zuvor 102 Todesurteile verhängt wurden, waren es 1942 rund 12mal soviele, nämlich etwa 1200.
Dies ist sowohl auf die wesentlich angespanntere Kriegssituation, die Kriegsmüdigkeit, als auch auf noch schärfere Gesetze zurückzuführen, besonders aber auf den Wechsel in der Präsidentschaft des Volksgerichtshofes. Während sich die Urteile unter Thierack zwischen 1936 und 1942 noch in gewissen Grenzen hielten, änderten sie sich unter Freisler, bei dem die Todesstrafe das häufigste Ende eines Verfahrens war.
Freisler wurde der Typ des Revolutionstribuns. Hitler meinte von ihm, er sei »unser Wyschinski«, jener Wyschinski, der bekanntlich bei den Moskauer Schauprozessen der Jahre 1931 bis 1938 als Generalstaatsanwalt und Hauptankläger fungierte.
Roland Freisler, Jahrgang 1893, studierte nach Ablegung des Abiturs an der Universität Jena Rechtswissenschaften. Durch den Ausbruch des ersten Weltkrieges wurde das Studium unterbrochen, Freisler Soldat und an der Ostfront eingesetzt. Ende 1915 geriet er in russische Kriegsgefangenschaft.
Er erlernte schnell die russische Sprache und befaßte sich intensiv mit den Lehren des Marxismus. Als sich die Kriegsgefangenenlager nach Ausbruch der Oktoberrevolution auflösten, trat Freisler offen als *Bolschewist* in Erscheinung und wurde nach kurzer Zeit, was er selbst niemals abgestritten hat und was sogar im Völkischen Beobachter vom 16. Juni 1932 nachzulesen ist, bolschewistischer Lebensmittelkommissar. Wegen einer ihm zur Last gelegten Lebensmittelschiebung zog er es vor, die Sowjetunion zu verlassen und kehrte 1920 nach Kassel zurück. Er beendete sein Studium, promovierte, bestand sein zweites Staatsexamen und ließ sich zusammen mit seinem Bruder Oswald 1924 in Kassel als Rechtsanwalt nieder.
Mit der gleichen Energie wie als Strafverteidiger befaßte er sich mit der Politik. Noch während der Assessorenzeit war er überzeugter Kommunist, verwandelte sich jedoch alsbald in einen »völkisch gesinnten Nationalisten«. Er brauchte hierzu nur die Akzente anders zu setzen und gewisse weltanschauliche Begriffe und Phrasen gegen andere einzutauschen. Freisler trat zunächst dem Völkischen Sozialen Block bei und wurde 1924 Stadtverord-

neter in Kassel; ein Jahr darauf Mitglied der NSDAP und Landtagsabgeordneter.

Im August 1942 wurde er, dessen geheimes Ziel es war, Reichsjustizminister zu werden, Präsident des Volksgerichtshofes und dessen böser Geist. Freisler spielte virtuos auf dem von ihm mitgestalteten strafgesetzlichen und strafprozessualen Instrumentarium. So gab es vor dem Volksgerichtshof keine Haftprüfung mehr. Die Haftbedingungen wurden verschärft, Verfahren gegen Jugendliche möglich, ohne daß zu deren Gunsten das Jugendgerichtsgesetz angewendet werden durfte.

Häufig wurde von einer teuflischen, in die Strafprozeßordnung bereits 1935 eingefügten Bestimmung des § 267a Gebrauch gemacht. Danach konnte ein Angeklagter für eine Handlung, die nach »gesundem Volksempfinden Bestrafung verdiente«, aber im Gesetz nicht für strafbar erklärt war, gleichwohl verurteilt werden, sofern auf die Tat der »Grundgedanke« eines Strafgesetzes zutraf. Richtschnur war der Wille des Führers und wie dieser im konkreten Fall entschieden haben würde.

Die Verteidigung vor dem Volksgerichtshof wurde auf ein Minimum beschnitten: eine freie Anwaltswahl seitens der Angeklagten gab es nur noch in Ausnahmefällen. Sie bedurfte der jederzeit widerruflichen Genehmigung des Vorsitzenden. Die Verteidiger wurden durch die Rechtsanwaltskammern reglementiert. Sie mußten bei »Fehlverhalten« mit Konsequenzen rechnen. War der Verteidiger Mitglied der NSDAP, unterstand er zudem noch der Disziplin der Parteigerichtsbarkeit. Die Verteidigung stand praktisch nur noch auf dem Papier und wurde inhaltlich funktionslos.

Es war deshalb den Richtern des Volksgerichtshofes, an der Spitze Freisler, ein leichtes, mit den zermürbten Angeklagten, die teilweise vorher von der Gestapo mißhandelt und gefoltert worden waren, buchstäblich kurzen Prozeß zu machen.

Insgesamt verhängte der Volksgerichtshof 5191 Todesurteile, davon die meisten unter dem Vorsitz Freislers.

Das Todesurteil

Der Kalfaktor Theo Baensch berichtet:

»Am 1. Februar verkündete das Volksgericht das Todesurteil. Von dieser letzten Auseinandersetzung mit dem Nationalsozialismus kam Ernst von Harnack in eigenartig erhobener Stimmung zurück. Der Urteilsspruch konnte für ihn keine Überraschung bilden, aber er empfand sichtlich eine große Genugtuung darüber, daß er die Stunde der Verhandlung und des Urteilsspruchs in einer seiner angemessenen und würdigen Haltung überstanden hatte. Er konnte es sich in seinen Berichten nicht einmal verwehren, dem Präsidenten des Volksgerichtes Freisler das Lob einer ausgezeichneten Aktenkenntnis seines Falles und, so paradox das klingen mag, einer in manchem Betracht weltmännischen Verhandlungsführung auszustellen. Er war sehr ungehalten, als ich den Versuch unternehmen wollte, eine auch nur formale Würdigung solcher Art zurückzuweisen. Zwei Tage später war Freisler selber gerichtet. Eine Fliegerbombe, die das Gebäude des Volksgerichtes getroffen hatte, machte seinem Leben ein Ende.«

Justizrat Dr. Hercher berichtete nach der Verhandlung meiner Tante Elisabet von Harnack, daß das Todesurteil nicht zu vermeiden gewesen wäre. Harnack habe sich *glänzend gehalten* (»das war sein Ausdruck«), sei ruhig und gefaßt gewesen. Wir wußten, daß die Verteidigung eine reine Formsache war. Mehr als eine Scheinverteidigung durfte es nicht sein, wenn sich der Pflichtverteidiger nicht selbst in Gefahr bringen wollte.

Das Urteil lautete:

»1 L 519/44 *Geheime Reichssache!*
O J 59/44 g Rs

IM NAMEN DES DEUTSCHEN VOLKES!

In der Strafsache gegen

den ehemaligen Regierungspräsidenten a. D. und Handelsvertreter Ernst von *Harnack* aus Berlin-Zehlendorf, geboren am 15. Juli 1888 in Marburg a. d. Lahn,
zur Zeit in Haft
wegen Landesverrats,
hat der Volksgerichtshof, 1. Senat, auf die am 23. Dezember 1944 eingegangene Anklage des Herrn Oberreichsanwalts, in der Hauptverhandlung vom 1. Februar 1945, an welcher teilgenommen haben

als Richter:
Präsident des Volksgerichtshofs Dr. Freisler, Vorsitzer,
Landgerichtsdirektor Dr. Schlemann,
Privatangestellter Heinsius,
Abteilungsleiter Aumüller,
Gartentechniker und Kleingärtner Kaiser,
als Vertreter des Oberreichsanwalts:
Erster Staatsanwalt Harzmann,

für Recht erkannt:
Ernst von *Harnack* wußte von Umsturzbestrebungen Goerdelers und auch von solchen Lebers und Leuschners.
Er meldete das nicht nur nicht, sondern stellte sich Leber sogar – wenn er gebraucht wurde – zur Verfügung!
Sein Tun erklärt sich aus dem ihn beherrschenden Gemisch liberaler und marxistischer Anschauungen und aus seinem Verzweifeln am Sieg.
Das ändert aber nichts an seinem Hochverrat mitten im Kriege.
Dadurch hat er sich für immer ehrlos gemacht. Er wird daher mit dem *Tode* bestraft.

Gründe

Der 56jährige Angeklagte Ernst von *Harnack*, welcher der Sohn des verstorbenen bekannten Gelehrten Wirkl. Geh. Rat und Professor Adolf von Harnack ist, studierte nach bestandener Reifeprüfung Rechtswissenschaft, wurde nach Abschluß des Studiums Kammergerichtsreferendar und sodann Regierungsreferendar. Am 1. Weltkrieg nahm er als Bataillonsadjutant und Ordonnanzoffizier bis 1916 im Westen teil. Er erhielt das EK II. Klasse und ist überdies Inhaber der Rettungsmedaille. Bis zum Ende des ersten Weltkrieges tat er dann Dienst in der Zivilverwaltung des Generalgouvernements Warschau. 1918 wurde er Regierungsassessor in Potsdam, 1919 Hilfsarbeiter im Kultusministerium und 1921 Landrat in Hersfeld. Nach verschiedener anderweitiger Verwendung in der Preußischen Verwaltung erfolgte 1929 seine Beförderung zum Regierungspräsidenten in Merseburg. 1932 wurde er in den einstweiligen Ruhestand und 1933 auf Grund des Gesetzes zur Wiederherstellung des Berufsbeamtentums in den endgültigen Ruhestand versetzt. Seitdem betätigte er sich als Handelsvertreter in der Textilbranche. Daneben nahm er schriftstellerische Arbeiten vor; er gab 1936 das Buch ›Praxis der öffentlichen Verwaltung‹ heraus, dessen Verbreitung allerdings wegen der politischen Vergangenheit des Angeklagten angeblich untersagt wurde.

Von Harnack entstammt nämlich einem politisch sehr interessierten Hause. Sein Vater hatte Beziehungen zu den beiden Reichskanzlern Fürst von Bülow und von Bethmann-Hollweg sowie zu allen führenden Männern der damaligen Zeit. Im Jahre 1919 trat der Angeklagte der SPD bei und blieb in ihr als einfaches Mitglied bis zu deren Auflösung. Er stand auf dem rechten Flügel der SPD und gehörte außerdem dem ›Bunde religiöser Sozialisten‹ an.

Aus der Ehe des von Harnack mit Anna geb. Wiggert sind zwei Söhne und drei Töchter hervorgegangen. Ein Sohn befindet sich als Assistenzarzt an der Westfront, während der andere Sohn im Januar 1942 im Osten als Ritterkreuzträger, Oberleutnant und Chef einer Panzerkompanie gefallen ist.

Auf Grund einer wissenschaftlichen Arbeit für den Generalbauinspektor von Berlin – Gräberkartei Groß-Berlin – wurde der Angeklagte mit dem ehemaligen Generalobersten Beck bekannt. Die wiederholten fachlichen Besuche in der Wohnung desselben benutzte er, um Beck über dessen jeweilige Auffassung über die Kriegslage und Kriegsaussichten zu befragen. Beck sah unsere Lage stets als hoffnungslos an. Als die russische Winterkatastrophe 1941/1942 hereingebrochen war und von Harnack seinen Sohn

Anfang 1942 bei Smolensk verlor, richtete er in seiner niedergeschlagenen Stimmung an Beck die Frage, ob dieser nicht die Initiative zu einer Wende ergreifen könne. Hierbei will er aus dem Gemisch seiner alten liberalen und marxistischen Anschauung heraus an einen ohne jede Gewalt erfolgenden ›Kurswechsel von oben‹ gedacht haben. Beck lehnte die Anregung des Angeklagten mit aller Entschiedenheit angeblich ab. Die Besuche bei Beck setzte von Harnack auch in Zukunft fort.

Die jeweiligen Mitteilungen Becks über die Kriegslage trug der Angeklagte dem ihm von früher her bekannten, ehemaligen SPD-Gewerkschaftsführer Wilhelm Leuschner zu. Leuschner ließ durchblicken, daß er gewisse Verbindungen mit früheren Gewerkschaftlern aufrecht erhalte. In diesem Zusammenhange erwähnte er einmal den Namen des früheren Landesgeschäftsführers der Christlichen Gewerkschaften, Kaiser. Auch wurde dem Angeklagten bekannt, daß Leuschner mit dem ehemaligen sozialdemokratischen Funktionär Dr. Leber in Verbindung stand. Bald wurde von Harnack klar, daß Leuschner auf einen Systemwechsel hinarbeitete. Bei einer dieser politischen Unterhaltungen eröffnete ihm dann Leuschner, daß die früheren Gewerkschaften sich das Ziel gesetzt hätten, nach einem geglückten Systemwechsel die DAF als Ganzes zu übernehmen und zu einer reinen Arbeitnehmerorganisation auszugestalten.

In den Jahren nach Ausbruch des gegenwärtigen Krieges führte von Harnack ferner häufig die Gespräche mit dem ihm von seiner früheren Merseburger Amtszeit her bekannten ehemaligen Oberbürgermeister Dr. Goerdeler. Bei den vielen, etwa alle drei bis vier Monate in Berlin erfolgenden Zusammenkünften übte Goerdeler fast ständig Kritik an unserer militärischen und wirtschaftlichen Führung. Auch er war des Glaubens, daß Deutschland vor dem politischen und militärischen Zusammenbruch stehe. Nach und nach wurde dem Angeklagten klar, daß Goerdeler mit militärischen Kreisen Fühlung aufgenommen hatte in dem Bestreben, sie für einen Systemwechsel zu gewinnen, der den militärischen Anschluß an die Westmächte in die Wege leiten sollte. Bei diesen Unterredungen tauchte der Plan eines Attentats auf den Führer nicht auf. Immerhin waren die Absichten auf die Ausübung eines mehr oder weniger starken Druckes auf die politische Führung gerichtet. Infolge einer längeren Abwesenheit von Berlin – August

1943 bis Frühjahr 1944 – hatte von Harnack dann erst im März 1944 eine neue Zusammenkunft mit Goerdeler, die in Stuttgart stattfand. Goerdeler klagte über eine mangelnde Bereitschaft der Generäle, seinen Intentionen zu folgen. Aus der Unterredung gewann der Angeklagte jedoch die Überzeugung, daß Goerdeler seine Bemühungen lebhaft fortsetze und daß noch alles in der Schwebe sei. Einzelheiten darüber, wie die Entwicklung der Aktion gedacht war, gab Goerdeler nicht. Auch nannte er keine Namen. Nur die Verbindung Goerdelers mit Leuschner war dem Angeklagten bekannt.

Mit dem früheren sozialdemokratischen Reichstagsmitglied Dr. Leber, der sein Hausnachbar war, kam von Harnack ebenfalls sehr häufig zusammen. Im März 1944 wurde er auch durch Leber davon unterrichtet, daß Vorbereitungen für ein Unternehmen mit dem Ziele des Systemwechsels im Gange seien. Als von Harnack in diesem Zusammenhange auf Leuschner zu sprechen kam, erwiderte ihm Leber, ›der sei auf dem Posten‹. Leber, der die offensichtliche Bereitschaft des Angeklagten, sich an den Machenschaften zu beteiligen, erkannte, fragte ihn, ob er ihn für das Amt des Oberbürgermeisters von Berlin vorschlagen könne. Von Harnack will darauf erwidert haben, daß er sich einem derartigen Posten nicht gewachsen fühle. Er erklärte sich aber grundsätzlich bereit, dort mitzuarbeiten, wo man seine Kraft am zweckmäßigsten einsetzen zu können glaube.

Als nach dem mißglückten Attentat auf den Führer vom 20. Juli 1944 von Harnack den Namen Goerdeler hörte, stand für ihn fest, daß dieser mit dem Anschlag zusammenhing.

Dies alles beruht auf den offenen Angaben des Angeklagten in der Hauptverhandlung, die um so glaubwürdiger erscheinen, als sie sich im wesentlichen mit denen im Vorverfahren decken.

Goerdeler, Leber und Leuschner sind als Verräter vom Volksgerichtshof bereits abgeurteilt und mit dem Tode bestraft worden. Nach dem festgestellten Sachverhalt war sich der Angeklagte dessen bewußt, daß sowohl von einflußreichen Männern der ehemaligen SPD – Leuschner, Leber – in dem alten Marxistenlager als auch von einer mit Militärkreisen in Verbindung stehenden bekannten Persönlichkeit – Goerdeler – Vorbereitungen getroffen wurden, um angesichts des von ihnen erwarteten Zusammenbruchs des Reiches einen Systemwechsel herbeizuführen. Solche

Bestrebungen konnten – und darüber war sich der politisch geschulte Angeklagte eingeständlich völlig klar – nur auf die Beseitigung unserer nationalsozialistischen Regierungsform gerichtet sein. Die politische Gegnerschaft der alten sozialdemokratischen Funktionäre Leuschner und Leber einerseits und des ehemaligen Oberbürgermeisters Goerdeler, der, wie von Harnack vernommen hatte, aus seiner Abneigung gegen den Nationalsozialismus keinen Hehl machte, andererseits ließen darüber auch gar keine Zweifel zu. Daß ein solcher Staatsstreich nur mit Gewalt vor sich gehen konnte, stand für den Angeklagten ebenfalls fest. Aufschlußreich ist seine mit einem Abschwächungsversuch verbundene Erklärung in der Hauptverhandlung, er habe wenigstens die Hoffnung gehegt, daß der Staatsstreich möglichst schnell, mit geringer Gewaltanwendung und wenig Blutvergießen vor sich gehen würde. Die Durchführung der vornehmlich von Goerdeler geplanten Aktion dachte er sich allgemein so, daß sich führende Offiziere im Führerhauptquartier und beim Oberkommando der Wehrmacht durchsetzen und die entgegenstehenden Kräfte ausschalten würden. Mit aller Offenheit hat der Angeklagte in der Hauptverhandlung weiterhin eingestanden, ihm sei völlig klar gewesen, daß ein solches Unternehmen ›den Hochverrat bedeutete‹.

Obwohl er nun um das verräterische Treiben des Goerdeler, Leuschner und Leber wußte, hat er es nicht nur unterlassen, dies um der Sicherheit unseres Volksstaats willen und gemäß der ihm durch das Gesetz auferlegten Verpflichtung zur Anzeige zu bringen (§ 139 StGB), sondern er hat sich darüber hinaus sogar dem Verschwörer Leber zur hochverräterischen Mitarbeit zur Verfügung gestellt und sich dadurch selbst der Vorbereitung des Hochverrates schuldig gemacht (§§ 80 Abs. 2, 83 Abs. 3, 47 StGB). Als bloßer Gehilfe kann er nicht angesehen werden. Er hatte sich, wie er ebenfalls bekennt, aus seinen Zweifeln am Sieg und als alter Marxist schließlich zu einer Billigung einer auf den Sturz der Regierung zielenden Aktion durchgerungen. Somit entsprachen die Zielsetzungen der Verschwörer seinen eigenen politischen Wünschen. Ob er neben dem hochverräterischen Charakter seines Schrittes sich auch der feindbegünstigenden Auswirkung desselben völlig bewußt gewesen ist, ließ sich in der Hauptverhandlung einwandfrei nicht klären.

Der Angeklagte hat sich durch seine Handlungsweise schwer

gegen Führer, Volk und Reich vergangen. Wer sich, wie er, im fünften Kriegsjahr, also im erbittertsten Schicksalsringen des deutschen Volkes um Sein oder Nichtsein bewußt einer dem Reich höchst gefährlichen Verschwörergruppe anschließt, lädt, selbst wenn er in Einzelheiten nicht eingeweiht war und auch den Plan eines Attentates auf den Führer nicht kannte, eine derartige Schuld auf sich, daß er für immer ehrlos die Todesstrafe verwirkt hat. Der Umstand, daß von Harnack im Gegensatz zu manch anderen im 20. Juli-Komplex zur Aburteilung gelangten Verrätern in der Hauptverhandlung eine männliche Haltung gezeigt und sein an der Front höchst bewährter Sohn als Held gefallen ist, vermochte bei der Schwere der Schuld eine andere Entscheidung nicht zu rechtfertigen. Der Senat hat daher Ernst von Harnack zum Tode verurteilt und ihm die Ehrenrechte auf Lebenszeit aberkannt.
Als Verurteilter hat der Angeklagte nach dem Gesetz die Kosten des Verfahrens zu tragen.

gez. Dr. Schlemann
zugleich für den beim Terrorangriff am 3. Februar 1945 gefallenen Vorsitzer, Präsidenten des Volksgerichtshofs
Dr. Freisler.«

    Meine Mutter schrieb mir am Tage der Verhandlung vor dem Volksgerichtshof:

»Zehlendorf, den 1. 2. 45
Mein lieber Anno!
Gestern an Deinem Geburtstag habe ich den ganzen Tag an Dich gedacht, kam aber nicht zum Schreiben, da noch zu viel für Papa zu erledigen war.
Der Termin am Volksgerichtshof in Papas Angelegenheit war eigentlich auf unbestimmte Zeit hinausgeschoben worden. Ganz plötzlich wurde der Termin für heute angesetzt. Wir wußten ja schon immer, daß es sehr ernst stand, aber mit dem Herzen konnten wir es nie glauben. Der Verteidiger sagte, daß Papa sich vorbildlich gehalten hätte. Die Verhandlung war geheim. Nun ist das furchtbare Urteil gesprochen worden. Der Verteidiger sagte aber, daß Aussicht auf Begnadigung bestünde, da es ein Grenzfall sei. Morgen früh wollen wir gleich die Gnadengesuche hinbringen. Wir hoffen ganz fest, daß das Todesurteil in Haft umgewandelt wird ... In Liebe Deine Mutter«

Die Hoffnung, daß das Schlimmste abzuwenden sei, durfte man haben, da sich in den Reihen der Gestapo Unsicherheit bemerkbar machte angesichts der sicheren Niederlage, die Deutschland bevorstand. Würde es durch Verhandlungen mit Nazigrößen, die ihre Haut retten wollten, gelingen, den Gefangenen das Leben zu erhalten? Wie schnell würde es zur Eroberung von Berlin und damit zur Befreiung der überlebenden Häftlinge kommen? Am 27. 2. 1945 schrieb meine Mutter:

»... Wir haben jetzt wieder mehr Hoffnung, daß doch noch alles gut ausgeht. Seit dem 2. 2. wurde kein Urteil mehr vollstreckt. Ich habe schon manchen Bittgang in dieser Angelegenheit getan.«

Über die fünf Wochen, die meinem Vater bis zu seiner Hinrichtung noch blieben, schreibt Theo Baensch in seinen Erinnerungen:

»Nach der Verurteilung wurde Ernst von Harnack in eine im obersten Stockwerk des anderen Flügels gelegene Zelle verlegt. Das war eine Zelle der mir zugeteilten Station. Sein Zellennachbar wurde der ehemalige Staatssekretär Dr. Franz Kempner. In seiner Nähe befanden sich auch, ihm durch Familienbeziehungen besonders verbunden, Dr. Klaus Bonhoeffer und Dr. Rüdiger Schleicher. Letzterem war einige Zeit hindurch der Besitz einer Violine gestattet worden, und während dieser Wochen erfüllten die beseelten Töne seines Spiels an vielen Stunden unseren Gefängnisbau. Mit Franz Kempner hatte Ernst von Harnack nach seiner Verurteilung einen ständigen, wenn auch meist auf Klopfzeichen beschränkten freund-nachbarlichen Verkehr unterhalten. Er verhehlte nicht, daß ihm diese wortlosen Grüße besonders wohltaten, wenn er sie während der jetzt häufiger gewordenen Fliegerangriffe vernahm. ›Kempner scheint noch vor der Urteilsvollstreckung zu bangen‹, so sagte er mir, ›da muß ich ihn manchmal ermutigen. Bei Fliegerangriffen bin ich aber der Unruhige und selber auf Zuspruch angewiesen.‹
Die eifervolle Tätigkeit auf so vielen Gebieten, der er sich hingab, konnte indessen nicht über den tatsächlichen Gegenstand seiner innersten Anteilnahme hinwegtäuschen. Seine Gedanken blieben im Grunde immer dem grausamen über unser Volk hereingebrochenen Schicksal, dem er sich mit so vielen anderen noch hatte

entgegenstemmen wollen, zugewandt, und ebenso der peinigenden Tatsache, daß er trotz der dem Ende zustrebenden Kriegsereignisse seine geliebte Frau und seine Kinder allein würde zurücklassen müssen. Es schmerzte ihn auch, daß er durch seine eigene Verhaftung die Gestapo auf seinen Freund und Quartiergeber, den Pfarrer Rackwitz, der sich vorläufig ebenfalls in einer Zelle unseres Gefängnisses befand, aufmerksam gemacht hatte. Mit Stolz sprach er von dem im Kriege gefallenen Sohn und sorgte sich um das Schicksal des anderen. In diesem Zusammenhange erfuhr ich auch einmal davon, daß er selber eine äußere Auszeichnung, die Lebensrettungs-Medaille, besaß. Das war eigentlich das einzige Mal, daß er mir gegenüber von einem solchen unmittelbaren persönlichen Einsatz für die Rettung eines anderen Lebens gesprochen hatte. Wie oft er das auf politischem Felde zum Schutze von jüdischen Menschen und anderen Verfolgten des Hitler-Regimes getan hatte, erfuhr ich, in der Unterhaltung mit einigen unserer Mitgefangenen, erst später. Ernst von Harnack hatte in sehr vielen Zellen persönliche Freunde und Bekannte.«

Der Pfarrer Eberhard Bethge, Freund und späterer Biograph Dietrich Bonhoeffers, war als Gefangener und dann als Kalfaktor ebenfalls im Gefängnis Lehrter Straße. Er erinnert sich:

»Ernst von Harnack, zum Tode verurteilt, wird verlegt. ›Verlegen‹ sagt man ihm und uns, die wir ihm die Sachen zusammensuchen helfen und heruntertragen. Man gibt sich Mühe, in der quälenden Stunde des Abschieds das zu glauben. Wie alle in dem ungleichen Kampf um das Leben, hatte auch er die begehrlichen Wächter mit diesem und jenem, was seine Frau herantragen konnte, bestochen; dadurch konnte er wohl manche vorübergehende Erleichterung erfahren, aber doch nichts verhindern. So findet sich bei ihm eine Flasche Wein, und ehe sich die Wache mit dem Besitz des Toten eine unwürdige Szene machen kann, nehme ich sie für meine und des Paters Zwecke. Sie wird uns lange dienen.«

Pfarrer Bethge schildert dann, wie es ihm gelang, mit diesem »Meßwein« heimlich mit Gefangenen Abendmahlgottesdienst zu halten.

Ricarda Huch berichtet (siehe Seite 13):

»Erhebung fand Ernst von Harnack in Goethe und Dante, vor allem aber in der Bibel und seinem Gesangbuch. Er strich die Stellen an, die besonders zu ihm sprachen, darunter war ein Vers aus einem Gedicht von Spitta

>daß ich fröhlich zieh hinüber,
wie man nach der Heimat zieht.‹

So hinübergehen war sein Wunsch, aber ohne schwere Kämpfe bereitet sich kein Lebender zu gewaltsamem Tode. Trotz aller Bemühung, die innere Haltung zu wahren, gab es Stunden des Verzagens und der Verzweiflung.

Am Tage vor seinem Tode, am 4. März, spielte ihm auf seine Bitte sein Zellennachbar drei Choräle auf der Geige: ›Jerusalem, du hochgebaute Stadt‹, eine Erinnerung an seinen Vater: ›Wenn ich einmal soll scheiden‹ aus der Matthäuspassion, die zu hören ihn so manches Mal beseligt hatte, und einen alten lateinischen Hymnus: ›Vocilla regis prodeant – Des Königs Fahnen ziehn vorauf.‹

Das ist das letzte, was wir von ihm wissen. Die letzten Stunden seines Lebens war er allein. Der geistliche Beistand, der auch den Verbrecher tröstet und stützt, wurde ihm versagt.«

Das Ende

Theo Baensch berichtet:

»Ernst von Harnacks unermüdliche Regsamkeit, seine strenge Tageseinteilung und damit auch die Beschäftigung mit den ihm liebgewordenen handwerklichen Arbeiten hielten an bis zum Montag, den 5. März 1945, als er in den frühen Nachmittagsstunden zusammen mit seinem Zellennachbarn Franz Kempner zur Urteilsvollstreckung abgeführt wurde. Einige Tage zuvor hatte er mir als besonderes Andenken eine kleine Mappe aus seiner Werkstatt überreicht. Sie trägt die sehr persönliche und beziehungsvolle Ausschmückung, die allen seinen Geschenken solcher Art zu eigen war. Einen an versteckter Stelle angebrachten Widmungsvermerk: ›in vincula‹ habe ich erst viele Monate später entdeckt. Es waren unserem verehrten Freunde tatsächlich nach seiner Verurteilung Handschellen angelegt worden, und es bedurfte seines fast täglichen Feilschens, um von den wachhabenden Aufsehern und ihren Vorgesetzten zu erreichen – und ebenso erging es den anderen zum Tode verurteilten Kameraden –, daß ihm diese Fesseln, die so grausam zu dem sonst gewährten Zugeständnis von Hafterleichterungen kontrastierten, wenigstens für den größeren Teil der Tagesstunden abgenommen wurden.
Die ihm nach der Mittagsmahlzeit erteilte Anweisung, sich für den Abtransport bereitzuhalten, hatte er in Ruhe entgegengenommen, obwohl er sich über das Hintergründige dieser Anordnung sicherlich nicht im unklaren war. Er ordnete umsichtig und überlegt das wenige der privaten Habe, das sich in seiner Zelle befand, besprach gelassen mit den Wachtmeistern, was mit dem Teil des Gepäcks, den er zurücklassen mußte, zu geschehen hätte und verabschiedete sich von mir und den anderen in der herzlichsten Weise. Die innerliche Trennung von dieser Welt hatte er längst vollzogen. Auch Franz Kempner war sehr beherrscht und ruhig, als er uns die Hände drückte. Die beiden in den Kerkerzellen zu persönlichen

Freunden gewordenen Männer boten uns allen das Bild einer starken sittlichen Kraft. Wir wußten, die Mächte der Furcht würden sie auch im Angesicht des Todes nicht mehr überwältigen können.«

Das Zuchthaus Plötzensee, im Nordwesten Berlins gelegen, war der Ort der Hinrichtung. Allein hier wurden während der nationalsozialistischen Gewaltherrschaft etwa 2500 Männer, Frauen und Jugendliche durch Fallbeil oder Strick hingerichtet. Unter den Opfern befanden sich Deutsche, Tschechen, Polen, Franzosen, Österreicher, Niederländer, Belgier und Angehörige anderer Nationen.
Der eigentliche Hinrichtungsraum, neben dem zwei weitere Räume lagen, wurde durch einen großen schwarzen Vorhang geteilt. Im hinteren Teil stand rechts die Guillotine, das Fallbeil, mit dem die Enthauptungen vorgenommen wurden.
Die Häftlinge der Strafanstalt Plötzensee, die zum Tode verurteilt worden waren, wurden in das sogenannte »Todeshaus« gebracht, das sich unweit der Richtstätte befand. Hier mußten sie, nachdem ihnen ihre Hinrichtung bekanntgegeben worden war, im Erdgeschoß in kleinen, kalten, dürftig beleuchteten Zellen, die Hände zumeist vorn durch Handschellen gefesselt, warten, bis sie zum Hinrichtungsschuppen geführt wurden. – Kurz vor der Hinrichtung wurden den Delinquenten die Hände auf dem Rücken gefesselt, den Frauen wurden die Haare abgeschnitten. Sie erhielten die vorgeschriebenen Holzpantinen und wurden von zwei Justizwachtmeistern zur Richtstätte hinüber geführt. Die Beamten erhielten dafür als Sonderzuteilung acht Zigaretten.

Elisabet von Harnack an ihre Schwester Annie Frucht:

»Berlin-Halensee, 7. 3. 45
Meine liebe Annie,
Unser Bruder lebt nicht mehr.
Am Montag Morgen, d. 5. März ist er in Tegel hingerichtet worden mit 11 anderen.

Kann uns doch kein Tod nicht töten
Sondern reißt unsern Geist aus viel hundert Nöten,

Schließt das Tor der bittern Leiden
Und macht Bahn, da man kann
Gehn zu Himmelsfreuden.

Am Montag wollte Aenne noch etwas abgeben in der Lehrter Straße. Da wurde ihr gesagt, Ernst sei am Abend vorher mit 12 anderen fortgekommen; es handele sich um eine Verlegung, sie brauche *keine Sorge* zu haben. Sie solle gleich Sachen mitnehmen, da Ernst vielerlei in der Zelle hatte.
Da sie nicht alles tragen konnte, ging sie mit Renate (die noch halb krank war) am Dienstag noch mal hin. Da erfuhr sie, daß das Urteil schon am Montag vollstreckt war. –
Ernst hat zwei kleine Toilettenköfferchen und Mamas gestrickte Decke mitgenommen, so daß er wohl auch bis zuletzt nicht gewußt hat, daß sich sein Schicksal so schnell vollenden würde. –
Keine Qual rührt ihn mehr an.
Mit vielen Thränen
Deine Elisabet.«

Am 11. März 1945 schrieb meine Mutter an Annemarie Schwichtenberg:

»Meine liebe Annemarie!
Nun ist das Furchtbare doch geschehen, vor dem wir so große Angst hatten, das wir aber doch nie wirklich glauben konnten ... Mutig und aufrecht ging er seinen Weg bis zu Ende und blieb seiner Überzeugung treu. Er ist für seinen Glauben gestorben. Er sagte: ›Es ist nicht entscheidend, daß man das Ziel erreicht, sondern daß man den richtigen Weg geht.‹
Für uns Zurückbleibende ist es nun traurig und leer ...
Liebe Annemarie, Ernst hing mit großer Liebe an Dir und den Kindern und beauftragte mich noch, Dich und die Kinder sehr innig zu grüßen.«

»Zehlendorf, 20. März 45
Meine liebe Annemarie!
Gestern erhielt ich vom Volksgerichtshof die schriftliche Bestätigung der furchtbaren Nachricht, daß Ernst nicht mehr am Leben ist. Bis dahin hatte ich die Hoffnung nicht aufgegeben, daß die

mündliche Nachricht, die ich bekommen hatte, vielleicht doch falsch war. Nun ist keine Hoffnung mehr. Das Schreiben, welches ich bekommen habe, ist ganz kurz und enthält außer der Todesnachricht nur noch den Zusatz: ›Die Veröffentlichung einer Todesanzeige ist unzulässig‹ ... Es ist jetzt alles so trostlos und leer, seit Ernst nicht mehr lebt. Liebe Annemarie, um Dir das Herz nicht noch schwerer zu machen, hatte ich Dir bisher nicht geschrieben, daß alle zum Tode Verurteilten nachts gefesselt wurden und bei Alarm oben in ihrer Zelle bleiben mußten. So konnte er sich nachts nie ausziehen, da er sich, wenn Alarm kam, durch die Ketten nicht anziehen konnte ... Ernst hat so empfindsame Nerven. Dazu kamen noch krampfartige Unterleibsschmerzen. Er muß furchtbar gelitten haben ... Da wir jetzt jede Nacht mindestens einmal Alarm haben, ist es ein kleiner Trost, daß er dieses alles nicht mehr mitzuerleben braucht. Er ist von den furchtbaren Leiden erlöst. Er hat sein Leben tapfer vollendet. Vielleicht hätte er bei den Verhandlungen durch Leugnen sein Leben retten können, aber er wollte nicht unehrenhaft sein. Jetzt ist er in Gottes Frieden. Lebe wohl, liebe Annemarie, Gott tröste Dich und uns!«

»Der Oberreichsanwalt beim Volksgerichtshof O J 59/44 g Rs.

Berlin, den 8. März 1945
Postleitstelle Potsdam

An
Frau Anna von *Harnack*
in Berlin-Zehlendorf,
Am Fischtal 8

Der ehemalige Regierungspräsident a.D. Ernst von *Harnack* ist wegen Hoch- und Landesverrats vom Volksgerichtshof des Großdeutschen Reiches zum Tode verurteilt worden.
Das Urteil ist am 5. März 1945 vollstreckt worden.
Die Veröffentlichung einer Todesanzeige ist unzulässig.

Im Auftrage [Unterschrift]«

Die Totenfeier
Gedenkstunde am 5. März 1946

Mein Vater fand keine Grabstätte, die seinen Namen trägt.
Am Jahrestage seines Todes kamen Freunde und Familie zusammen, um seiner zu gedenken.
Die Initiative zu dieser Totenfeier ging von seinem Freunde Ferdinand Friedensburg aus, der nun Präsident der Deutschen Zentralverwaltung der Brennstoffindustrie in der sowjetischen Besatzungszone war. Die Feier fand in seinem Amt, dem Hause des ehemaligen Reichsluftfahrt-Ministeriums in Berlin statt.
Als erster sprach Pfarrer Rackwitz, der Ernst von Harnack zuletzt Unterschlupf gewährt hatte. In seiner Rede sagte er:

»Im Namen unseres Gottes, des Vaters und des Sohnes und des Heiligen Geistes. Amen.
Als sich die nationalsozialistische Tyrannei schon ihrem Ende entgegenneigte und die Männer, die damals sich noch als die Herren über uns alle fühlten, schon von dem Gericht gezeichnet waren, das über sie hereinzubrechen begann – damals, als eine Reihe von Männern sich zusammenfand, um im letzten Augenblick wenigstens noch etwas zu retten aus dem drohenden Zusammenbruch und nicht bis zum allerletzten Untergang diesen unsinnigen und unseligen Krieg weiterzuführen, da sind noch, in letzter Stunde sozusagen, eine große Reihe edler, tapferer Menschen dieser Welle von Terror zum Opfer gefallen und unter den Strömen von Blut, die damals geflossen sind, war auch der Mann, Ernst von Harnack, an dessen Todestag der Kreis seiner Freunde sich um die nächsten Angehörigen geschart hat zu einer Gedenkstunde. Wer Ernst von Harnack war und was in seinem Leben groß gewesen ist, der innere Reichtum seiner Persönlichkeit, sein Wollen, die wunderbar reichen Gaben seines Kopfes und das lautere Streben seines Herzens, von dem allem wird im weiteren Verlauf dieser Gedächtnisstunde noch ausführlich die Rede sein. Am Anfang aber wollen wir etwas nachholen, was wir damals

nicht haben tun können. Wir wollen ihm, der ja alle Zeit ein aufrichtiges, aufrechtes Glied seiner Kirche gewesen ist, ein Christenmensch, der nicht ohne weiteres zu allem ja sagte, der aber im Innersten verbunden ist mit dem Evangelium unseres Heilands, Jesus Christus, und seiner lebendigen Gemeinde – wir wollen ihm die *christliche Totenfeier* halten, die ihm gebührt, und wollen aus dem Reichtum dessen, was für solch eine Feier Gottes Wort uns gibt, ein schlichtes Wort aus dem Propheten Jesaias wählen. Kapitel 28 im 29. Vers steht geschrieben: ›Solches geschieht auch von dem Herrn Zebaoth. Sein Rat ist wunderbar und er führet es herrlich hinaus.‹ Mit diesem Wort rührt der Prophet an die tiefsten letzten Geheimnisse über dem Menschenleben und über den Menschengestalten. Sein Rat ist wunderbar. Das soll besagen, daß keines Menschen Sinn erkannt hat, was Gott beschließt, daß seine Wege unberechenbar und für uns auch immer wieder unbegreiflich sind, daß es in unzähligen Fällen in unserem Leben gegangen ist – gerade in unserem Leben, in unserer Generation nach dem anderen Wort des Propheten Jesaias, in dem er sich selbst zum Munde Gottes macht und spricht: Meine Gedanken sind nicht Eure Gedanken und meine Wege sind nicht Eure Wege. Es ist ein schriller Mißklang jedesmal, wenn so die Gedanken Gottes, die Wege Gottes von unseren menschlichen Gedanken und unseren menschlichen Wegen abweichen, und hier sind sie ja abgewichen. Wir hatten gerade auf unseren Freund Ernst von Harnack so große Hoffnungen gesetzt. Von ihm war vieles zu erwarten, ihm war vieles zugedacht in der Zeit, die nun inzwischen für uns angebrochen ist, in der Zeit nach dem Zusammenbruch, wenn es gelten würde, auf Trümmern neu aufzubauen. Er selbst hatte seine Gedanken auch darauf konzentriert. Sein ganzes Sinnen und Trachten galt zu planen, vorzubereiten. Immer wieder, Tag für Tag, in jedem Gespräch, das wir führten, war davon die Rede, wie er einzugreifen gedachte, wenn seine Stunde nach der langen unfreiwilligen Zeit des Abseitsstehens zum Handeln gekommen sein würde. Große Pläne erfüllten sein Herz. – Meine Gedanken sind nicht Eure Gedanken und Eure Wege sind nicht meine Wege. – Sein Rat, Gottes Rat ist wunderbar. Aber war es denn wirklich Gottes Rat, waren es denn wirklich Gottes Wege, daß er nun zuletzt noch zum Opfer fallen mußte? War es nicht, ganz nüchtern gesehen, ein Geschehen, das rein menschliche Ursachen hatte? Wir

kennen ja die Schuldigen, wir kennen ja das ganze ruchlose System, dem er zum Opfer gefallen ist. Die Männer stehen jetzt vor dem irdischen Richter, einst werden sie vor dem ewigen Richter stehen, der das endgültige Urteil über sie sprechen wird. Es ist hier so wie ja im ganzen Kriegsgeschehen und auch sonst immer wieder auf allen unseren Erdenwegen, daß der Wille Gottes sich in dieser Welt nicht rein und unverfälscht und wunderbar gestaltet, aber auch da, wo Menschen in ihrer Vermessenheit, in ihrer Verblendung und Schuld die bösen Wege gehen, auch da behält sich zuletzt Gott seine Entscheidung vor. Auch wenn sich im Kriege die Menschen gegen Gottes Willen einander zu vernichten trachten – die letzte Entscheidung darüber, wer in den Tod dahingehen, wer einer Verwundung erliegen und wer mit gesunden Gliedern zurückkommen soll, die letzte Entscheidung trifft nicht der Mensch, sondern Gottes Allmacht, Gottes Weisheit, Gottes Ratschluß. Er hat es sich vorbehalten, auch da noch einzugreifen, da noch zu regieren, wo er teilweise in einem gewissen Bezirk den Menschen die Freiheit der eigenen Verantwortlichkeit läßt. Damit wird nun die Frage nach der Gerechtigkeit Gottes, die Frage, warum er hat dies geschehen lassen im letzten Augenblick, umso brennender. Aber auf der anderen Seite ist das ja auch der eine große Trostgedanke, daß es in Gottes Hand steht, wen er halten will und wen er niedersinken lassen will, wen er in diesen Kampf stellt und wen er in seinen Frieden nimmt.
Es mag uns allen eine tiefe Beruhigung sein, daß wir im letzten Grund doch wissen, unser aller Wege, die wir übrig geblieben sind, zu unserem eigenen Erstaunen fast, und deren Wege, die vor unseren Augen dahinsinken mußten, daß unser aller Wege in Gottes Hand gestanden haben und stehen. Und über diesen Trostgedanken ›Solches geschieht auch in dem Herrn Zebaoth‹ erhebt sich der zweite und ist nun ganz rein und unverfälscht. Das ist das, was unser Heiland Jesus Christus in die Worte gekleidet hat: ›Fürchtet Euch nicht vor denen, die den Leib töten, aber die Seele nicht können töten.‹ Es ist das, was in diesem alten Prophetenwort der dritte Satz in sich schließt: ›Er führet es herrlich hinaus.‹ Zuletzt entscheidet doch sein hoher Rat. Zuletzt setzt sich doch Gottes heiliger Wille durch. Wir stehen im Werden mittendrin, aber wir haben über all den Katastrophen, über all dem Entsetzen und Grauen, dessen Zeugen wir gewesen sind, wir haben etwas

sich erfüllen sehen von einer höheren Gerechtigkeit auf einem Wege, wo scheinbar alles verbaut war, wo neben ruchlosen Zielsetzungen, die dem deutschen Volk von verantwortungslosen Menschen gegeben worden sind, sich also ein Weg aufgetan hat, neu anzufangen, Neues zu suchen, neu aufzubauen. Das zu tun aus den Kräften, die in einem Mann wie Ernst von Harnack lebendig gewesen sind, ist unser Aller Wille und frommer Satz und ist auch das Gelübde, das wir gewiß in dieser Stunde ablegen wollen. Die eigentliche Erfüllung dieses Wortes aber: Gott führet es herrlich hinaus, kann nicht in kleinen Ansätzen gesehen werden, sondern in dem Bild, das in diesen Worten uns vor die Seele treten möchte von der ewigen Erfüllung unseres Menschenlebens, die uns in der Ewigkeit verheißen ist. Er führet es herrlich hinaus, das ist das Gegenstück und die Ergänzung zu dem ersten Satz, daß der Tod immer und auch in diesem Fall von Gott kommt, daß er uns immer zu Gott führt, vor seinen Thron, vor seinen Richterstuhl, in sein Reich, in seinen Frieden. Und so möchte ich diese kurze einleitende gläubige Betrachtungsweise dieses Sterbens unseres hochverehrten lieben Freundes Ernst von Harnack beschließen mit einem Vers aus unserem Gesangbuch. Den hat er selbst mit uns gesungen in dem letzten Gottesdienst, an dem er teilgenommen hat, in dem Saal der Melanchthon-Kirche in Neukölln, um sich von Gottes Wort anregen und richten und weisen zu lassen. Es war in diesem letzten Gottesdienst, als wir das außerordentlich wenig bekannte Lied gesungen haben. Nachher haben wir noch darüber gesprochen:

> So führst Du doch recht selig, Herr, die Deinen,
> ja selig, wenn auch meist verwunderlich.
> Wie kannst Du es böse mit uns meinen,
> da Deine Treue nicht kann verleugnen sich.
> Die Wege sind oft krumm und doch gerad,
> da pflegt es wunderseltsam auszusehen,
> doch triumphiert zuletzt Dein hoher Rat.

Und der Herr unser Gott, der Ewige und Allmächtige, schenke ihm die ewige Ruhe und er lasse sein ewiges Licht leuchten über ihn und schenke ihm Frieden. Amen.«

Dr. Ferdinand Friedensburg, Regierungspräsident a.D., 1946 Präsident der Deutschen Zentralverwaltung der Brennstoffindustrie in der sowjetischen Besatzungszone, später Bürgermeister von Berlin, führte u.a. aus:

»Als Sprecher der Freunde rufe ich mir und Ihnen das Bild vor Augen, das ich von Ernst von Harnack selbst höchst lebendig vor Augen trage. Unsere erste Bekanntschaft geht auf die schönen Semester an der Marburger Universität zurück. Wir wußten damals noch nichts voneinander. Es war der Zufall der Kollegwahl, daß wir uns oft begegneten, und so sehe ich ihn heute leibhaftig wie damals die steilen, steinigen Straßen der kleinen bergigen Stadt hinaufschreiten, mir entgegen, die Burschenschaftler-Mütze keck an den Hinterkopf gepreßt, hoch aufgerichteten Hauptes, wie er es liebte.

Wir erlitten kurz nacheinander das gleiche Los. Er fiel schon dem ersten Staatsstreich unter Papen zum Opfer, und ich folgte ihm in den ersten Hitler-Tagen. Und dann kam eigentlich die volle Gemeinschaft unseres Lebens. Jetzt schritt er nicht mehr mit leuchtenden Augen, leichtherzig und selbstbewußt die steil-steinigen Straßen des Lebens aufwärts. Jetzt hatte er mühevoll zu kämpfen, um seinem Leben einen neuen Inhalt zu geben, um den Unterhalt für die Familie zu sichern, um die Grundlagen zu schaffen und zu sichern für eine neue berufliche Arbeit, die er nach dem früher oder später von uns allen vorausgesehenen Ende des Hitler-Reiches sich erträumte.

Gleichzeitig setzte auch seine stille Arbeit ein, um das Ende des Verhängnisses zu beschleunigen und um die Vorbereitungen für eine neue deutsche Zeit zu schaffen. Wir haben – auch dafür muß gerade heute Zeugnis abgelegt werden – wir haben schon im Herbst 1939, vor allen Dingen im Winter 1939/40 weit gespannte Pläne aufgestellt, ernsthafte Vorbereitungen durchgesprochen. Immer war er der Treibende, der Unruhige, der Ungeduldige, der trotz der scheinbaren Unwegsamkeit, trotz aller so zwingend realpolitischen Bedenken versuchte, die Widerstandsbewegung zu aktivieren, Fäden zu knüpfen, Zögernde zu ermuntern und vor allen Dingen in richtiger Erkenntnis der nun einmal gegebenen Machtlage den einzigen Machthaber, der für uns in Frage kam, das Militär, zu einem aktiven Widerstand zu bewegen. Ich erinnere mich, wie schwer, wie tief die Enttäuschung war, als im Frühjahr 1940 diese ernsten Bemühungen, die zunächst keineswegs aussichtslos erschienen, zusammenbrachen durch Unvorsichtigkeit, Indiskretion und allerlei Umstände, über die die Geschichte noch das Urteil fällen wird. Er hat dann in diesen schweren, bösen Jahren neben aller unablässigen Arbeit um eine eigene Berufsmöglichkeit die Versuche nicht aufgegeben und hat sich damit naturnotwendig zusammengefunden mit dem Kreis derer, die den 20. Juli 1944 vorbereiteten.

Ich erinnere mich an das Gespräch bei unserem letzten Zusammensein am Ufer des Schlachtensees an einem dämmerigen Herbstabend, als ich ihn beschwor, verständig zu sein, sich zu verstecken, wozu noch die Möglichkeit bestand, und als er mir, wie Egmont dem Oranien, entgegnete: ›Was bleibt dann vom Leben übrig? Ich muß für die Freunde, für die Familie und die Kinder meines hingeschiedenen Freundes Leber sorgen und auch für meine eigenen Kinder – ich muß leben und atmen können. Was bleibt übrig, wenn ich mich verstecke?‹ So ging der vom Dämon Getriebene wieder nach Berlin, und am nächsten Vormittag war er verhaftet, und wir haben uns nicht wiedergesehen.

In jenen Wochen hat Ernst von Harnack, wie auch bei früheren Gelegenheiten, einen erstaunlichen Mut gezeigt. Er war nicht ein heldischer Mensch, wie man ihn so aus den Bilderbüchern zurechtmachen möge. Aber jener Mut, den wir in Deutschland gerade so oft schmerzlich vermissen, der Mut des Alltags, der Mut des Bekenntnisses, der Mut, der sich nicht bei Trompetengeschmetter in der Feldschlacht zeigt, sondern der sich im stillen, zähen Kampf zeigt, diesen echten wahren Mut hat er gehabt, wie ich ihn kaum bei einem anderen Menschen kennengelernt habe. Dieser Mut hat ihn befähigt, in den Jahren nach 1933 für verfolgte Freunde einzutreten mit einer Mannhaftigkeit, mit einer Opferbereitschaft, wie sie leider bei uns gerade in diesen Jahren sich so außerordentlich selten gezeigt haben. Ja, es war ihm geradezu eine Leidenschaft, dieses Sich-Einsetzen-Können.

Ernst von Harnack war ein politischer Mensch in des Wortes weitester und schönster Bedeutung. Er war zu reich, zu vielseitig, zu gebildet, zu vollgefüllt mit Wissen aller Art, als daß er in das Schema einer engen Parteipolitik hineingepaßt hätte. Trotzdem hat er mit Recht erkannt, daß man sich eine Partei wählen muß. Er hat eine Partei gewählt, die für den Mann aus wohlhabender Bürgerlichkeit und akademisch-geistigem Leben heraus ungewöhnlich erschien: Die Sozialdemokratische Partei. Ich weiß aus eigenem Erleben, was es in jenen Jahren bedeutete für einen Mann seiner Herkunft, sich zu einer solchen Partei zu bekennen. Er hat es auf sich genommen aus Verantwortungsgefühl und aus der heute so klar bestätigten Auffassung heraus, daß gerade wir Angehörigen dieser dahingehenden deutschen Schicht verpflichtet waren – um unseres Volkes willen – das in die neue Zeit herüber zu retten, was wir aus der alten Tradition vielleicht mitbringen konnten, und er hat die neue Aufgabe wie alles in seinem Leben mit heißer Liebe und unendlicher Gewissenhaftigkeit und vorbildlicher Einsatzbereitschaft ergriffen und durchgeführt.«

Als früherer Mitarbeiter Ernst von Harnacks und als Parteigenosse sprach Landrat a.D. Dr. Heinrich Acker. Er führte unter anderem aus:
»Zum Sozialismus kam Ernst von Harnack aus tiefstem christlichen Glauben. Ihm war es ernst mit dem Christentum; darum ging er den Weg zur Arbeiterschaft, obgleich sie sich in weitem Umfange vom Christentum, nicht zuletzt aus Enttäuschung über seine praktische Haltung gegenüber dem sozialen Problem, gelöst hatte. Mit Freuden nahm die sozialdemokratische Partei Ernst von Harnack in ihre Reihen auf. Der junge republikanische Staat, der Männer seiner Art, die sowohl von tief begründeter Begeisterung für Sozialismus und Demokratie als auch bester geistiger Tradition und hoher persönlicher Kultur waren, dringend brauchte, übertrug ihm hohe Ämter. Er hat ihn nicht enttäuscht.«

Ernst von Harnacks Schwester, Agnes von Zahn-Harnack, deutete – wie wir meinten – das Wesen meines Vaters am treffendsten.

»Nach den Worten eines Mannes, der zu uns gesprochen hat in der Vollmacht seines geistlichen Amtes wie in der Vollmacht herzlicher, durch die Tat bewährter Freundschaft lassen Sie mich zu Ihnen sprechen als ein Mitglied des großen, festgeschlossenen Familienkreises, dem Ernst von Harnack entrissen worden ist. Zwar: Es hieße die Ehrfurcht verletzen, wenn wir mit Worten an das rühren wollten, was *die* verloren haben, die mit ihm in der engsten Lebensgemeinschaft standen. Aber wir dürfen und müssen heute mit freudigem Dank bezeugen, was seine Persönlichkeit für den Zusammenhalt unserer Familie und für die geistige und seelische Entwicklung der jüngeren Generation bedeutet hat, die neben und unter ihm aufwuchs. Und wir wollen versuchen, das Bild dieser reichen und in vielfältiger Form sich darbietenden Persönlichkeit zu deuten und zu klären.

Wir sehen Ernst von Harnack vor uns als einen, der zugleich ein *Schenkender* und ein *Fordernder* war. Ein Schenkender! Niemand gab so freudig, so freigebig und so feinfühlig wie er. Er konnte Wünsche erraten, denn er hatte die Fantasie der Menschenfreundlichkeit. Er gab aber auch aus seinem geistigen Besitz; gern und rückhaltlos teilte er aus, was er an Schätzen des Wissens, der künstlerischen Erkenntnis und der Lebenserfahrung besaß. Sich mit*teilen* – das heißt ja: den eigenen Besitz teilen, und dies Sich-Mitteilen war Ernst von Harnacks Lebensform.

Aber zugleich war er ein Fordernder! Er verlangte viel von denen, die mit ihm lebten: Ein Gespräch in voller Konzentration, ein Zuhören, das ganz gesammelt war, eine musikalische Leistung, die vollgültig bestehen konnte. Aber indem er forderte, *förderte* er zugleich; er zwang uns, in seiner Gegenwart unser Bestes herauszustellen und zur Entfaltung zu bringen. Das Nichtige, Wertlose, der Kleinkram des Alltags sollten aus seiner Umgebung verbannt bleiben. Aber zugleich hatte er eine so starke menschenverbindende Kraft, hatte so viel Freude an einer selbständig aufwachsenden Persönlichkeit, so viel – ich möchte sagen – liebevollen Humor bei der Beurteilung von Menschen jeder Gesittungs- und Bildungsstufe, daß niemand in seiner Gegenwart bedrückt oder befangen sein konnte. Er stand unter und mit einem feinen Sinn für Gerechtigkeit, die jedem Einzelnen das ihm Zukommende zu geben bereit war und mit der echten Großmut, die den eigenen Vorteil und Gewinn zurückstellt hinter dem, was dem Andern dient.

Aber wir alle erlebten nicht nur den Schenkenden und den Fordernden; wir erlebten an ihm noch etwas anderes, etwas viel Selteneres. Wir erlebten ihn als die Erfüllung eines Schillerschen Wortes: »Der Mensch spielt nur, wo er in voller Bedeutung des Wortes *Mensch* ist, und er ist nur da *ganz Mensch*, wo er spielt.« Dieser Satz – so fährt Schiller fort – »wird eine große und tiefe

Bedeutung erhalten, wenn wir erst dahin gekommen sein werden, ihn auf den doppelten Ernst der *Pflicht* und des *Schicksals* anzuwenden.« Mir scheint, daß uns in diesem philosophischen Gedanken der Schlüssel zu der Persönlichkeit Ernst von Harnacks gegeben ist, ja, ich empfinde diese Worte fast wie eine Prophetie. In diesem höchsten Sinne war er ein Spielender. Er bewegte sich zwischen den Realitäten des Lebens in vollkommener Freiheit. Es war der Künstler in ihm, der den Lebensstoff nach eigenstem Gesetz gestalten wollte und der sich an Konventionen und an das Philistertum der Ewig-Gestrigen nicht binden konnte und wollte. Mit spielender Freiheit war er den Weg aus der bürgerlichen Bindung hinüber zum Sozialismus gegangen. – Noch höre ich den beschwingten Ton seiner Stimme, mit der er mir diesen Entschluß mitteilte. Als ein wunderbares, buntes und ernstes Spiel erfaßte er seine große, mit Hingabe und minutiöser Gewissenhaftigkeit erfüllte Berufsarbeit. Wie oft überraschte uns in seinen Gesprächen der schnelle Übergang von tiefem Ernst zu sprühender Laune, von gewichtiger gedanklicher Konstruktion zu einem Feuerwerk des Geistes, zu glitzerndem Wortspiel und funkelndem, scharfgeschliffenem Witz. Weil er ein Spielender war, konnte er so wunderbar auf Kinder und ganz junge Menschen eingehen; er nahm ihre Spiele ernst, war immer bereit, mit ihnen oder für sie zu spielen, zu dichten, zu musizieren und ihnen innerlich ganz offen zu stehen. Es darf hier kein Mißverständnis aufkommen: In seinem Spiel war nichts von dem, was man abwertend als *spielerisch* bezeichnet. Denn er wendete es, ganz im Schillerschen Sinne, auch auf den doppelten Ernst der Pflicht und des Schicksals an. Auch in der Gefahr und mit der Gefahr war er ein Spielender – oft zum Schrecken seiner Freunde, so seinem Vorbild Egmont folgend, den er schon als Schuljunge – das eigene Schicksal vorahnend – zu *seinem* Helden erkoren hatte. Noch die Ausarbeitung seiner Verteidigungsschrift im Gefängnis erfaßte er als eine künstlerische Aufgabe und löste sie in der vollen, rückhaltlosen Wahrhaftigkeit, die ihm ebensosehr eine sittliche wie eine künstlerische Notwendigkeit war. Und noch auf dem letzten Schicksalsweg von Moabit nach Plötzensee trennte er sich nicht von dem primitiven Handwerkszeug, mit dem er im Gefängnis seine kleinen, fantasievollen, zarten Kunstgebilde schuf. Auch in ihnen verwob sich Spiel und Ernst. In ihnen erstrahlte uns die Liebe, mit der er an uns dachte;

an ihnen erkannten wir, daß er darum rang, auch das Schicksal des ihm bestimmten Todes in die künstlerische Vollendung zu heben.
Wenn ich aber unseres Bruders gedenke, so sehe ich ihn nicht nur als Glied in der Kette der Blutsverwandten. Ich sehe ihn und mit ihm die Vettern, die Freunde, die wie er den Weg zur Richtstätte gehen mußten, als Sohn der *Alma Mater*, der erhabenen Mutter, der alten Berliner Universität. Die nachbarlich im Grunewald Aufwachsenden, die Delbrücks, Bonhoeffers, Plancks, sie waren ja alle durch ihre Väter wie durch ihr eigenes Studium der Hochschule und ihrer wissenschaftlichen und sittlichen Tradition fest verbunden. Unzählige Male sind wir seit 1933 gefragt worden: Was würde Ihr Vater, was würden die großen Hochschullehrer der Jahrhundertwende zu dem sagen, was jetzt in Deutschland geschieht? Nach den Vätern hat man gefragt, und die Söhne und Töchter haben einmütig und rückhaltlos Antwort auf solche Fragen gegeben. Erwin Planck, Klaus und Dietrich Bonhoeffer, Rüdiger Schleicher, Hans von Dohnanyi, Arvid und Mildred Harnack, Ernst von Harnack – sie kämpften und sie starben für die Ideale, die die Väter ihnen durch Lehre und Beispiel überliefert haben, für Gerechtigkeit und Wahrheit, daß der Mensch dem Menschen wieder eine *res sacra*, ein Heiligtum, werden müsse; sie standen in diesem Kampf in tiefster Gesinnungsgemeinschaft mit ihren Frauen und heranwachsenden Kindern, alle gleichermaßen bereit, das letzte Opfer zu bringen, wenn es gefordert werden würde.
Und noch eins verband alle diese Männer und Frauen: Sie lebten alle aus der Kraft des Christentums. Ernst von Harnack schrieb auf eins der letzten kleinen Kunstwerke, das aus seiner Gefängniszelle herausging, Phil. 1, Vers 7: ›Darum, daß ich Euch in meinem Herzen habe in diesem meinem Gefängnis, darin ich das Evangelium verantworte und bekräftige.‹ Vor Gott verantwortete er sein Tun; von Gott nahm er seine Kraft. Das bleibt uns von ihm als sein Vermächtnis. Wir haben keine irdische Stätte, an der wir sein Gedächtnis pflegen können. Wenn unsere Gedanken ihn suchen wollen, so müssen sie sich aus der Zeitlichkeit lösen und in das Unvergängliche hinaufdringen. Dort ist er eingegangen und vollendet:

> Er hat getragen Christi Joch,
> Ist gestorben und lebt doch.«

Edwin Redslob, der Reichskunstwart der Weimarer Republik und Freund Ernst von Harnacks, dichtete das folgende Sonett, das in Heft 4 der Berliner Zeitschrift »Aufbau« erschien:

»Ernst von Harnack
geboren 1888, hingerichtet 1945

Daß sich der Richter fand, der diesem Leben
Den Stab zerbrach, daß eines Henkers Hand
Um dieses edle Haupt die Schlinge wand:
Dies zu begreifen, ward uns nicht gegeben.

Sein Tod ist unser aller Schuld – sein Streben
War reif, weil er zuerst zum Morgen fand,
Vortrab der Zukunft, mit dem Ordensband
Des Lebensretters, einmal ihm gegeben,

Der es sich tausendmal verdient. – Begreife,
Wer es vermag, daß dieses Daseins Reine
Am starren Heut zerbrach! Die Zeit klagt an,

Die seinem kühnen Vorne-Sein den Bann
Verhieß und sorgt dafür, daß seine
Zukunft-Bereitschaft allen Herzen reife!«

»Wer in die Geschichte hineinschaut, der erkennt, daß das Leiden der Gerechten und Reinen das Heil in der Geschichte ist, d. h. daß nicht Worte, sondern Taten, aber auch nicht Taten, sondern aufopferungsvolle Taten, aber nicht bloß aufopferungsvolle Taten, sondern nur die Hingabe des Lebens über die großen Fortschritte in der Geschichte entscheidet.«

Adolf von Harnack

Diese Worte meines Großvaters Adolf von Harnack, gestorben 1930, könnten stehen über Leben und Schicksal der Frauen und Männer, die im Widerstand gegen die Gewaltherrschaft 1933 bis 1945 ihr Leben opferten.

Namenregister

Acker, Dr. Heinrich, Landrat 24, 25, 93, 94, 110, 239
Amelunxen, Regierungspräsident 20
Arian, Dr. A., Regierungsassessor 66
Baensch, Theodor, Kalfaktor 183, 192, 206, 219, 226, 229
Ballestrem-Solf, Gräfin von 89, 91
Bauknecht, Polizeipräsident von Köln 27
Beck, Ludwig, Generaloberst 138, 176, 178, 221, 222
Bernstorff, Albrecht Graf von, Botschaftsrat 91
Best, Dr. Werner, Reichsbevollmächtigter für das besetzte Dänemark 71, 82–91
Bethge, Prof. Dr. Eberhard, DD. Theologe 227
Bethmann-Hollweg, Theobald von, Reichskanzler 221
Böhm, Prof. Dr. Franz, Wirtschaftsrechtler 85
Bonhoeffer, Dr. Dietrich, Theologe 175, 179, 227, 242
Bonhoeffer, Emmi, geb. Delbrück 175
Bonhoeffer, Klaus, Syndikus der Lufthansa 175, 177, 179, 180, 192, 210, 226, 242
Bracht, Dr., Reichskommissar für Preußen 19
Braun, Otto, preußischer Ministerpräsident 18, 27
Brose, Hanns W., Werbefachmann 162–164
Bülow, Bernhard von, Reichskanzler 221
Canaris, Wilhelm, Chef der Abwehr 175

Caruso, Enrico, Sänger 150
Corneel, Regierungs-Vizepräsident Halle-Merseburg 39
d'Andrade, Francesco, Opernsänger 149
Delbrück, Prof. Dr. Hans, Historiker 174, 179
Delbrück, Justus, Regierungsrat, Vetter von Ernst v. H. 124, 175, 179, 192
Dohnanyi, Hans von, Reichsgerichtsrat, Schwager von Klaus und Dietrich Bonhoeffer 174, 179, 209
Ebert, Friedrich, Reichspräsident 57
Elfgen, Regierungspräsident 27
Elsas, Dr. Fritz, Bürgermeister von Berlin 184
Falk, Dr., Oberpräsident 20
Faust-Bremen, Reichstagsabgeordneter 67
Fitzner, Regierungspräsident 20
Francke, Hans, Pfarrer 67
Freisler, Dr. Roland, Präsident des Volksgerichtshofes 216–218, 220, 225
Friedenburg, Prof. Dr. Ferdinand, Regierungspräsident, Bürgermeister von Berlin 110, 138, 182, 237–239
Frucht-von Harnack, Annie, Schwester von Ernst v. H. 203, 230
Fuchs, Prof. Dr. Emil, Theologe 67
Goerdeler, Carl Friedrich, Oberbürgermeister 177, 178, 200, 209, 220, 222, 229
Graßmann, Gewerkschaftsführer 70
Guderian, Heinz, Generaloberst 179
Günter (Nachname unbekannt) Schützling Ernst v. H.s 80

Haas, Oberpräsident 20
Habermann, Max, Vors. des Dtsch. Handlungsgehilfen-Verbandes 178
Haenisch, von, Minister 16
Harnack, Adolf von, Theologe, Vater Ernst v. H.s 14, 174, 203, 245
Harnack, Amalie von, geb. Thiersch, Mutter Ernst v. H.s 14, 55, 174
Harnack, Anna, geb. Wiggert, Ehefrau Ernst v. H.s 40, 41, 191, 193, 196, 225, 231
Harnack, Arvid, Oberregierungsrat, Vetter Ernst v. H.s 156–159
Harnack, Dr. Axel von, Bibliotheksdirektor, Bruder Ernst v. H.s 157, 159
Harnack, Dr. Elisabet von, Schwester Ernst v. H.s 196, 219, 230
Harnack, Prof. Dr. Gustav-Adolf von, Sohn Ernst v. H.s (gen. Anno) 44, 125, 156, 191, 194, 199, 204
Harnack, Helmut von Sohn, Ernst v. H.s 59–63, 127–136
Harnack, Mildred, geb. Fish, Dozentin, Ehefrau Arvid Harnacks 157
Harnack, Renate von, Tochter Ernst v. H.s 198
Harnack, Dr. Ursula von, geb. Walther, Schwiegertochter Ernst v. H.s 156, 170, 171, 195
Haubach, Dr. Theodor, Pressechef des Berliner Polizeipräsidenten 71, 74
Hercher, Justizarzt Dr., Verteidiger 211, 214, 219
Hertz, Paul, Fraktionssekretär der SPD 67
Heuss, Theodor, Bundespräsident 138
Heuss-Knapp, Elly, Cousine Ernst v. H.s 138
Hindenburg, Paul von, Reichspräsident 18, 26, 55, 57

Hinrichsen, Frau H. 68
Hohnstein, Polizeipräsident von Kassel 27
Holtzhauer, Herbert, Verleger 110
Huch, Ricarda, Schriftstellerin 13–17, 35, 182, 202, 203, 228
Huebener, Dr., Erhard, Landeshauptmann der Provinz Sachsen 40
Jankowski, Frau, Stadträtin 68, 83
John, Otto, Lufthansa 177–179
Johst, Hanns, Präsident der Reichsschrifttumskammer 102, 103, 108
Kaempf, Paul, Bezirkssekretär 69
Kaiser, Jakob, Gewerkschaftsführer 178, 220, 222
Kempner, Dr, Franz, Staatssekretär 226, 229
Kiep, Otto Karl, Generalkonsul 91
Knapp, Prof. Georg Friedrich, Nationalökonom 49
Koch, Landrat 69
Kuenzer, Dr. Richard, Geheimer Legationsrat 88, 90, 91
Kürbis, Oberpräsident 20
Lange, Kriminalrat 209
Leber, Dr. Julius, Reichstagsabgeordneter 176, 179, 223
Lecoq, Yves, 172
Lehmann, Lilli, Sängerin 150
Leipart, Gewerkschaftsführer, Ehrensenator der Kaiser-Wilhelm-Gesellschaft 70
Leuschner, Wilhelm, Gewerkschaftsführer 178, 206, 209, 220, 223, 224
Louis Ferdinand, Prinz, Chef des Hauses Hohenzollern 179
Lüdemann, Oberpräsident 20
Maaß, Hermann, Gesch.-Führer des Reichsaussch. d. dtsch. Jugendverbände 178
Mierendorff, Dr. Carlo, Reichstagsabgeordneter 71
Moltke, Helmuth James Graf von,

Völkerrechtler 91
Noske, Gustav, Minister 178
Papen, Franz von, Reichskanzler 18, 19, 24, 27, 28, 29, 42, 53, 237
Pechel, Rudolf, Publizist 209
Planck, Dr. Erwin, Staatssekretär 179, 242
Planck, Prof. Dr. Max, Physiker 70, 175, 179
Poelchau, Harald, Pfarrer 158
Rackwitz, Arthur, Pfarrer 182, 209, 227, 233–236
Reckzeh, Dr. Paul, Gestapo-Spitzel 91
Redslob, Edwin, Reichskunstwart der Weimarer Republik 243
Rehm, Max, Verwaltungsfachmann 93
Riediger, Regierungsrat 24, 25
Rundstedt, Gerd von, Generalfeldmarschall 128
Sachs, Carl, Kaufmann 124
Schleicher, Dr. Rüdiger, Ministerialrat 175, 180, 210, 226, 242
Schlemann, Dr., Landgerichtsdirektor am Volksgerichtshof 220, 225
Schönbeck, Fritz, Regierungsrat 93, 126
Schulze-Boysen, Harro, Oberleutnant, Widerstandskämpfer 128
Schultz, von, Hauptmann 56
Schwichtenberg, Annemarie, Tochter Ernst v. H.s 182, 196, 200, 213, 231

Severing, Carl, Preußischer Innenminister 18, 20, 27
Simons, Dr., Regierungspräsident 20
Solf, Hanna, Witwe des Botschafters in Tokio 89, 91
Sommer, Dr., Regierungspräsident Halle-Merseburg 24, 72
Speer, Albert, Reichsminister 137
Spitta, Dr., Bürgermeister von Bremen 67
Springer, Julius, Verleger 101, 102, 108
Stade, Deutscher Metallarbeiterverband 72
Stammer, Franz, Landrat 74–79
Stauffenberg, Claus Schenk Graf von, Oberst, Widerstandskämpfer 179
Stelling, Johannes, Ministerpräsident Mecklenburg-Schwerin 72, 73
Thadden, Elisabeth von, Pädagogin 91
Thiersch, Carl, Prof., Chirurg 174
Wäscher, Aribert, Schauspieler 102
Walther, Prof. Dr. Andreas, Soziologe 159
Wartmann, Kraftfahrer 73
Wirmer, Dr. Josef, Rechtsanwalt 178
Wüllner, Ludwig, Sänger 153–155
Zahn, Agnes von Zahn-Harnack, Schwester Ernst v. H.s 196, 239–242
Zahn, Karl von, Ministerialbeamter, Ehemann von Agnes von Zahn-Harnack 58

Mit dem Erscheinen der Dokumentation über Ernst von Harnack werden Hintergründe der Geschichte des Deutschen Widerstandes in bedeutsamer Weise erhellt. Die »Forschungsgemeinschaft 20. Juli e.V.«, in deren Auftrag dieses Werk herausgegeben wurde, dankt den folgenden Firmen und Institutionen für die großzügige Unterstützung bei der Drucklegung dieses Buches:

Stiftung Allgemeine Hypothekenbank, Frankfurt

BSV Bank für Sparanlagen und Vermögensbildung AG, Frankfurt

Milupa-Werke, Friedrichsdorf im Taunus,

Behringwerke, Kontor Köln